国家安全法治研究丛书

国际法框架下
航行自由制度研究

Research on
the Navigation Freedom System under the
International Law Framework

曲亚囡　著

上海交通大学出版社
SHANGHAI JIAO TONG UNIVERSITY PRESS

内容提要

航行自由作为国际航行制度的核心内容，多年来一直是海洋强国向全球输送军事力量以及维持世界海洋地位、获取海洋利益的重要工具。作为一项古老的国际法规则，航行自由的确促进了国际海洋法的发展，但随着各国海上军事力量的发展，部分国家的航行自由逐渐偏离现有的制度框架，这无疑会严重影响国际海洋安全和海洋秩序稳定，也易引发国家间海上活动冲突，对有关国家的国内海洋法律制度、国家主权造成侵犯，严重破坏地区和平稳定与国家整体安全。如何在国际法视角下，以人类命运共同体与海洋命运共同体为价值指引，切实应对"航行自由行动"带来的负面影响，是有效维护中国海洋安全的关键任务。

本书从联合国海洋法会议对航行自由制度的讨论出发，系统阐述了航行自由制度，从国际习惯发展到确定的海洋法律规则的过程和《联合国海洋法公约》规定的航行自由制度的具体内容、性质、特点、适用范围等，以及航行自由制度在不同性质的海域适用及限制，对比不同国家关于航行自由的立法和实践以及对海洋强国"航行自由行动"的应对，进而在中国立场上提出中国的应对策略，期望对中国维护国际法框架下的航行自由制度以及中国国家海洋权益有所助益。

图书在版编目(CIP)数据

国际法框架下航行自由制度研究/ 曲亚囡著. —上海：上海交通大学出版社，2024.4
（国家安全法治研究丛书）
ISBN 978－7－313－29506－4

Ⅰ.①国… Ⅱ.①曲… Ⅲ.①国际航运－国际法－研究 Ⅳ.①D993.5

中国国家版本馆 CIP 数据核字(2023)第 179325 号

国际法框架下航行自由制度研究
GUOJIFA KUANGJIAXIA HANGXING ZIYOU ZHIDU YANJIU

著　者：曲亚囡
出版发行：上海交通大学出版社　　　　地　址：上海市番禺路 951 号
邮政编码：200030　　　　　　　　　　电　话：021－64071208
印　制：上海万卷印刷股份有限公司　　经　销：全国新华书店
开　本：710 mm×1000 mm　1/16　　印　张：19.25
字　数：293 千字
版　次：2024 年 4 月第 1 版　　　　　印　次：2024 年 4 月第 1 次印刷
书　号：ISBN 978－7－313－29506－4
定　价：78.00 元

国家安全法治研究丛书

编 委 会

总　序

　　国家安全是安邦定国的重要基石,围绕国家安全法治开展多视角、多领域、多法域和多方法的深度研究,是学习和落实总体国家安全观的现实需要。法治是治国理政的基本方式,保障国家安全是现行法律的应有之义。有感于此,我十分乐意为这套国家安全法治研究丛书写序,既为推荐,更是共勉。

　　法律是治国之重器,良法是善治之前提。从社会主义法制到社会主义法治,从依法治国到全面依法治国,从形成中国特色社会主义法律体系到建设中国特色社会主义法治体系,一幅波澜壮阔的法治画卷正在徐徐绘就。党的十八大以来,我国的国家安全法治建设取得历史性成就,发生历史性变革,以《中华人民共和国国家安全法》实施为引领,《反恐怖主义法》《网络安全法》《香港国安法》等 20 余部国家安全专门立法接连出台,110 余部含有国家安全条款的法律法规相继制定、修订。我本人从事法制研究 40 余年,时至今日,最直接的感悟就是中国法治环境的持续改善,法治为强国建设提供了坚实支撑。

　　当前,世界百年未有之大变局加速演进,以中国式现代化全面推进中华民族伟大复兴进入关键阶段,面对风高浪急甚至惊涛骇浪的重大考验,我们所面临的国家安全问题的复杂程度、艰巨程度明显加大,如何维护国家安全,法治既是当务之急,又是重中之重。

　　本系列丛书以国家安全为主轴,对传统安全和非传统安全的各个领域展开系统化研究,既有美国高校使用的专业课教材,也有国际前沿领域专家学者论文的精选;既有国家安全问题的专著,也有专题文献的汇总。每一部书深入、详尽地分析与国家安全有关的理论、案例、问题和制度,从一个核心问题出发,由浅及深地阐述,有助于读者在国内法、比较法和国际法的不同视野下,在世界之变、时代之变、历史之变的大背景下理解国家安全法治的重要意义,了解其他国家的国家安全法律体系和制度,特别是思考在非传统安全领域的新型安全问题所面临的风险和挑战。本系列丛书将开放地吸收国家安全研究的最新成果,将我国和世界其他国家的经验、教训、理论、实践加以归纳和总结,以达到探讨、反思、学习和借鉴的目的。

对我而言,阅读本系列丛书的过程,也是进一步学习和研究国家安全法治的过程。世界各国几乎都有保障国家安全的立法,美国是国家安全法律体系最为完备的国家,最早专门就国家安全进行立法,从1787年通过《美利坚合众国宪法》之后,又陆续出台了国家安全领域的综合性、系统性法律法规,国家安全立法可谓贯穿其整个历史,涵盖内容无所不及。因此,全面理解和认识美国的国家安全法律体系,特别是在中美关系日益复杂、美国全面遏制我国的背景下,对我们做好国家安全工作有着重要的借鉴意义。

我国的国家安全法治体系建设,需要在理论研究方面有所挖掘和创新,更好服务国家安全的战略需求,需要在实践层面有所探索和突破,从法律制度的运行实践中发现问题、总结经验、认识规律,推进国家安全体系和能力现代化。此外,非传统国家安全领域和新兴国家安全议题值得关注。进入数字时代,数字经济是继农业经济、工业经济之后的主要经济形态之一,是高质量发展之路的重要引擎,是新一轮国际竞争重点领域。例如,数字货币这一挑战国家现有主权货币的重大变化,有可能成为未来金融体系的重要组成部分,中国也在积极研发和推出央行数字人民币,走在全球前列,为数字经济竞争创立新的优势。与此同时,数字货币也产生了一系列风险,例如价格波动、安全性问题和监管难题等,需要加强法律制度建设。本丛书对于数字货币的系统研究尤其具有现实意义。

利莫大于治,害莫大于乱。国家安全是国家发展的重要基石,确保国家安全和长治久安必须在法治的轨道上,久久为功、驰而不息。

是为序。

周汉民系全国政协常委、民建中央原副主席、十三届上海市政协副主席、上海中华职教社主任、上海公共外交协会会长。

2002 年至今，美军军舰及测量船多次闯入中国管辖海域，从"鲍迪奇"号、海军"常胜"号、"成效"号、"玛丽·西尔斯"号、"约翰·麦科唐纳"号等事件可以看出，美国打着"航行自由"的旗号肆意到中国管辖海域进行非法活动，不仅无视中国主权，而且无视国际法的权威；不仅严重侵犯了中国的海洋权益，而且违反了国家间相互尊重主权和领土完整的国际法基本原则。

1982 年《联合国海洋法公约》（UNCLOS）创设了领海、毗连区、专属经济区等海洋法律制度，也规定了沿海国和非沿海国在不同海域内的权利和义务，但 UNCLOS 对许多富有争议的问题并没有给出正面具体的规定，例如，航行自由的范围有哪些？航行自由的边界在哪里？航行自由与沿海国的管辖权应当如何平衡？专属经济区外国"军事测量"活动是否合法？这一系列问题在 UNCLOS 中未明确，而学术界对航行自由的争议也持久不断。因此，针对近年来美国在中国管辖海域基于不同目的而进行的"航行自由活动"，我们有必要从国际法的视角来系统研究航行自由制度，将与航行自由有关的问题纳入航行自由制度体系中，以海洋命运共同体和人类命运共同体为价值指引，从国际法和国内法的双重层面，从国际权力观、共同利益观、可持续发展观和全球治理观等不同角度提出中国的应对措施，积极维护中国的领土完整与国家海洋权益，展现中国的智慧。

第一章
《联合国海洋法公约》框架下航行自由制度的理论基础

作为一项古老的海洋航行准则,航行自由的内涵随着人类历史的变迁、发展而不断地丰富与完善,并逐渐成为国际法上认可的海上航行原则。1628年格劳秀斯的《海洋自由论》在一定程度上塑造了近代国际海洋法的雏形,意在强调海洋的航行自由。随着《联合国海洋法公约》对航行自由制度的确认,似乎将航行自由限制在专属经济区和公海范围。笔者认为,航行自由并非仅局限于特定的海域范围,应当用整体性、系统性、动态性的眼光看待航行自由的发展。因此,有必要在《联合国海洋法公约》框架下对航行自由制度的理论基础进行梳理、厘定与总结,既可以从本质上厘清当下国际社会对航行自由的认知与理解,也可以从历史发展的角度出发,指明新时代在"海洋命运共同体"理念指引下,未来航行自由制度的发展方向与趋势。

第一节　航行自由制度的产生和发展

"航行自由"概念缘于古罗马的海洋自由思想,是一项古老的海洋航行准则。航行自由不仅是早期海洋大国进行殖民扩张、建立海权帝国的依托,而且也是后来发展中国家开展对外交流和国际贸易的重要保障;[1]同时,它有着深厚的历史渊源,经历了多次发展与演变,是当今国际海洋法体系中的

---

[1]　张小奕:《试论航行自由的历史演进》,《国际法研究》2014年第4期,第22—34页。

一项核心原则。[①] 航行自由从国际习惯法发展为国际条约所确认的海洋法律制度经历了漫长的过程。随着海上贸易的增加,各国对海洋权利的诉求不再满足于简单的海上航行,于是航行自由权逐渐成为各国海上权利争夺的焦点。UNCLOS 的诞生,为航行自由权的行使提供了制度基础和规范指引,但是仍然无法停止关于航行自由的争议。因此,在当今"海洋命运共同体"的理念下,探讨海洋航行自由的历史经纬和发展趋势对于航行自由制度的维护尤为重要。

一、航行自由制度的衍生基础——海洋自由思想

海洋自由是航行自由的核心要素之一,在航行自由制度的发展历程中,始终围绕着一个核心,即海洋自由。人类对海洋自由的观念在历史上曾有过"闭海论"和"海洋自由论"的博弈,海洋自由思想的起源和发展交织着错综复杂的海洋权益纷争。

(一)海权扩张背景下海洋自由思想的形成

海洋既是孕育生命的摇篮,也是各国利益角逐的竞技场。随着新航路的开辟,世界逐渐联结成一个整体,任何一个新兴国家崛起的历史其实都是海洋发展史的缩影。海洋自由思想经历了从古罗马帝国的海洋割据到格劳秀斯"海洋自由论"的发展历程:在远古时期,古罗马法学家乌尔比安曾说过,海洋天生就是对所有人开放的;而古罗马学者塞尔苏斯也认为,海洋和空气一样,是所有人类共有的。[②] 古罗马人是第一批思考海洋性质的人,并且在《查士丁尼法典》中直接写入了该项原则——海洋共有原则。罗马帝国的政权覆灭以后,战争成为常态,其他国家开始觉醒,纷纷对其邻接海域主张所有权,要求通行船舶向其缴纳税费,以保障海上的航行安全。这一制度的诞生在较长时间内保证了海上航行的安全和秩序,得到欧洲大多数国家的承认。随着海洋权利的逐步扩张,各国对海洋权利的争夺愈加激烈,西班牙和葡萄牙脱颖而出,并于 1494 年缔结了《托德西拉斯条约》,划定了历史

[①] 钟振明、徐成:《"航行自由"概念与南海问题上的中美分歧》,《同济大学学报(社会科学版)》2017 年第 6 期,第 47—57 页。

[②] 〔荷〕格劳秀斯:《海洋自由论》,马呈元译,中国政法大学出版社 2018 年版,第 49 页。

上著名的"教皇子午线",作为在海洋实行权力控制的分界,开启了海洋"独占"和"共有"之争。

17世纪,荷兰突破教皇子午线的限制,发展本国的海上经济,成为当时拥有海洋霸权的国家。1603年2月,荷兰在马六甲海峡捕获海洋巨头葡萄牙的"卡瑟琳娜号"轮船,由此引发海上权利之争。当时格劳秀斯作为荷兰的律师,率先提出"海洋自由论",主张海洋对于每一个人都是开放的、自由的,是不可占领的,海洋属于全人类共有,任何国家不得据为己有。同时,他还指出人类的交往是世界发展的必然趋势,国家之间的相互依存迫使海洋自由不受限制,因为没有一个国家是能够完全自给自足的。通过建立航行权可以加快人类交往、互换有无的步伐,因此,海洋自由原则应当适用于所有国家。① 17世纪末,海洋权利争夺之战愈演愈烈,英国在英法战争的获胜确立了其海洋霸权的地位。随着18世纪工业革命的爆发,欧洲各国生产力不断提升,海外殖民地开拓的风潮推动了各国从海洋割据转为海洋自由,推动了海洋自由原则的确立。

(二)海洋自由思想之争——绝对自由与封闭自由

格劳秀斯在论证海洋自由思想时,其主要的中心论点为:所有由大自然构成的东西,虽然是为某些人服务的,但仍然足以供其他人共同使用,而不能成为任何一个人的独有,应该永远保持与它最初由自然创造时相同的状态,"既不容易建立,也不封闭"。海洋从本质上说是一种共同财产,只是在海洋之上不存在私人所有权。为了加强他的整体论点,并作为第二步的论证,他还提出"海洋自由本身的性质为自由航行,这项权利平等地属于所有国家",而否认这一点将是"对自然本身实施暴力"。② 作为对"普遍使用"主张的直接回应,塞尔登提出"如果说海水是一种流动资源,那么其无法被人占有或是捕获,而海洋是一个纯粹的空间概念,如土地一般可以进行物理性分界"。③ 对塞尔登而言,封闭状态的海域仍可以赋予他人通行的自由权

---

① 曲亚图:《海洋命运共同体视阈下航行自由制度的演进》,《贵州省党校学报》2021年第2期,第114—120页。

② Danielle Kroon. The Freedom of the Sea: Groseus, The Law of the Sea and Island Building. *International Lawyer*, Vol.1, 2020, p.56.

③ 曲亚图:《海洋命运共同体视阈下航行自由制度的演进》,《贵州省党校学报》2021年第2期,第114—120页。

利,只是这种自由需要所有者的认可且不损害所有者的权益。威尔伍德则认为"海洋的共有性并不妨碍海洋成为私有物",他所强调的"海洋"是远离各国陆地且不受海岸限制的部分。① 两种观念的冲突掀起了对海洋自由思想争论的热潮:海洋究竟应是一个完全开放的空间,还是在允许人民占有一部分海域情况下的相对自由状态?

海洋不能被全部占有是毫无争议的,否则这极易导致对禁止航行自由的引申。"绝对自由"主要是出于对推进海上贸易的考虑,因此其侧重点和出发点在于贸易的顺畅和空间的包容;而"封闭自由"旨在对邻近海域建立管辖权,从所控制的海域中获取海洋利益。从本质上看,两种理论争议的焦点其实是海洋自由开放的程度,因此二者并非完全冲突,两种思想的融合有利于海洋秩序的重新划分,以海洋需求的不同来实现海域的开发与管理,为海上贸易提供了更为充分的自由空间,促进了资源的可持续利用,为共同构建现代海洋治理体系奠定了理论基础。②

(三)"共同体意识"下海洋自由思想的进步

近百年来,海洋自由思想仍然为人们所普遍接受,并以基本原则的形式成为现代国际海洋法律的基础。海洋一直被看作构成话语权的一种手段。17 世纪的海洋自由并非纯粹意义上的自由和公平,海洋秩序由海上霸权国家左右,海洋自由理论成为海洋强国资本主义经济发展与拓展本国殖民地的一种手段,③在沿海国的权利和管辖权问题上一直存在争议。格劳秀斯时期,海洋自由被视为一种完全的自由状态,但其客观效果却是以"海洋自由"这一含括性权利剥夺各国对近海海域的排他性权利。④ 1702 年,荷兰学者宾刻舒克继承了格劳秀斯的思想,提出公海不属于任何国家;⑤1958 年,在日内瓦联合国第一次海洋法会议上,"公海自由"原则首次以明文规定的

---

① 曲亚图:《海洋命运共同体视阈下航行自由制度的演进》,《贵州省党校学报》2021 年第 2 期,第 114—120 页。
② 朱剑:《"自由海洋"vs."封闭海洋":分歧与妥协》,《学术探索》2019 年第 6 期,第 28—38 页。
③ 白佳玉:《论海洋自由理论的来源与挑战》,《东岳论丛》2017 年第 9 期,第 41—46,2 页。
④ 计秋枫:《格劳秀斯〈海洋自由论〉与 17 世纪初关于海洋法律地位的争论》,《史学月刊》2013 年第 10 期,第 96—106 页。
⑤ 曲亚图:《海洋命运共同体视阈下航行自由制度的演进》,《贵州省党校学报》2021 年第 2 期,第 114—120 页。

方式被确立,海洋自由开始向公海自由转变,公海自由成为公认的国际法原则。海洋可以为所有人自由使用,但不能为任何人所拥有,海洋自由理论基础的限缩表明,所有国家在自由使用海洋时,应在合理考虑其他国家利益的范围内行使权力。

客观环境的不断变化和人类发展能力的不断提升推动着海洋自由原则的革新,在一定历史阶段,海洋自由对海洋利用、国际贸易和国际关系的发展起到了积极促进作用,但在时代的演变中,海洋自由原则也不断被检视与构建。原有的海洋自由原则促使各国尽力争取海洋权益,[①]如果继续坚持固有的为资本主义国家经济发展无限攫取海洋资源的理论,实际就背离了现代社会对海洋自由所期待的目标。但海洋资源并非无限,在合作治理、合作开发海洋的今天,在公平、环境责任和尊重国际秩序等法律原则的指导下,必须改变海洋自由原有的传统观念。海洋自由原则的应有之义不应再是单纯地强调绝对、无限制的自由,而是基于和平、良好的秩序下,排除一国对领海之外的海洋主张完整主权。[②]如今,海洋自由的主题应当是"共有性",即海洋并不存在所有权,但存在共有状态,各国在保障其他共有人安全的同时自由地使用海洋。[③]海洋命运共同体正是在此基础上提出的,强调以共同体的意识处理海洋事务,公平合理地利用海洋,将全球海洋看作一个共同体,将所有国家看作一个共同体,给海洋自由原则赋予了共同体的内涵。

二、航行自由制度的发展基础——航行自由的权利诉求

出于对生存资源(例如鱼类资源)和发展资源(例如油气资源)的需求,人们开始海上航行的探索,并一步步走向、利用海洋,甚至试图占有海洋。[④]而丰富的各种资源又使各国开始不再满足于最初的共有和共存状态。海洋自由思想衍生之后,各国基于不同的利益诉求逐渐开始主张海洋权利,要求在海上获得不受限制的航行自由权,海洋自由思想逐渐演化为航行自由思想。

---

① 何志鹏:《海洋法自由理论的发展、困境与路径选择》,《社会科学辑刊》2018年第5期,第112—119页。
② 袁发强:《国家安全视角下的航行自由》,《法学研究》2015年第3期,第194—207页。
③ [荷]格劳秀斯:《海洋自由论》,马呈元译,中国政法大学出版社2018年版,第50页。
④ 朱剑:《航行自由问题与中美南海矛盾——从海洋的自然属性出发》,《外交评论》2018年第4期,第1—24页。

（一）远洋贸易视角下的航行自由

航行自由的初衷是为满足各国的贸易和通行需求，而各个国家的远洋航行活动则推动了航行自由的变迁。当一个或两个强大的商业大国支配或实现权力均等时，实践中更多地开始强调通航以及航运不受地方控制的豁免权，而不再是真正意义上的航行自由。在这样的时代里，航行自由被认为是战略性的领域竞争，而不是经济上的角逐。例如，地理大发现时期，即15—17世纪，欧洲的船队开始出现在世界各处的海洋上，寻找新的海上贸易线路，当时他们发现了许多不知名的地域，并开拓了部分"无主地"。伴随着新航路的开辟，海上贸易交流大量增加，海上霸权国家侵占了许多本土以外的疆土，殖民主义与自由航行主义也开始出现。

到18世纪末，欧洲周围海域均受不同国家的所有权要求而被占有使用。海上强国对自由航行的需求导致沿海国希望对部分海洋或整个海洋拥有专属所有权。美国在其整个发展历史中深刻认识到，其海洋权利的实现依赖于在海上不受限制地通行，并且认识到美国的地理位置、其主要盟国的位置，还有对国际贸易以及海洋生物、能源和矿物资源的传统依赖，于是在1945年的"杜鲁门公告"（1945年9月28日发表的《美国关于大陆架的底土和海床的天然资源的政策》）中，美国宣称其对"与美国海岸毗连的公海下大陆架底土和海床的自然资源拥有管辖权和控制权"。在此之后，其他沿海国家纷纷将领土管辖权的主张扩展到其传统海洋边界之外。各国的主权和管辖权无限制、无秩序、混乱的过度扩张致使航行自由面临着前所未有的挑战。

（二）海洋自然属性视角下的航行自由

伴随着航行自由思想的发展，海上航行自由活动逐渐增加，然而由于当时海洋基本法律制度尚未确立，航行自由与海洋环境、海洋资源、国家管辖权等矛盾日益凸显。从国防军事安全的角度来看，航行自由的利益和沿海国国家安全的冲突日盛。由于没有统一的航行自由规范，各国对于安全航行的谨慎义务只限于关心自身船舶的安危，而不考虑其他国家的合理权益；从海洋环境保护的角度看，当运输危险品或者污染性物质的船舶发生泄漏时，沿海国可能出于国家安全的考虑拒绝遇难船舶在沿海国港口的停靠。

同时,不加限制的航行自由可能导致海洋生态环境的破坏,例如,对船载危险品的泄漏和排放的"海洋垃圾"不进行管制,以牺牲水域的环境安全为代价的海洋行为,以及海洋资源的开发、利用与分配等。上述与海洋有关的各项活动皆会因为海洋的全球性、流动性等自然属性,使得单一国家的海洋行为扩展为全球共同面对的海洋问题。因此,全球海洋环境污染的预防和控制、海洋划界争端等问题的解决都需要建立在每个主体具有共同意识的制度基础上。这一制度基础应该让所有成员主体都能享有一种正义感和安全感,最终维护海洋的自然属性和可持续发展。这些共同的海洋诉求既催生了 UNCLOS 的诞生,也为海洋命运共同体的提出奠定了基础。

（三）海洋法发展下的航行自由

航行自由最早属于自然法范畴,格劳秀斯在其《海洋自由论》一书中的第一部分提出了自由贸易和自由航行的观点,着重强调"航行对所有人都是自由的",由此,航行自由得以衍生,并开始普遍进入人们的视野。实践中第一次明确提出"海洋航行自由"一词的是美国总统威尔逊,他于 1918 年 1 月 8 日在"十四点原则"第二点中提道:"无论是战时还是平时,除了要执行国际盟约而实施的国际行动才可全部或部分将海洋关闭,否则要保证领海之外,随着海洋自由理论基础的变更——不可占有性和资源无限性的撼动,以及海底等海洋领域的不断开发。"[①]作为海洋自由思想内核的航行自由,内涵正在逐步丰富与完善。从一般性理论来看,海洋自由随着不同时期的进展衍生出了航行自由。不同时期对不同对象,"海洋航行自由"的概念有着不同的涵义。伴随观念的转变和技术的进步,对海洋航行自由活动的法律边界与制度张力成为讨论和规范的新主题。因此,规范航行自由原则在具体适用中的相对性以防止"过度的海洋主张",是海洋自由原则变迁过程的意义所在。

海洋航行自由与海洋自由一脉相承,却又因时而异,航行自由在具体实

---

① 曲亚图:《海洋命运共同体视阈下航行自由制度的演进》,《贵州省党校学报》2021 年第 2 期,第 114—120 页。

践中不再是抽象的、一成不变的,而是由海洋自由衍生的多样态模式。① 过于自由的航行实质上隐含着航行安全的不足,妨碍各国商船的自由航行。纯粹的自由航行意味着任何一个船舶都有在领海以外的海域自由通行的权利,不受船旗国以外的任何国家所管辖与约束,这极易引致恐怖犯罪活动的增多,危害国际安全,特别是沿海国的国家安全。同时,也无法实现航行自由最初的价值取向——自由贸易的实现,因此需要用动态的眼光去看待航行自由。

三、航行自由制度的确立基础——《联合国海洋法公约》

从自由航行概念的提出,航行自由制度经历了多次发展与变更。为澄清海洋边界的模糊,规范航行自由活动,联合国于 1958 和 1960 年举行会议,试图建立统一的海洋法律框架。UNCLOS 在相互竞争的欲望、主张和互诉的作用中产生,在功能上把海洋划分为不同的功能区域,将沿海国家对海域的管辖范围由近及远分别划分为内水、领海、毗连区和专属经济区等,而国家管辖以外的海域称为“国际海域”,UNCLOS 则把这部分海域界定为公海。海域划分制度就此产生,为各国航行自由权的行使提供了方向。划分海域后的航行自由经历了多次讨论与修正,并在 UNCLOS 中以领海的无害通过权、专属经济区航行自由权和公海的航行自由权为主要内容形成了航行自由制度体系,同时也包括群岛水域和国际通行海峡的无害通过权。至此,船旗国在不同海域依据 UNCLOS 享有不同的航行自由权,航行自由制度张力受到限缩,航行自由也因此缩减为“有界限的自由”。虽然UNCLOS 堪称航行自由制度的国际法基石,但是仍然有诸多国家迄今为止尚未签署或者加入 UNCLOS,以致游离于 UNCLOS 奠定的国际海洋法规则之外,使航行自由争议难以解决。

四、航行自由制度的发展特征

（一）航行自由向规范航行转变

航行自由原则是在格劳秀斯为争取属于荷兰人的东印度贸易权利的论

---

① 马得懿:《海洋航行自由的体系化解析》,《世界经济与政治》2015 年第 7 期,第 126—150、159—160 页。

证中被普遍接受的。这一争端的核心是葡萄牙声称拥有或控制摩洛哥以南的印度洋和大西洋，并声称有权禁止所有外国人航行或进入这些水域。而格劳秀斯主张海洋本身的性质即为航行自由，海洋是如此的无限，它不能为任何人所有，却为所有人使用；每个国家都可以自由地到其他国家航行，并与之进行贸易，"航行对所有人都是自由的"，这项权利平等地属于所有国家，从来也永远不会处于任何一个人的主权之下。① 由此，绝对自由形式的航行导向开始成为海上航行基本的、根深蒂固的规则，而这种航行自由的重点只在强调"自由"，却忽略了如何正确地航行。

虽然绝对的航行自由是数百年来人们普遍接受的理论和实践，但这毕竟是基于海洋资本主义扩张的背景下，为当时的海洋大国发展海上贸易提供了理论基础。在如今海洋探索技术高度发达、国际社会开始注重海洋安全秩序和海洋可持续发展的时代，海上自由面临更多国际紧张关系以及权利之争，海洋开始成为国家渴望和寻求更大权力的领域。如果没有对各国权力的有效规制必将造成权力真空，海洋使用活动将充满冲突和纷乱。因此，在当今时代背景的驱动下，航行自由的重心势必会向规范航行转变。每一个国家都应严格按照规范的航道轨迹开展航行活动。抽象地关注"自由"不过是一味地强调权利，可义务不明确，权利又从何谈起？②

在 UNCLOS 产生之前，航行自由原则主要是以国际习惯法的形式存在，航行自由的规范体系尚未形成，以英美为首的发达国家主张最大限度的航行自由，以维护本国的海上运输通道和海洋霸权地位。而在更早的时期，欧洲国家往往因为航行问题引发海上战争。第三次联合国海洋法会议是航行自由观念发生转变的重要转折点。UNCLOS 在立法层面重申了航行自由，不同的是，航行自由的内涵已经转变为规范航行。规范航行是指各国在享有航行自由权的同时也应对权利的边界范围进行标定。UNCLOS 通过对权利义务规范来协调诸多因素之间的价值冲突，既在不同的海域实行不同的航行标准，例如在领海既赋予外国船舶无害通过权，也以"负面清单"的形式列举了外国船舶不被允许的航行活动，以及在航行过程中应秉持的目

---

① Danielle Kroon. The End of Freedom of the Seas? Grotius, Law of the Sea and Island Building. *International Lawyer*，Vol.52，2020，pp.51-53.
② 袁发强：《航行自由制度与中国的政策选择》，《国际问题研究》2016 年第 2 期，第 82—99 页。

的和原则;对于航行权与国家安全的冲突,UNCLOS 明确航行自由不包括公认的危害性活动,例如海上恐怖活动;对于航行权与海洋资源开发与养护之间的冲突,UNCLOS 则设置了保护区制度加以协调。

UNCLOS 的生效使得航行自由原则具有了习惯法和成文法的双重效力,凡是签署并批准 UNCLOS 的缔约国皆表示愿意接受 UNCLOS 的约束,传统的自由航行逐渐转变为规范的航行自由,缔约国依据 UNCLOS 的规定在不同海域行使不同的航行自由权,各国在海上的航行自由活动得到了前所未有的规范,有效维护了海洋和平。总之,规范航行是符合国际海洋法规则发展趋势的必然产物,UNCLOS 及其他国际法规则帮助国际社会将视野从关注"自由"转移到规范"航行"的权利,让航行自由不再仅强调"不受干涉",而是有了海洋共赢的担当。

（二）权利冲突向权利平衡转变

从航行自由的历史发展来看,海洋航行自由无论是在古罗马时期,还是海洋发展的新时代,都是海洋利益诉求的核心。虽然传统的海洋自由思想是国际法提供海洋法律秩序的基石,但它忽略了内陆国以及航海技术落后国家的需求,使得长期以来一直存在海洋强国与非海洋强国之间、发达国家与发展中国家之间,以及沿海国与非沿海国之间的权利冲突。毫无限制的航行权利争夺带来的必然是各国的航行自由价值空间无法最大化发挥,在没有法律边界的竞争下,一国的获益总是伴随着内陆国或科学技术落后国家权益的受损,参与海洋权益博弈的各方最后收益与损失的结果永远为零,无法实现双赢,这就是航行权利的非合作博弈所带来的零和收益。

海洋本就是自由、平等、合作和可持续的,如果各主权国只想着主张权利而不希望权利受到任何限制,那么,权利之间的冲突将使权力划界毫无意义。限制权利不是为了损害某一主权国的航行权利而便利他国,其本意是为了更好地行使自由,避免权利的过度扩张。在人类命运共同体的国际法语境下,科技的进步、国际海底区域、海洋生物资源以及海洋文化遗产等新领域的探索,海洋资源过度开发、海洋环境污染等问题成为各国共同面临的困境,各国的权利主张不仅存在着战略空间的重叠,而且大多数国家在海上航行自由贸易的权利主张和通过国际法促进世界秩序的权利限制方面也有着共同的国家利益。此时,就会产生类似经济学理论中的"共池"问题,迫使国际社会合作立法,重新进行海洋权益的分配,以谋求航行自由与海洋可持续发展的平衡。

这就需要在不同的海域创设不同的航行制度,以符合现代国际法意义上的国家平等与和平共处的内涵,于是海域划分制度应时而生。作为海洋法律宪章的 UNCLOS,实现了从海洋自由思想到航行自由制度的转化。UNCLOS 对于航行自由的制度设计存在着极大的妥协成分,可以视为国家间博弈的结果,以海洋强国主权为导向的传统思维方式引发的权利冲突得到了一定程度的平衡,但是航行自由的规定并没有具体化。尚不能具体化的现实状况促使各国基于不同的利益诉求在不断碰撞、融合和妥协的过程中,继续寻找航行自由权与国家管辖权的平衡点,国际社会航行权利的主张和限缩正向着"正和博弈"的方向趋近。

(三)无边界的航行向有边界的航行转变

从航行自由的发展变化来看,绝对的航行自由从来就不存在。从古老观念中的绝对自由到今天的公海和专属经济区航行自由权,再到领海的逐步压缩的无害通过权,不管是在国家管辖范围内海域还是在国家管辖范围以外的公海,航行自由都要符合海洋法律秩序和国际法律规范。随着海洋经济的发展和各国海洋战略的转变,世界海洋政治格局和海洋秩序都发生了深刻的变化,航行自由的张力也在不断发生变化,限制性和保护性兼具的特征逐渐显现。

从古至今,世界强国无一不是依靠海洋探索的领先而崛起,如今海洋在经济、政治和军事方面的作用日益凸显,世界各国对海洋的关注与日俱增。[①] 第三次海洋法会议对专属经济区的概念加以明确,但专属经济区制度的模糊规定导致了对剩余权利的分歧。[②] 剩余权利基于"法不禁止即自由"的逻辑而演绎推理,UNCLOS 未明文禁止的权利被很多国家推定为属于各主权国。于是各国基于不同的海洋经济和军事利益,不再单纯地为了

---

① 周忠海:《论海洋法中的剩余权利》,《政法论坛》2004 年第 5 期,第 158—160 页。
② 车流畅:《专属经济区剩余权利的价值核心化与属性复合化》,《社会科学辑刊》2016 年第 3 期,第 166—170 页。

贸易交流而主张航行自由，而是有了政治色彩。

近年来，与航行自由活动有关的争议逐渐从单纯的航行自由活动的争议扩展到航行自由与海洋环境保护、海洋资源开发、海洋科学研究等相关海洋活动领域，其中最明显、最棘手的问题就是航行自由与沿海国主权与管辖权的争议。虽然 UNCLOS 对已经存在的国家海洋权益加以明确，同时在序言以及第 56、58 条将各主权国行使航行自由权的限度规范为"适当顾及"和"和平利用"，但未对具体情形作出规定，为各主权国的海洋使用问题留下了自由解释的余地。UNCLOS 的立法本意并不是为了禁止航行，而是为了规范航行，使各国的航行自由在有边界的法律框架内进行，这就要求各国在国际法框架下，以 UNCLOS 为主要依据，受国际条约、国际习惯和一般法律原则的约束，在《联合国宪章》所确立的国际法基本原则基础上合理合法地行使航行自由权。因此，UNCLOS 的诞生标志着航行自由受到了法律的规制，在向有边界的航行自由转变。

第二节　航行自由制度的国际法内涵

UNCLOS 以成文法的形式确立了不同海域的航行自由权。据此，根据不同海域的性质，航行自由的内涵包括多个层次，从领海的无害通过权、专属经济区航行自由权到公海的航行自由权，UNCLOS 赋予了船旗国不同的航行权利和沿海国不同的管辖权。

一、领海的无害通过权

（一）《联合国海洋法公约》确立的领海制度

领海是最靠近沿海国内陆的水域，由于其地理位置的特殊性，领海最早成为沿海国之间的博弈区域。随着海洋经济的不断发展，各沿海国出于航行自由和国家安全的需要，纷纷在领海宣示主权，国家权力从陆地开始走向海洋。无害通过权的雏形形成于格劳秀斯的海洋自由论，最初以国际习惯的形式出现，伴随着领海法律地位的确立而形成。早在 UNCLOS 确立领海制度之前，"闭海论"与"海洋自由论"的争论已经引起了沿海国对周边海域的海洋权力之争。1958 年《公海公约》吸收了两种理论,首次将海洋划分为"领海"与"公海"两块水域。随后,领海制度的框架由 1958 年《日内瓦领海和毗连区公约》(简称《领海及毗连区公约》)初步确立。① 所谓"无害通过",即外国船舶驶入或者驶出其他国家的内水或者领海时,只要未做出对领海有害的事宜,并且符合"通过"的标准即为无害通过。其中,"通过"的情形有三种:一是外国船舶只在沿海国家领海通行,不进入沿海国内水;二是外国船舶从沿海国家驶出,其间经过沿海国领海;三是外国船舶由公海驶往沿海国内水,其间经过沿海国家的领海。船旗国船舶在沿海国领海内的停船和抛锚行为被包含在"通过"容纳范围内,但将此权利限定在通常航行附带有此需要,或因不可抗力或遇灾难确有必要的情形下行使。

与《领海及毗邻区公约》相比,UNCLOS 发展了无害通过权,充分体现了国际上船旗国对航行自由权的需求,在一定程度上完善了无害通过权存在的缺陷,明确了特殊船舶的无害通过权以及无害通过制度下各国的权利与义务,同时拓宽了无害通过权的适用海域范围。具体体现在两个方面:一是 UNCLOS 第 19 条关于无害通过的区域,增设了内水以外泊船和港口设施的规定;二是在 UNCLOS 中,通过发展为五类:前三类是外国船舶在领海和内水之间的航行或者在领海的直接航行,第四类为外国船舶只可以穿过领海但是不得在内水外的地方停船,第五类为外国船舶应从停靠在内水以外的地方通过领海。只要以上五种形式符合 UNCLOS 关于无害通过的规定,并且不损害沿海国的和平、良好秩序和安全,就是符合 UNCLOS 的行为。

UNCLOS 对领海无害通过权的确立和完善为航行自由制度的形成提供了体系化基础,将无害通过权在沿海国家的适用海域范围拓宽为特殊内水、领海、群岛海域和国际海峡,使得无害通过权从传统的国际习惯法上升为成文法。这不仅在国际法层面正式赋予了无害通过权法律地位,而且对各国行使无害通过权也起到了规范和指引的作用。

(二)无害通过权的内涵

无害通过最初作为国际习惯被各国普遍适用,诸多学者开始研究领海

---

① 《中华人民共和国领海及毗邻区公约》第 14 条第 2 款:"追逐须在外国船舶或者其小艇之一或者以被追逐的船舶为母船进行活动的其他船艇在中华人民共和国的内水、领海或者毗连区内时开始。"

无害通过权,例如真提利斯 1613 年的《西班牙辩论》、塞尔登 1618 年的《闭海论》、格劳秀斯 1625 年的《战争与和平法》等国际公法学家的著作均主张领海的无害通过权。1894 年国际研究院的《领海定义与地位规则》、1929 年美国哈佛大学法学院的《领海法草案》和 1930 年海牙国际法编纂会议的《领海法律地位草案》等也体现出领海无害通过的主张。无害通过制度伴随着领海的法律地位的确立而形成,领海海域范围由最初的领海基线往外 3 海里到领海基线外 12 海里,是船旗国的航行自由权对沿海国家主权让步的具体体现。

无害通过权是船旗国在经过沿海国领海时,在不损害沿海国和平、良好秩序或安全的情况下,无需事先通知或征得沿海国的许可,即可连续不停地迅速通过沿海国领海的权利。无害通过权的基本要素是"无害"和"通过",这两个要素的标准是通过平衡船旗国航行自由权和沿海国国家主权予以确立的。UNCLOS 第 19 条规定了"无害"的标准,除了规定外国船舶的通过不得损害沿海国家的和平、良好秩序或安全外,还明确列举了外国船舶通过沿海国领海的 12 项"有害"情形。判断外国船舶的通过是否损害沿海国的和平、良好秩序或安全将优先以 UNCLOS 列举的 12 项"有害"情形为标准。UNCLOS 第 18 条规定了"通过"的标准:一是穿过领海但不进入内水或停靠内水以外的泊船处或港口设施,或者驶往或驶出内水或停靠这种泊船处或港口设施。二是通过应继续不停和迅速进行。"继续不停和迅速进行"是指船舶的速度应当维持通常船舶航行的速度。UNCLOS 还增加了可以适用停船和下锚的范围,将为救助遇险或遇难的人员、船舶和飞机也纳入船旗国船舶可以行使停船和下锚权利的范围。此外,UNCLOS 还规定了潜水器须浮出水面并展示旗帜,外国核动力船舶和载运核物质或者其他本质上危险或者有毒物质的船舶应持有关证书并采取特别预防措施,通过的船舶应遵守特定的航道和分道航行要求等。

(三) 无害通过权的外延

外国船舶在特殊内水、群岛海域、国际海峡无害通过争议案例的出现为拓宽无害通过权的适用海域提供了实践指引。UNCLOS 明确外国船舶在特殊内水、领海、群岛海域、国际海峡中享有无害通过权。无害通过权适用海域的拓宽是船旗国航行自由权对沿海国主权的让步,而外国船舶在特殊内水、群岛海域、国际海峡的无害通过权有别于领海无害通过的细节性规定,是沿海国主权对抗船旗国航行自由权的具体表现。但 UNCLOS 对外国船舶在特殊内水、群岛海域、国际海峡无害通过权的规定较为粗略,而沿海国不同的海域有其独立的地理特征和历史性权利,不能将领海无害通过制度的规定全部适用到其他海域。特殊内水本属于领海的海域范围,但因采用直线基线使特殊内水拥有了独立的法律地位。群岛海域内优先适用群岛海道通过制度,仅在例外情况适用无害通过制度。国际海峡优先适用过境通行制度,仅在特定情形下适用无害通过制度。[①]

从无害通过权的内涵和外延可以看出,无害通过权在 UNCLOS 框架下已经初步形成了无害通过制度体系。

1. 船舶在特殊内水的无害通过权

根据 UNCLOS 的规定,内水是领海基线向陆地一面的水域,沿海国对内水享有完全主权,外国船舶未经批准不得以任何理由、方式进入沿海国内水。特殊内水则是沿海国在内水的特殊安排,法律地位不同于内水,外国船舶享有特殊内水的无害通过权。特殊内水本属于沿海国领海的范围,但由于采用直线基线划分海域使原本不是内水的水域划归为内水,但又有别于沿海国对内水的完全主权,因此,外国船舶在特殊内水中享有无害通过权。需注意的是,并非采取了直线基线就存在特殊内水,能否认定为特殊内水还需要结合水文特征以及航路情况,例如距离长短等具体问题具体分析。特殊内水无害通过权其实可以理解为特殊化的领海无害通过,在保障沿海国主权的同时保障船舶航行自由。

2. 船舶在群岛水域的无害通过权

第三次联合国海洋法会议经过几期会议的协商,尤其是菲律宾等 4 国的群岛原则得到发展中国家和"77 国集团"的支持,群岛制度最终在 UNCLOS 中被正式确立。[②] 群岛水域的无害通过权是指群岛国应当允许船旗国在群岛海域内的无害通过,但外国船舶需在群岛国指定的航道内通过。其适用的海域范围是群岛水域以内、群岛国用封闭线划定的内水界限以外的海域。

① 郭真、陈万平:《北极争议与中国权益》,《唯实》2014 年第 3 期,第 89—91 页。
② 孙文明:《群岛原则与群岛水域的法律制度(上)》,《法学评论》1989 年第 5 期,第 37—42 页。

群岛水域的无害通过权受群岛海道通过制度的限制,且不能妨碍群岛国的内水制度。外国船舶不得在群岛国的内水行使无害通过权,群岛国可以基于保护国家安全的需要停止外国船舶在群岛水域的无害通过,但是群岛国不能停止外国船舶在群岛海道的通过权。群岛国停止外国船舶在群岛水域内的无害通过,需要在正式命令公布下才能生效,这是沿海国主权和其他国家航行自由权对抗的重要体现。

3. 船舶在国际海峡的无害通过权

国际海峡分为内海海峡、领海海峡和非领海海峡,适用的航行制度取决于海峡的位置,并非所有的国际海峡都适用无害通过制度。国际海峡常用的航行制度是过境通行制度,无害通过制度仅在特定情形下予以适用。1973 年,意大利向第三次联合国海洋法会议提交提案,内容是意大利的墨西拿海峡由该国大陆和岛屿组成,岛屿外的海峡有一条航行和水文特征方面同样方便的航道。① 该海峡与沿海国有紧密联系,出于保护沿海国主权的考量,外国船舶在该海峡更适宜适用无害通过权。此提案得到了具有相同情况的国家的支持,第三次海洋法会议表决通过了该提案并写入 UNCLOS。外国船舶在国际海峡行使无害通过权时,不能对沿海国家的安全造成损害,且需连续不停、迅速地通过。与群岛海域、领海无害通过权不同,在国际海峡的无害通过中,沿海国不应对船旗国的无害通过予以停止,除非沿海国有证据表明或者确定船旗国通过国际海峡时的行为是有害的。

(四)与无害通过权有关的沿海国权利与义务

1. 沿海国的权利

沿海国在无害通过制度中享有的权利具体表现为对无害通过权的限制,即立法管辖权、执法管辖权和司法管辖权。沿海国的立法管辖权是指船旗国船舶在沿海国主权海域内的无害通过除遵守国际法规定的统一标准外,沿海国享有对船旗国船舶无害通过的立法管辖权,包括航行、海关、卫生、捕鱼和安全,船旗国在经过沿海国主权海域时必须遵守沿海国制定的国内法。沿海国的执法管辖权是在立法管辖的基础上形成的,是指当外国船

---

① 田士臣:《外国军舰在领海的法律地位》,LI Cun'an 译,《中国海洋法学评论》(英文版)2007 年第 2 期,第 53—63,363—380 页。

舶(除了外国政府所拥有的或外国军舰适用豁免的规定)经过沿海国主权海域时,若违背沿海国关于无害通过的规定,沿海国出于保护国家主权的需要享有对外国船舶执法的权利。对外国船舶的司法管辖权一般由船旗国行使,但在沿海国受到损害或损害威胁时,沿海国享有对外国船舶的司法管辖权。为充分保障沿海国家的权益,UNCLOS 第 27、28 条明确了沿海国享有外国船舶的刑事管辖权和民事管辖权的情形。

2. 沿海国的义务

公约赋予沿海国享有对通过其主权海域的外国船舶的立法管辖权、执法管辖权、司法管辖权,沿海国家的义务是沿海国家的主权对船旗国航行自由权的让步。权利和义务是相辅相成的,权利的行使伴随着义务的遵守。首先,沿海国在制定国内法时必须符合国际条约中关于无害通过的指引,不能无理地强加于外国船舶经过沿海国主权海域时"无害"的要求。在实践中沿海国还需遵守国际惯例的规定,例如为无害通过的外国船舶提供基本的航行服务、救助措施和灯塔等。其次,沿海国在制定国内法后需要及时履行信息公开的义务。不仅公开其制定的国内法,在沿海国发现其主权海域有危险情况时,需要以适当合理的方式公开其已知的危险情况。确有必要时,沿海国有权暂停外国船舶的无害通过。最后,在外国船舶满足无害通过的标准时,沿海国不得妨碍船旗国的无害通过,沿海国须做到对通过其主权海域的外国船舶一视同仁,不得区别对待。

（五）与无害通过权有关的船旗国的权利与义务

1. 船旗国的权利

船旗国对通行在海上的本国船舶享有无害通过权和船旗管辖权。外国船舶的航行自由权与沿海国家的主权在对抗妥协中生成了无害通过权,外国船舶在符合无害通过的要求时,可以不经沿海国家许可、连续不停地迅速通过沿海国的领海,这是船旗国航行自由权的彰显。船旗国管辖权的具体内容包括:① 除 UNCLOS 规定的例外情况下,原则上通过沿海国领海的外国船舶的刑事管辖权和民事管辖权由船旗国行使。② 船旗国必须对因船舶做出的行为制定法律,例如《中华人民共和国刑法》第 6 条规定:凡是在中国船舶内犯罪的,适用中国刑法。③ 船旗国有权对船舶中的违法行为予以阻止,例如船旗国可以进行扣押、逮捕(拿捕)、处罚、临检和搜索等。

2. 船旗国的义务

船旗国船舶在通过沿海国领海时,除达到国际法和沿海国国内法规定的"无害"标准外,为充分保护沿海国家的主权,还需遵守如下义务:① 船旗国在通过沿海国领海时,需要遵守船舶污染的限制性规定。当外国船舶有违反该限制性规定时,船旗国负有整治海洋环境污染的义务。② 船旗国应当对其登记的船舶负责,约束船舶及船员的行为。③ 船旗国有保障船舶海上航行安全的义务,如果船旗国船舶在海上搁浅,船旗国对此负有当然的救助义务;保障船旗国船长及船员的人身安全也是船旗国的当然义务。

二、专属经济区的航行自由权

(一)《联合国海洋法公约》确立的专属经济区制度

专属经济区是介于领海和公海之间的海洋空间,领海宽度的确认催生了专属经济区的出现。早在 UNCLOS 诞生以前,各国对专属经济区采取的划分标准不一,致使专属经济区的法律地位及其划分方法饱受争议。专属经济区的法律地位主要存在以下三种理论:国际水域论、优先权限论和经济水域论。[①]

国际水域论在海洋上的具体主张为领海之外皆是国际社会共同所有、共同使用的水域,皆可自由通行,[②]凡是不受一国主权管辖的水域都是海洋的公共水域。优先权限论认为,虽然单独划分出专属经济区这一水域,但究其根本仍是公海的一部分,具有与公海同样的海洋属性,沿海国只是对其享有一定的特别权限而已。在两种观点争论的过程中,一种折中理论——经济水域论产生了。经济水域论摒弃绝对自由,肯定专属经济区的特殊地位,主张基于沿海国在区域资源方面享有特殊权利而创设特有的法律制度加以规制。UNCLOS 最终采取了经济水域论,创立了国际海洋法律秩序中一项全新的制度——专属经济区制度,肯定了专属经济区在国际法中的法律地位。

---

① 杨显滨:《专属经济区航行自由论》,《法商研究》2017 年第 3 期,第 171—180 页。

② 曹文振、李文斌:《航行自由:中美两国的分歧及对策》,《国际论坛》2016 年第 1 期,第 20—25、79—80 页。

UNCLOS 第Ⅴ部分回应了有关专属经济区划域及其权利义务的争议，建立了专属经济区制度的法律框架。UNCLOS 将这一经济性区域定义为"领海以外并邻接领海的一个区域"，并且不超过领海基线量起 200 海里的范围。从其属性定位可以看出，专属经济区的宽度与领海宽度存在部分重叠，具有混合或复合水域的性质，①但要注意的是，专属经济区既不是领海，也不属于公海范畴，三者不能等同适用。基于"经济水域"的特性以及特殊的地理位置，UNCLOS 规定沿海国对专属经济区享有弱于主权的主权权利，以推动剩余权利经济价值的最大化。这种主权权利具体体现在两方面：一是国家主权向海洋生物资源的蔓延，即经济性开发和勘探、养护和管理区内自然资源（包括非生物资源）并设置安全地带的权利；二是自然资源和渔业的管辖权，包含人工岛屿、设施和结构的建造和使用、海洋科学研究和海洋环境的保护与保全，一定程度上排除了他国从事这些活动的自由。

专属经济区航行自由权实际上是公海航行自由权的衍生，随着 UNCLOS 对专属经济区制度的建立，各国纷纷确定了 200 海里专属经济区的宽度，使得海洋自由空间被极大地限缩，航行自由权出现了新的变化。早期关于描述沿海国在领海之外的新权利和新活动的提案曾提及，在行使此类权利和进行此类活动时，应"合理顾及"或"不损害"其他国家的权利和自由，体现出沿海国对专属经济区航行自由的限制必须是出于"主权权利"的特定目的。这些提案首先建立起沿海国的新权利，然后试图保护其他国家的航行权利和自由。

《圣多明哥宣言》于 1972 年引入了第二项平衡沿海国和其他国家在专属经济区的利益和权利的方法。在第 5 段首先设立了其他国家在专属经济区内的权利和自由，然后补充道，此类权利可以因为沿海国在此类区域内行使自己的权利而受到限制。此外，由 14 个非洲国家组成的联合集团提交了一项提案：在专属经济区中，所有国家的船舶和飞行器，不论是否属于沿海国所有，均应享有不受限制的自由航行、飞越及铺设海底电缆和管道的权利，除了沿海国在此区域内行使自身权利而导致的情况例外。同样的文字还出现在一项由阿根廷代表提交的提案中，区别在于该提案特别涉及了沿

---

① 金永明：《专属经济区内军事活动问题与国家实践》，《法学》2008 年第 3 期，第 118—126 页。

海国在资源的勘探、养护和开发,污染和科学研究等事项中行使自己权利的问题。其他一些提案同样涉及了特定的权利和义务。中国提交的一项提案中也主张应保证所有国家都享有航行和飞越的自由,但铺设海底电缆和管道则需要事先获得沿海国的同意。

在 UNCLOS 提案的多次讨论中,各国分别提出了航行自由的不同诉求。中国提交的提案要求保证所有国家都享有航行和飞越自由,其他国家应履行遵守沿海国相关法律规章的义务;澳大利亚和挪威代表提交的提案只是允许所有国家在专属经济区内享有航行和飞越的自由。各国的提案经过多次讨论,最终演变为 UNCLOS 第 58 条的内容,明确所有国家,不论为沿海国或内陆国,在 UNCLOS 有关规定的限制下享有第 87 条所指的航行和飞越的自由。鉴于该条援引的是公海航行自由条款,所以公约只是在整体框架上作出基本规定,目的在于强调航行自由的前提是航行安全,以消除对航行自由的妨害和对航行安全的威胁,实质上并未限制各国正当的航行自由权。

(二)专属经济区航行自由权的内涵

由于专属经济区涵盖世界上 90% 的生物资源,在发展中国家和海洋强国之间引起了频繁的冲突,在海洋秩序、海洋自由和海洋利益的碰撞下,辨析专属经济区内航行自由权的内涵显得尤为重要。

从 UNCLOS 第 87 条公海自由原则可以看出,专属经济区航行自由权由公海航行自由权所衍生,各个国家享有与公海航行制度同等的航行权,但诸多的限制条件又使其不得不自成一类,使其航行自由范围事实上小于公海航行自由的范围。[①] 表面上看,UNCLOS 似乎给了各国广泛、宽松的专属经济区航行权,但自由从不是无限度的,航行自由的目的不仅是贸易自由,而且是沿海国国家安全、海洋资源开发与他国专属经济区航行自由平衡的追求。航行自由权的内核是航行安全,与沿海国的主权权利和管辖权一样,其他国家在行使专属经济区航行自由权时也必须受到"适当顾及"原则的限制,该限制性原则是由"合理考虑"的要求逐步演化而来。在渔业管辖

---

① 周忠海:《论海洋法中的剩余权利》,《政法论坛》2004 年第 5 期,第 158—160 页。

权案(英国诉冰岛)中,①国际法院认为,UNCLOS 是"国际法既定原则的一般宣言",所有国家在航行自由时应合理地考虑其他国家的利益。但在1974 年国际法院第 3、22、29 号修正案中,却将"合理考虑"更改为"适当考虑",最终形成了 UNCLOS 第 58 条第 3 款所设置的"适当顾及"原则。然而,UNCLOS 对何种情形才属于"适当顾及"并没有作出任何解释,"适当顾及"原则的解释成为当代探索合理限制程度的主要问题,是专属经济区航行自由权的内涵得以明确的重要途径。② 专属经济区航行自由限制的程度、义务的准确范围需要由 UNCLOS 的法律边界来进一步厘清。

(三) 专属经济区航行自由权的外延

专属经济区航行自由权的内涵是各国在 UNCLOS 等国际法框架下享有的自由航行的权利,是研究航行自由制度的基础和前提,但是研究专属经济区航行自由制度不能只关注航行自由权的内涵,还要关注航行自由权的外延,即与航行自由有关的活动。

1. 海洋科学研究

在一个沿海国的专属经济区行使航行自由权往往伴随着其他活动,其中海洋科学研究就是典型活动。UNCLOS 规定,沿海国对管辖海域范围内的海洋科学研究拥有专属管辖权,非沿海国在沿海国管辖海域进行海洋科学研究,必须征得沿海国同意并接受其监督。然而,UNCLOS 缺乏对海洋科学研究的精确定义。早在 UNCLOS 讨论文本内容时,就有国家主张禁止在专属经济区开展水文调查、情报收集和侦察活动。虽然 UNCLOS 没有禁止其他国家在沿海国家的专属经济区内进行海洋科学研究,但以水文调查等名义在沿海国专属经济区进行军事测量活动的性质值得我们关注,因为军舰在专属经济区内的活动不仅包括直接军事活动,而且包括延伸的军事测绘和军事科学研究活动等,甚至有外国渔船进行伪装从事军事测量活动。在现代科技条件下,上述外国军舰非正当性的"航行自由"和"科学研究"活动无疑将严重威胁中国的主权和国家安全。

---

① 1958 年"鳕鱼战争"。
② 张磊:《论国家主权对航行自由的合理限制——以"海洋自由论"的历史演进为视角》,《法商研究》2015 年第 5 期,第 178—183 页。

2. 海洋环境保护

海洋环境保护对于海洋经济的发展具有举足轻重的作用,在海洋航行的历史中,海洋环境的恶劣给航行带来阻碍和威胁,严重影响了航行的进程。因此,沿海国家开始关注海洋环境的治理和保护,国际社会呼声也越来越高,对于保护海洋环境的重视势必限制航行自由权利的行使。海洋环境保护与航行自由之间的冲突日渐显现。一方面,沿海国家强化海洋环境保护,势必会加强对海洋环境的管辖权;另一方面,其他国家的航行自由不容侵犯。1954 年,在伦敦召开的防止石油污染国际会议上通过了《国际防止海上油污公约》,其作为第一个以保护海洋环境为宗旨的国际公约,虽然规定了船旗国的专属管辖权,但没有规定沿海国对于外国船舶的行政执法权。这是因为当时海洋环境的污染并没有达到全球重视的程度,人类对于海洋还处于取之不尽、用之不竭的认知状态。直至 20 世纪 70 年代,国际社会才开始关注海洋环境保护和海洋资源的持续利用,人们逐渐认识到,必须在现有基础上达成航行自由与海洋环境保护的平衡,从而保障海洋生态的良性循环和高质量发展。

3. 海洋资源开发

海洋资源是指海洋中的生产资料和生活资料的天然来源,包括海洋矿物资源、海水化学资源、海洋生物(水产)资源和海洋动力资源等。UNCLOS 第五部分专属经济区制度不仅在国际海洋法的理论层面上提出了较多创新性概念,而且在具体的实践层面上基本实现了专属经济区各国涉海利益的平衡。其中,UNCLOS 第 56 条规定,沿海国在其专属经济区享有开发海床、底土上覆水域的生物和非生物资源的权利。[①] 该项主权权利与专属经济区内的海洋资源开发活动有着较为密切的联系:一方面,主权权利不等同于主权,可将其视作以主权为基础而延伸的一项权利,即沿海国在专属经济区内对海洋资源开发的权利是受到限制的,其在进行海洋资源开发活动时,应当兼顾沿海国剩余生物资源分配给其他国家的义务;[②]另一方面,主权权利不只限于管辖权,即沿海国在专属经济区内不仅对海洋资源享有勘探和开发、养护和管理的权利,而且同样享有对专属经济区内的海洋资源的酌处

[①]《联合国海洋法公约》第56 条第1 款。
[②]《联合国海洋法公约》第62 条第2 款。

权,例如沿海国有权决定专属经济区内生物资源的可捕量。[①] 总体来说,沿海国在专属经济区内的海洋资源开发最初是一项由发展中国家推动设立的,以更好地控制和获取专属经济区内的海洋资源,以维护本国的海洋权益为目的,但随着 UNCLOS 的发展以及各国围绕专属经济区制度的博弈,已使专属经济区制度设立的初衷难以得到实现。

(四) 与专属经济区航行自由权有关的沿海国权利和义务

专属经济区实质上是对公海空间的限缩,海洋自由不能无限制,国家主权的延伸也不能无界限。为此,UNCLOS 对沿海国的权利作出了限定,要求其适当顾及其他国家的权利和义务。此外,UNCLOS 还保留了其他国家在接受沿海国经济性权利的情况下,行使正当的航行自由的海洋权利。

1. 沿海国权利

从航行发展与航行安全的逻辑关系上看,沿海国在专属经济区有权基于其专属管辖权采取合理措施以保护其合法权益,管制外国船舶进入其管辖海域的违法行为,对航行自由权进行适当约束,以避免航行活动触及"适当顾及"底线的权利。必要时,沿海国可以依据 UNCLOS 第 147 条第 2 款对位于其管辖范围内活动所使用的人工岛屿、设施和结构周围设置安全地带,并设置禁航权。出于维护航行自由的目的,各沿海国普遍采纳相对性禁航原则,在经沿海国授权后其他国家船舶即可进入安全区。[②] 同时,UNCLOS 还保留了沿海国为制止与处罚违反法律、法规的航行行动行使执法权的空间,包括登临、检查、逮捕和进行司法程序等。[③]

2. 沿海国义务

专属经济区航行自由权是海洋自由的一种具体表现形式,沿海国基于 UNCLOS 规定,也必须执行这些规则。为消除沿海国主权"过度扩张"带来的航行阻碍和干扰,沿海国首当其冲的义务便是给予其他国家船舶通行的

---

① 《联合国海洋法公约》第 61 条第 1 款。
② 江河、洪宽:《专属经济区安全与航行自由的衡平——以美国"航行自由行动"为例》,《太平洋学报》2018 年第 2 期,第 46—58 页。
③ 曹文振、李文斌:《航行自由:中美两国的分歧及对策》,《国际论坛》2016 年第 1 期,第 20—25、79—80 页。

便利,保障航行的顺利。虽然前述"适当顾及"原则是航行自由限制的主要原则之一,但权利和义务是相辅相成的,在对航行自由权采取一定限制的同时,也要对主权管辖权的延伸予以制约。因此,UNCLOS 为达成专属经济区内航行自由权的平等价值,在第 56 条第 2 款中规定了"沿海国在行使海洋权利时,也要适当顾及国际法赋予其他国家的航行权"。在对"自由横行"的船舶行使必要的紧追、登临权时,沿海国亦要注重防止超过必要限制,避免与船旗国管辖权相冲突。

另外,专属经济区的性质有别于领海,沿海国不能主张绝对的主权,因此其对安全地带的管理也负有相应的义务。① UNCLOS 第 60 条明确要求沿海国有义务确保区域内的航行安全,对已建造的人工岛屿、设施等进行妥善、有效的管理,并将构筑物情况及时通知船旗国,在上述建造无需继续维持的情况下,及时进行拆除。对于安全地带的设立不得占用国际航行必经的航道或公认的可能有影响的航道,以确保航路的通畅。除了上述消极义务外,沿海国还有一项十分重要的积极义务,即适当宣传其所知的任何对航行的危险,无论该信息是源于对航行危险的实际了解,还是由其依据常识推定而知。可见 UNCLOS 并未完全倾向于沿海国在专属经济区内的安全管辖权,仍对其权利行使设置了一定的限制。

（五）与专属经济区航行自由权有关的船旗国权利和义务

1. 船旗国权利

专属经济区作为"过渡地带",享有航行自由权的主体十分广泛,包含船旗国的多种船舶及航行器。根据基本航行权的要求,每个国家悬挂其旗帜的船舶在专属经济区内均享有无障碍通行的自由,并且可以进行与之有关的其他海洋合法活动。在沿海国滥用 UNCLOS 赋予的立法权、不合法地限制船旗国在专属经济区内的航行自由权时,船旗国有权依据国际法行使正当的权利。

2. 船旗国义务

遵照权利和义务的一体性原则,其他国家在专属经济区内的权利和义

---

① 江河、洪宽：《专属经济区安全与航行自由的衡平——以美国"航行自由行动"为例》,《太平洋学报》2018 年第 2 期,第 46—58 页。

务是并行的,缔约国在行使上述 UNCLOS 赋予的航行权利时,须真诚履行根据 UNCLOS 所应承担的义务,并以不构成滥用权利的方式行使航行自由权。

首先,考虑到各国的海洋利益,UNCLOS 第 192 条表明船旗国在专属经济区自由航行的同时,应保证沿海国海洋环境安全,减轻或避免船舶污染。在区域内不能从事海上非法行为,应维护沿海国的海洋和平与航行安全。

其次,航行安全是专属经济区航行自由权内涵的核心,《联合国宪章》(简称《宪章》)以"不得使用威胁或武力"作为规范国际行为的准则,"基于和平目的"的航行自由是这一准则在国际海洋行为中的具体体现。[1] UNCLOS 第 88 条与第 58 条相互协作,对 UNCLOS 立法目的给予回应。至于"和平利用目的"的限制,UNCLOS 却未作出标定。因此,《宪章》的非武力原则可以视为对"和平目的"的补充说明,即专属经济区内的自由航行必须满足以下三个条件:须经沿海国同意;一切航行活动不致引发沿海国内部或与其他国家之间的紧张关系或是冲突;需顾及沿海国主权安全。[2]

最后,由于专属经济区航行自由权是国家主权在海洋空间的体现,应受沿海国专属经济区国内法规定的制约,以免在航行自由过程中违反沿海国法律法规。同时船旗国应履行谨慎注意义务,避免侵害沿海国对捕鱼、海洋科学研究和人工岛屿等活动的专属管辖权。

综上所述,船旗国的航行义务主要包括适当顾及、和平利用和遵守沿海国法律法规以及尊重沿海国其他权利的义务;同时,UNCLOS 还对专属经济区制度保留了部分剩余权利,例如专属经济区外国军事活动的管辖权、外国军事测量活动的性质等,有待各国进一步商榷。

三、公海航行自由权

(一)《联合国海洋法公约》确立的公海制度

海洋生物资源的深入开发和利用带来了海域的新探索,国际贸易的发

---

① 杨显滨:《专属经济区航行自由论》,《法商研究》2017 年第 3 期,第 171—180 页。
② 张湘兰、张芷凡:《论海洋自由与航行自由权利的边界》,《法学评论》2013 年第 2 期,第 76—81 页。

达也使得海上航道愈加错综复杂。在亟须区分不同海域以创设不同区域航行规则的背景下,联合国第一次海洋法会议于 1958 年在日内瓦召开。在此次会议上,大会首次在国际法层面以明文规定的方式详细阐述了公海自由原则,格劳秀斯时期的海洋自由开始向公海自由转变,公海航行自由制度开始为各国所公认。

　　1958 年《公海公约》第 2 条的核心来自国际法委员会的《条款草案》第 27 条,①其规定公海自由是在该公约和其他国际法规则所规定的条件下行使的,此外,还增加了公海自由适用于沿海国和非沿海国。② 最后增加了诸项自由的列表之后的段落,为各国行使公海自由提供了一个"合理性检验"。③ 在海底委员会 1971 年的会议上,马耳他的《海洋空间条约草案》删去了 1958 年《公海公约》第 2 条规定的公海"捕鱼自由",增加了"科学研究的自由"。在该委员会 1973 年的会议上,中国提出一项提案,称该区域为"国际海洋区域",而不是"公海",并寻求保护各国在该区域的利益。由 3 个拉丁美洲国家提出的提案称,公海有航行、飞越和铺设海底电缆和管道的自由,但捕捞"应既不是无限制的,也不是随意滥捕"。由另外 3 个拉丁美洲国家提出的提案使用了"国际海域"一词,提出了一个更广泛的关于自由的列表,列表内容包括科学研究和布设人工岛屿和其他设施有关的自由。第二期会议后,由非正式法律专家小组编写的一套"暂定条款草案",提到行使公海自由要合理顾及海洋环境的保全。在第三期会议上,没有提出进一步的提案。在非正式单一协商案文中,自由的名单已扩大到包括建造人工岛屿和其他设施的自由以及科学研究的自由。铺设海底电缆和管道、建造人工岛屿和其他设施、科学研究的自由都受关于大陆架规定的限制,而不受关于公海的第二节"公海生物资源的管理和养护"规定的条件的限制。第 2 款提到"适当顾及"(而不是"合理顾及")其他国家的利益。在第六期会议上,对 76 条提出了一项重大变动,建议将任何国家不得将公海的任何部分置于其主权之下的第 1 款第 2 句移到一个新的第 77 条之二。④ 这一建议在

---

① 《国际法委员会第八届会议工作报告》(A/3159)第 27 条。
② 由第五委员会根据瑞士的一项提案通过,A/CONF.13/C.5/L.15(1958)第 27 条。
③ 根据由英国提出的一项提案,A/CONF.13/C.2/L.68(1958)。
④ 卡斯塔涅达小组(1977 年,油印本)第 76 条和第 77 条之二。

非正式综合协商案文获得通过,这一案文将专属经济区的剩余权利问题从公海自由中分离出来。^① 在第2款中,用"区域"代替"国际区域"反映了这个词在 UNCLOS 中其他地方的用法和在第1条第1款(1)项所载的定义。^② 在第十期会议上,将第2款中的"适当考虑"改成了"适当顾及",^③最终演变为 UNCLOS 第87条的内容。

UNCLOS 第86条对海洋空间进行了历史上最彻底的重新分配和重组,依照各国对海域管辖范围的远近,将海洋分别划分为内水、领海、专属经济区和公海,重新界定了公海的范围。UNCLOS 将公海界定为沿海国领海、专属经济区、群岛水域以外的非国家管辖水域,公海制度就此确立,为各国的航行自由以及海域的管理利用提供了导向。UNCLOS 在第87条中确认任何国家在公海海域都享有平等的地位和权利,在不违反 UNCLOS 及一系列国际规则的前提下,各国还可在航行过程中行使捕鱼自由,以使公海制度符合国际社会的共同利益。

格劳秀斯的海洋自由思想为公海航行自由权的发展提供了思路,UNCLOS 在此基础上又吸收了塞尔登的"闭海论",为航行自由制度奠定了基础,将"航行自由"置于"公海自由"原则的首位,至此,海洋使用中一个令人关切的问题,航行自由被确立为一项海洋法原则,同时也奠定了各国公认的国际习惯法规则。

(二) 公海航行自由权的内涵

公海航行自由作为海洋法的核心原则,其含义是所有国家包括沿海国和内陆国在公海海域均有相同的航行自由权,都可以在公海上从事国际法所允许的航行自由活动,任何国家不得管束和支配公海的使用,也不得将公海据为己有。与此同时,随着海洋经济的发展,人类对海洋的利用越来越多,公海自由也有了新的发展,由过去的航行自由发展为现在的六大自由:① 航行自由;② 飞越自由;③ 铺设海底电缆和管道自由;④ 建造人工岛屿

---

① Bernard H. Oxman. The Third United Nations Conference on the Law of the Sea: the 1976 New York Sessions. *American Journal of International Law*, Vol.72, 1978, p.5.

② 该条将"区域"定义为"国家管辖范围以外的海床和洋底及其底土"。

③ [斐济]萨切雅·南丹:《1982年〈联合国海洋法公约〉评注》,吕文正、毛斌译,海洋出版社2009年版,第63—76页。

和其他设施的自由;⑤ 捕鱼自由;⑥ 科学研究自由。在公海的六大自由中,航行自由占据首要地位。

UNCLOS 第 90 条对各国在公海享有的自由加以规定:"每个国家,不论是沿海国或内陆国,均有权在公海上行驶悬挂其旗帜的船舶。"这一规定的含义有三:一是任何国家在公海上享有完全不受阻碍的航行自由权;二是各国船舶在海上航行的同时均有权按照规定的条件悬挂旗帜;三是在公海上航行的船舶,只需符合国际法和船旗国国家法律法规的规定,不受船旗国以外的任何国家的支配和管辖。从公海的角度看,航行自由制度被 UNCLOS 所吸纳,各国似乎在公海享有最大化的航行自由权,但是这种航行自由权并非没有限度,而是有一定的限制。[①] 限制公海航行自由权的原则性规定主要来自 UNCLOS 第 87 条的规定,即"适当顾及"其他国家的利益和本公约所规定的同"区域"内活动有关的权利。从 UNCLOS 的立法精神和宗旨来讲,公海航行自由的法律边界应当是各船旗国在公海上尽最大职责,根据国际习惯和国际公约,对本国船舶和船员进行管辖,并遵守有关公海的国际法规则,维持公海航行自由、良好秩序和一般安全。从文义解释的角度来看,公海是不属于任何一个国家管辖的海域,这并不代表各国可以在公海恣行无忌。从法理上讲,正如卢梭在《社会契约论》中所言:"人生而自由,却无往不生活在枷锁之中。"[②]任何自由都有一定的界限,要保证自由不被滥用,就必须对自由做出合理限制,对于国际社会中的主体成员——主权国家而言亦是如此。因此,考虑建立一个以尊重 UNCLOS 为基础的全球海洋治理与公海航行自由相结合的制度,既是当代人类命运共同体视阈下公海航行自由权应有的内涵深度,也与现代国际法意义上的国家平等与和平共处的内涵相契合。

（三）公海航行自由权的外延

海洋空间能满足人类的许多需要,包括军事安全和商业运输,并提供食物、能源、科学研究、矿物资源和方便的废物储存,海事技术的进步、船舶能力的提高和勘探、开发技术的创新为人类探索海洋提供了更为便捷的手段,

---

① 杨显滨:《专属经济区航行自由论》,《法商研究》2017 年第 3 期,第 171—180 页。
② 卢梭:《社会契约论》,钟书峰译,法律出版社 2017 年版。

但随之而来的是前所未有的海洋生态链破坏风险、海洋环境污染以及过度开发等问题。航行最初的本质目的是利用海洋,但如今的航行却成为一个令人关切的海洋使用问题。随着各国对公海航行自由权的重视,公海海域的生物资源保护与利用等可能影响航行自由的新问题必须通过国际法加以规范。

1. 公海航行自由与海洋环境保护

公海自由是公海制度的核心,公海航行自由则居于六大自由的首位,这在一定程度上肯定了各国均可以在航行的过程中不受干扰地向海洋合理索取资源。然而公海自由航行的前提是船舶的合法航行,船舶的严重污染具有损害海洋环境的可能性,使航行成为自然环境损害的元凶,也有违UNCLOS保护海洋环境的初衷。基于此,UNCLOS作为具有约束力和可强制执行的国际环境法,为海洋环境保护与航行自由的协调运作提供了一个法律框架,其中最重要的就是公海保护区制度。

公海保护区是基于保护国家管辖海域以外的公海环境以及维护生物多样性的目的而建立的,该区域内一定或全部范围的海洋环境实行封闭式管理,使海洋或海岸的生物多样性、资源、遗迹等得到更高程度的保护。公海保护区的产生注定与公海航行自由权产生矛盾。传统的公海六大自由在公海保护区内因受到公海环境和生物多样性保护考虑的限制,似乎存在对公海航行自由原则的质疑。① 但在历史的变迁中,公海自由原则早已不可同日而语,公海保护区是UNCLOS在吸收了传统公海自由理论中符合现代国际法理念内容的基础上,与公海航行自由并行的制度,其并没有脱离UNCLOS的理念框架,②故我们应以发展的眼光看待公海航行自由与公海环境与资源保护的共存。

2. 公海航行自由与海洋资源开发

海洋不仅是航行和通信的媒介、食物的来源,而且是尚未开发的资源和丰富的野生动物的巨大宝库,是地球生命维持系统中的重要环节。为给海上资本主义国家的经济贸易提供理论基础,格劳秀斯时期的航行自由主张

---

① 蒋嘉烁:《公海保护区制度的困境与出路》,《山西省政法管理干部学院学报》2020年第3期,第14—16页。

② 白佳玉:《论海洋自由理论的来源与挑战》,《东岳论丛》2017年第9期,第41—46页。

海洋的无限性,认为海洋资源是无尽的,通过大规模、不顾后果的捕捞技术使海洋被严重过度开发。一旦海洋资源枯竭,海洋环境彻底恶化,公海航行自由的载体也就不复存在了。不同于以往"海洋强国"的意义,一味地依靠海洋资源的开采而成为海洋霸主已不符合时代的应有之义。当代真正的海洋强国应当是能够与海洋资源"共生",实现海洋资源可持续发展的国家。各国在海洋问题上的行动必须合理地考虑其他国家航行的利益,特别是保证不歧视或不随意剥夺船舶通行义务的履行,以符合公海"公共性"的属性。

　　从海洋自由到海洋治理,海洋权益的范式转换反映着时代的新特点。[①] UNCLOS 既确认了各国航行自由的权利,又为各主权国家处理生物和非生物资源的分配和保护提供路径,为管理海洋资源开发提供了适当和必要的手段,这既是技术进步的必然,也是现代海洋环境不断变化的必然,更是各国利益诉求实现的必然。为了进一步保护海洋生物资源和海洋环境,实现海洋利益的再分配,各国积极展开了 BBNJ 国际协定谈判立法进程,并最终达成一致。BBNJ 协定的顺利签署,既能够在一定程度上限制公海航行自由的泛滥,减少航行自由对海洋资源和环境的损害,又能满足开发海洋生物资源、保护海洋生态环境的目的,从而实现海洋价值最大化的需要。此外,全球范围内已经逐步建立起四个公海保护区,为全球的公海治理提供了具体有效的实践经验,在一定程度上也限制了公海航行自由权的行使。禁止滥用公海航行自由权利是个别国家利益与国际社会普遍利益的平衡,合理使用原则规范船旗国公海航行自由权也是一项无可辩驳的国际法原则。各国应基于发展眼光,认清公海航行自由与海洋资源开发与保护的关系,既保证航行自由权的正当行使,又有效维护海洋资源。

（四）与公海航行自由权有关的国家权利与义务

　　如前所述,虽然公海海域的任何部分都不能置于一国的主权之下,但这只意味着公海海域本身不属于任何一国的管辖范围,并不代表在公海的空间概念上不能存在任何形式的对人或对船舶的管辖权。公海管辖权有两

[①] 何志鹏:《海洋法自由理论的发展、困境与路径选择》,《社会科学辑刊》2018 年第 5 期,第 112—119 页。

种：船旗国管辖权和普遍管辖权。UNCLOS 第 91 条①授予船旗国在公海及其他海域的船舶管辖权，悬挂一国旗帜的船舶无论是在公海还是其管辖海域，其犯罪行为都被视为发生在船旗国本土上，船旗国对其行为享有专属管辖权。UNCLOS 第 97 条还赋予了各国对发生在公海上的船舶碰撞或其他航行事故的刑事管辖权。船旗国管辖原则的发展引申出 UNCLOS 另一些极为重要的原则——普遍管辖原则和属人管辖原则。普遍管辖原则本质上具有属地主义的属性，对于发生在公海上的 UNCLOS 所规定的几类严重侵害人类的犯罪，主权国家均享有管辖权。这不同于国家主权管辖权向海洋的延伸，只是为防止在无人管辖的海域发生有损海洋利益和人类公共利益的非法行为而赋予各主权国家的一项司法权利。在"木犀草号食人案"②的判例中还体现出主权国对公海上犯罪行为的属人管辖原则，一国公民在公海上实施危害人类等犯罪行为的，国籍国有权对行为人进行追诉。

公海管辖权制度作为公海制度的重要内容之一，表明公海不是任何国家或个人逃避管辖的海域，公海海域中船舶的通行以及正在航行的船舶上的人和物都要符合国际法规则。从来没有绝对的公海航行自由。海洋航行自由正在向"人本主义范式转换"，既往的以国家为本位的海洋掠夺已不符合时代浪潮。公海航行自由的权利和义务总是相互制衡的，这是海洋的特殊要求与航行自由的普遍要求相协调的必然结果。各国军舰和经授权的政府公务船舶可以行使登临权和紧追权以实现管辖权，在一定权限范围内规制航行自由行动，同时享有不受外国干涉的豁免权。各国船舶在正当行使航行自由权的同时也要履行"和平利用海洋"和"适当顾及"义务，遵守国际条约、国际习惯以及国际法一般法律原则的规定。

四、航行自由权相关概念辨析

（一）无害通过权与群岛海道通过权、国际海峡过境通行权的区分

UNCLOS 规定无害通过制度可以在群岛水域内适用，将群岛水域内无

---

① 《联合国海洋法公约》第 91 条："船舶的国籍 1. 每个国家应确定对船舶给予国籍、船舶在其领土内登记及船舶悬挂该国旗帜的条件。船舶具有其有权悬挂的旗帜所属国家的国籍。国家和船舶之间必须有真正联系。2. 每个国家应向其给予悬挂该国旗帜权利的船舶颁发给予权利的文件。"

② Regina v. Dudley and Stephens，14 Q. B. D，1884，p.273.

害通过权与群岛海道通过权、国际海峡过境通行权加以区分有助于发挥不同制度的功能。群岛海道通过权指专为在公海或专属经济区的一部分之间继续不停和无障碍的过境目的,行使正常方式的航行或飞越自由。无害通过权与群岛海道通过权都规定外国船舶可以不经沿海国家的许可,在不对沿海国家的主权和安全构成威胁的前提下,连续不停地迅速通过沿海国的主权海域。UNCLOS 明确无害通过权在群岛水域的适用受群岛海道通过权的限制,且不得妨碍群岛国的内水制度。在群岛水域内的无害通过权是保障船旗国的航行自由权得以实现的兜底性制度。

国际海峡通行权指在公海或专属经济区的一部分和公海或专属经济区的另一部分之间的用于国际航行的海峡、各国船舶和飞机享有的为继续不停和迅速过境的目的而行使航行与飞越的权利。① 国际海峡中的无害通过权与国际海峡过境通行权的实质都是船旗国航行自由权和沿海国家主权对抗妥协的结果,都是在不威胁沿海国主权的前提下,享有连续不停和迅速通过国际海峡的权利。当这两种制度在国际海峡中产生冲突适用时,UNCLOS 规定优先适用过境通行制度,仅在特殊情形下才适用无害通过制度。过境通行制度是一种“不同于无害通过制度并且对现存的无害通过制度有所附加的制度”。

群岛海道通过权和国际海峡通行权可以统称为过境通行制度,它们与无害通过权的具体区别如下。

1. 适用海域范围不同

无害通过制度适用于领海、国际通行的海峡和群岛水域。在群岛水域内具体适用的范围是群岛基线以内、正常基线划定的内水之外的水域。如果群岛国的内水是以直线基线划定的,使原本不应成为群岛内水的水域成为群岛内水,外国船舶在通过这部分水域时也应当适用无害通过制度。在国际海峡中适用的具体海域包括三种:一是适用于宽度超过 24 海里的海峡。该海峡位于两个国家的公海或专属经济区内,在该海峡内另有航道通过,且该航道在航行和水文特征方面与通过该海峡一样便捷。二是由沿海国的一个岛屿和该国大陆构成,且该岛屿向海一面有在航行和水文特征方

---

① 曲波、屈广清:《海洋法》,中国人民大学出版社 2020 年版,第 66—69 页。

面同样方便的穿过公海或专属经济区的航道。[①] 三是位于公海或专属经济区的一部分和外国领海之间适用于无害通过制度;而群岛海道通过制度在群岛水域内具体适用的水域是群岛基线所包围的内水之外的海域,是专为公海或专属经济区的一部分和公海或专属经济区的另一部分的水域通行的权利。过境通行制度在国际海峡中适用的具体海域是两端连接公海或专属经济区的用于国际航行的海峡。[②]

2. 适用对象不同

无害通过制度在群岛水域的适用对象是商务船舶和特殊船舶等非军用船舶。对军用船舶的无害通过,国际上尚未统一定论,有的国家法律规定外国军用船舶通过要受到限制,即使在沿岸国同意的情况下,外国潜艇通过也须上浮水面并展示国旗,无害通过制度不适用于外国航空器;而过境通行制度的对象范围相对较宽,适用于军用船舶、非军用船舶、潜水艇、飞机、特殊船舶等。放宽了潜水艇通过的要求,不需要浮出水面并展示船旗,外国潜水艇的通过只要不威胁群岛国安全,即可毫不迟延地通过。

3. 享有权利不同

外国船舶无害通过时要遵守公约规定的较为严格的义务,即强调"无害"的义务。沿海国在领海可以为国家安全暂停其他国家船舶行使无害通过权。外国船舶在群岛水域行使无害通过权时,群岛国可以基于保护国家安全的需要暂时停止船旗国的航行。但在国际通行的海峡行使无害通过权时,沿海国不可以中止外国船舶的通行。过境通行制度中的船舶和飞机享有较充分的权利和自由,但也应尊重沿海国的主权和管辖权,强调过境权。过境通行制度放宽了船旗国在群岛水域和国际通行海峡的航行自由权,实质上削弱了沿海国对外国船舶的控制,沿海国不能停止外国船舶的过境通行。

(二)《联合国海洋法公约》确立的不同海域航行自由权的区分

根据 UNCLOS 划分的不同功能海域的范围,航行自由权也有所区别,

---

① 参见 1982 年《联合国海洋法公约》第 38 条第 1 款。
② 参见 1982 年《联合国海洋法公约》第 37 条。

并在 UNCLOS 的基础上形成了一定的航行自由制度体系,包括领海的无害通过权、专属经济区的航行自由权和公海的航行自由权。

1. 适用海域范围不同

UNCLOS 规定,领海是一国领土的组成部分,其具体范围是领海基线以外与沿海国海岸或内水相邻的一定宽度的海域,适用无害通过权;专属经济区的地理范围即宽度为自领海基线量起不应超过 200 海里,其范围包括领海的范围,只是两者在权利义务上有着本质区别,专属经济区航行自由权适用于除领海以外的专属经济区。公海是非国家管辖海域,任何国家都不享有主权,专属经济区在 UNCLOS 规定的限制下享有同公海一样的航行自由权。

2. 适用对象不同

领海是国家主权的一部分,国家对领海拥有完全主权,因此领海的无害通过权适用于船舶,但不包括飞机等飞行器,对于军舰的无害通过权各国尚存争议。专属经济区各国享有航行和飞越自由,适用于所有国家的所有船舶和飞机。船舶包括许多种类的船舶,例如商船、公务船、潜艇等,但对于它们是否适用于军事活动存在着不同的观点争论。与专属经济区航行自由不同的是,公海对所有国家开放,不论其为沿海国或内陆国都有在公海上从事国际法所不禁止活动的自由,当然前提是必须符合和平目的以及应当履行"适当顾及"义务。在军舰问题上,UNCLOS 第 95 条明确规定军舰在公海上有不受船旗国以外任何其他国家管辖的完全豁免权,因此军舰在公海同样享有航行自由权和豁免权。

3. 适用标准不同

无害通过权中"无害"和"通过"的标准,UNCLOS 已经在一定程度上予以明确,虽不是穷尽式的列举,但可以肯定的是,船旗国的通过行为不能危害或者损害沿海国的安全。专属经济区的航行自由权和公海中的航行自由权在适用标准上具有较大分歧和差异,关于专属经济区的航行自由,UNCLOS 明确规定了沿海国在该区域内享有的航行自由应当符合和平目的,并且不得为其他国际法律规范所禁止。公海中的航行自由权适用标准则相对宽泛,UNCLOS 只是简单陈述了公海航行自由原则的内容,任何国家的任何船舶均可以自由航行,均有权在公海上行驶悬挂其旗帜的船舶,但并未对航行自由权的适用加以细化。

4. 沿海国和船旗国的权利及义务不同

领海在国家主权之下,根据国家主权原则,沿海国对其领海内的人、事、物均享有管辖权,具体表现为 UNCLOS 规定的资源开发和利用权以及沿海航运权等。沿海国可以管辖、管理通过领海的船舶,保障其顺利通过。对于船旗国船舶非无害的通过,沿海国有中止其通过的权利。对于违反沿海国法律法规的船舶,可以自领海开始对其行使紧追权以维护国家主权。沿海国在领海最主要的义务就是不得妨碍外国船舶行使无害通过权。而外国船舶在领海内享有的唯一权利就是无害通过权。

在专属经济区内,沿海国享有一定事项的主权权利及专属管辖权。沿海国可以采取国内立法或者国际公约规定的形式,管理在专属经济区航行自由的船舶,可以对他国在本国专属经济区内违反本国法律规定的行为予以制止。在享有以上权利的同时,沿海国应当"适当顾及"其他国家航行和飞越自由活动,对其他国家的正当航行和飞越限制应当是特定区域的,采取的手段和措施应当是临时和必要的。其他国家在沿海国专属经济区享有的航行自由权是 UNCLOS 第 88—115 条规定的,并且与 UNCLOS 第五部分不抵触的权利,同时需遵守沿海国在专属经济区制定的不与 UNCLOS 相违背的法律规章和国际法规则。

公海的航行自由权位于公海自由原则的首位,任何国家无论是发达国家还是发展中国家、海洋大国还是内陆国,在行使公海自由的时候都是平等的,任何国家都不能优于其他国家享有权利。各国在行使公海自由时须"适当顾及"其他国家行使公海自由的利益,不能妨碍其他国家的自由活动,必须符合和平目的。

总之,船旗国航行权的自由程度由领海至公海呈逐渐扩大的态势,即航行自由权在公海领域可达最大化,其最主要的义务就是遵守 UNCLOS 及其他国际法规则。在国际法理论和国际实践中,公海上的船舶行使航行自由权与领海、专属经济区内的船舶行使航行自由权具有很大区别,它们各自因航行安全要求不同而呈现出不同的特点。航行自由的权利应该是一种变化的权利,其在不同的航行时期、航行主客体及其效力期限范围内,效力内容也不相同,许多与航行自由有关的活动至今性质不明。因此,应以 UNCLOS 为基础,在 UNCLOS 规制的框架下以发展的眼光看待航行自由权利。

第三节　航行自由权的双重规制

一、航行自由权的国际法规制

没有边界划定的航行自由产生了旷日持久的政治、经济和法律问题,这些问题在历史上使国际关系复杂化,国际法律规则应运而生,并在法典化的过程中产生了大量的国际条约,这些国际条约赋予外国船舶在不同海域的航行自由权和沿海国主权管辖的权利,同时也规定了各国义务,即不论是船旗国船舶行使航行自由权还是沿海国制定法律规章限制航行自由权,都必须遵守国际法的规定,受国际法规则的限制。

（一）国际法基本原则对航行自由权的规制

无论是和平共处五项原则还是《宪章》所确立的七大国际法基本原则,都离不开一个基本的中心理念:各国的主权是平等的,国家间应和平共处,相互尊重他国的主权权利,不得干涉他国内政。

1. 主权平等原则

主权平等原则是国际法规则以及国际习惯所公认的最低原则,即各国应尊重他国主权,不得干涉在本质上属于任何国家管辖的事项。航行自由本质上也是国家主权的一种拓展,因此 UNCLOS 规定了无害通过制度,以保障各主权国家航行自由权的行使。同时,考虑到各沿海国对内水、领海和专属经济区等海域享有管辖权,基于属地原则和沿海国国家安全的需要,UNCLOS 赋予了沿海国为维护国家主权和安全而对其他国家在本国管辖海域航行自由进行限制和管辖的权利,以实现各国的主权平等。

2. 善意履行条约原则

《宪章》规定各成员国应该忠实履行依《宪章》规定所承担的国际义务,该原则也时常出现在各种条约中,例如 UNCLOS 第 300 条[①]规定的善意履行条约原则。但是如何行使该原则、如何将其落实在实处,UNCLOS 以及

[①] 1982 年《联合国海洋法公约》第 300 条:"缔约国应诚意履行根据本公约承担的义务并应以不致构成滥用权利的方式,行使本公约所承认的权利、管辖权和自由。"

《宪章》并未作出具体规定。从整体上看，善意履行条约原则作为国际法基本原则之一，体现了国际法禁止滥用权利的立法目的，即所有国家在行使权利时应当按照权利本身的形态行使，不能为了行使本国所享有的权利而损害他国在国际法上享有的基本权益，在航行自由时应当善意且诚信的行使权利、履行国际义务。总之，其他国家在沿海国的管辖海域享有权利、履行义务必须从善意用海的角度出发，不得损害沿海国的合法权利，也不得成为船旗国在不同海域从事各种可能威胁沿海国国家安全的海洋活动的借口。同时，沿海国也不得滥用管辖权，应秉持诚实信用、善意行使的谨慎态度，严格履行 UNCLOS 义务，保障各国的航行安全。

3. 以和平方法解决争端原则

在格劳秀斯时期，各国为解决海洋掠夺冲突而采取的唯一手段就是战争，海洋霸权国家通过航行来示威。随着海域划分制度的确立，国家间海洋利益的冲突演变为领土的争端，部分国家以非无害的目的进入他国管辖海域，并进行超越航行目的的监测、勘探活动，以争夺海洋和陆地话语权。《宪章》为联合国会员国解决国际争端的方式提供了一个框架，要求各国以和平方式行使航行自由权。UNCLOS 第十五部分对国家间海洋权益的争端解决方式予以细化，在公平的基础上为解决航行冲突建立了全新的制度和机制，其中包括设立国际海洋法法庭、新的仲裁程序和调解程序等，体现了UNCLOS 对复杂的国际争端以法律手段解决的远见。但 UNCLOS 对各国在程序的选择上有所放宽，允许一国对不同类型的海洋争端选择不同的争端解决程序。

4. 禁止使用武力或者武力相威胁原则

禁止使用武力或者武力相威胁原则源于《宪章》第 2 条第 4 款[①]的明文规定，本条规定和 UNCLOS 的规定相辅相成、相得益彰，要求各国在国际关系上不得使用武力或者武力相威胁。该原则可以被区分为两个具体概念：使用武力和以武力相威胁。《宪章》并未对使用武力的概念作出具体解释，但通说观点认为仅包括各国在国际关系中不得采用武力战争的方式。关于武力威胁的情形，在国际社会上的讨论相对较少，仅从《宪章》的角度出

---

① 参见《联合国宪章》第 2 条第 4 款："各会员国在其国际关系上不得使用威胁或武力，或以与联合国宗旨不符之任何其他方法，侵害任何会员国或国家之领土完整或政治独立。"

发,武力威胁指对特定国家的领土和政治完整具有破坏性的武装手段。基于此,各国在专属经济区行使航行自由权时,不得采取武力威胁他国,更不得以武装手段或者任何其他有损沿海国安全的方式相威胁,同时沿海国在本国管辖海域也不能肆意并且无边界地扩大自身管辖权以威胁他国在该区域内享有的合法航行自由权。UNCLOS 既然在最大限度上确认了航行自由原则,那么,各国应尊重《宪章》中维护和平与安全的宗旨、目的以及沿海国主权。

(二)国际习惯对航行自由权的规制

除了国际条约,国际习惯同样是航行自由权行使的重要法律渊源。国际习惯是通过国家实践和法律确信的结合而发展起来的,无害通过的国际习惯便是现实实践的产物,并被国家普遍接受或广为使用,与航行自由有关的国际条约缔约国行使航行自由权自然应当受到国际条约的规制,而非缔约国船舶行使航行自由权在实践中多以国际习惯予以规制。近年来,包括美国在内的一些国家一直游离于 UNCLOS 之外,打着行使 UNCLOS 规定的航行自由权的旗号,在全世界"横行自由",声称航行自由符合 UNCLOS 和国际习惯法的规定。"惯例"和"法律确信"的支撑是构成国际习惯的基本要素,考察国际习惯法的形成过程,各国对军舰无害通过的实践各不相同,主要存在"所属国同意"模式和"提前报备"模式,现已成为国际社会普遍做法,即军舰的无害通过和相应活动须事先经过审批同意或备案。不论是军舰在领海的无害通过权还是专属经济区外国的军事测量活动,都应当遵循国际法基本原则,考量国际习惯的构成要件,从而判断航行自由权行使的正当性。

(三)国际软法对航行自由权的规制

随着军事武器的先进化发展以及武装设备的现代化飞跃,现有的军事设备已经能够在专属经济区内有效实现军事进攻活动。面对种种新变化,《专属经济区航行与飞越指南》(简称《指南》)的主要任务有三:一是帮助澄清外国船舶在专属经济区进行有关活动时沿海国和用海国相互之间的权利义务;二是制定一个海上活动基本准则的法律框架;三是以更有效的手段执行专属经济区制度。①《指南》对专属经济区航行自由的内容规定得较为全面，其中更加注重强调其他国家应当履行的义务，在航行自由方面以相应条款限制了各国的航行自由权。《指南》规定各国在沿海国专属经济区行使航行自由权利时应当符合 UNCLOS 所要求的善意目的、"适当顾及"义务和禁止滥用权利的基本准则，各国不得损害沿海国的和平、良好秩序和安全。同时，各国不得阻碍他国保护本国专属经济区内资源的权利，不得影响他国建造人工岛屿和设施的权利。对于专属经济区内的军事航行活动，《指南》规定得更为全面，对该区域内军事航行的规范化有所裨益。

《指南》在根本上并没有否定，反而是肯定了专属经济区内军舰航行权的合法性，这体现了无论是国际条约，还是不具有约束力的自愿性准则都对航行自由予以认可和保护。但对于任何社会而言，置于其中的个体享有的自由都是相对的，必须受到一定约束，才能实现真正的社会自由。沿海国在专属经济区行使的管辖权不同于在其内水和领海等水域行使的主权，通过对《指南》具体内容的剖析可以看出，《指南》在军舰航行活动类型方面进行了更为细致的划分，提出了相对明确的要求，即军舰的航行活动必须是无害的，且负有仅为和平目的利用海洋的义务，避免任何挑衅或以武力威胁和使用武力的行为，这与 UNCLOS 和《宪章》中禁止使用武力或者以武力相威胁原则的限制相契合；对于军事演习活动应尽力控制在公海范围内，且需要对沿海国和其他国家进行警示；对于具有放射性等可能污染海洋环境的军事活动应被禁止。

简言之，无论是对各缔约国具有约束力的国际法规制，还是非强制性的"软法"，都不能认同打着维护本国航行利益的旗号，以航行自由或其他海洋合法用途为借口，肆意闯入他国领海和在他国专属经济区进行军事侦察或军事测量等活动。《指南》对 UNCLOS 的重要问题进行了补充说明，为各国的航行活动提供了更为坚实的国际规则基础。

二、航行自由制度的国内法规制

（一）国家安全管辖权对航行自由权的规制

国家安全管辖权对无害通过权的限制主要在于沿海国对外国船舶，特

---

① 邹立刚：《〈专属经济区航行与飞越指南〉述评》，《福建警察学院学报》2013 年第 3 期，第 70—75 页。

别是外国军舰无害通过的开放程度或者说接受程度,例如中国对擅闯南海海域的外国军舰的警告和驱逐的执法行为便是对南海海域国家主权安全的维护行为。军舰具有高度危险性,沿海国对军舰的无害通过作出限制主要是基于国家安全的考量,国家主权和国家安全管辖权是沿海国对军舰的无害通过作出限制的主要依据。在第三次海洋法会议上,热议的话题便是军舰通过领海的问题。中国等多个发展中国家提案建议"沿海国对军舰的通过有制定必要的法律和规章的权利",但所涉事项必须与沿海国国家安全有关,考虑到国家安全的重要性,国际法中的一系列国际规则认可了各主权国基于国家主权安全而享有的立法管辖权,进一步规范了"移动的主权"的航行自由。

（二）海洋环境保护管辖权对航行自由权的规制

在海洋航行的历史中,海洋环境与航行自由总是共生和互斥的。随着航道通行的日益频繁,必然会引发海上油污污染、海洋生态环境的破坏、珍稀物种的灭绝,当新物种组建缓慢之时,食物链的锐减已无法再形成新闭环。同时在船舶通行愈加高频之下,塑料垃圾、油污、有毒重金属等难以避免的航行垃圾在海洋气候的变化下制约了其挥发和降解,使得海洋生态平衡不断遭受挑战。在船舶航行给海洋自然环境带来挑战的同时,海洋环境也在制约着航行自由的行使。在此背景下,沿海国开始关注海洋环境管辖权,以减少或避免来自船只和海上活动的污染。国际社会对于海洋环境的保护、治理、修复的呼声也越来越高,对于海洋环境管辖权的重视势必限制航行自由权利的行使,海洋环境管辖权与航行自由诉求之间的矛盾日益显现出来。一方面,沿海国家需要强化海洋环境管辖权,从而在一定程度上限制航行自由;另一方面,其他国家的正当航行自由不容侵犯,不愿意接受沿海国的管辖。UNCLOS以及规制航道通行和海洋环境的国际海事公约等也把保护海洋环境作为缔约国的权利和义务写入其中,例如 UNCLOS 第192 条规定:"各国有保护和保全海洋环境的义务。"这些国际条约因为受到绝大多数国家的尊重和认可,故极大推动了海洋环境秩序的建立。

（三）海洋资源养护管辖权对航行自由权的规制

面对海洋空间的治理仍然植根于主权和属地的概念,海洋自由原则正在经历重要变革,即建立新的海洋治理与航行自由秩序的平衡———一种更加强调自我克制而不是主权国家的排他性自我利益的道德规范。国际社会有必要接受保护和管理海洋资源开发的新伦理,否则,在自由使用海洋的过程中将会加速海洋退化和海洋治理的解体。UNCLOS 是具有约束力和可执行的"海洋法典",它为国际海洋法律规则的运作提供了现代框架。除了UNCLOS 以外,还有诸如《领海与毗连区公约》等国际条约以海洋资源养护管辖权对航行自由进行了规制,船旗国应当在国际法的框架下平衡海洋生物资源的开发利用和航行自由的正当行使。同时,沿海国以环境保护和资源养护为由对航行自由的规制必须符合国际法原则,必须出于维护海洋治理利益的真实目的。如果某一主权国家滥用了 UNCLOS 赋予的管辖权,其他国家的正当航行自由权必然受损。只有合理利用航行自由权与海洋资源养护管辖权,才能有效实现资源养护与航行自由间的平衡。

第二章
中美航行自由争议解析

  2001 年 4 月，美国 EP3 电子侦察机抵近中国南海专属经济区，并在该海域上空进行侦察活动，中国战斗机升空对其实施拦截和驱赶，美机故意违规操作导致中国战机机毁人亡，随后在未获得中方同意的情况下迫降中国海南岛陵水军用机场，中美危机由此拉开序幕。之后，2002 年和 2004 年，美军海洋测量船两次进入中国黄海、东海进行军事测量；2005 年，美国海军侦察船和海洋调查船分别闯入中国东海和黄海专属经济区；2009 年，美国海军测量船进入中国南海进行测量活动。在此期间，中国军机和军舰多次拦截和跟踪，对美军的船舶进行了多次驱逐，而美国却借此机会大力宣扬"中国威胁论"。2015 年 10 月，美国将"拉森"号导弹驱逐舰驶入中国南海岛礁 12 海里内，打着维护海上"航行自由"的名义干涉南海问题，此次美国对南海问题的干预，引起了广泛的国际关注。2016 年 4 月 25 日，美国国防部发布"2015 年航行自由行动报告"，声称中国、印度、菲律宾、越南等 13 个国家和地区对美军"要求外国军舰进入其领海必须事先通知"，美国指控这些国家和地区是"过度的海洋主张"，并强调美国在南海享有充分的航行自由权利。

  通过不完全统计资料的分析，美国实际从 1994 年开始就在中国管辖海域开展"航行自由活动"，在长达 20 多年的"航行自由行动"中，美国通过不同的行动方式针对中国提出的"过度海洋主张"予以反对，详见表 2 - 1。[①]

表 2 - 1　历年美国"航行自由行动"针对中国的"过度海洋主张"类型

财政年度(年)	针对中国"过度海洋主张"的类型
1994	对领海内外国军舰的通过事先许可的必要性主张
1996	对领海内外国军舰的通过事先许可的必要性主张
2000	对中国台湾地区提出不符合国际法规定的直线基线主张
2001—2003	1. 对中国台湾地区提出不符合国际法规定的直线基线主张 2. 对中国台湾地区提出 24 海里安全区的主张
2006	1. 对中国台湾地区提出限制领海内外国军舰的通过权 2. 对中国台湾地区提出领海内外国军舰的通过事先许可的必要性主张
2007	1. 对专属经济区上覆空域管辖权的主张 2. 国内法将外国实体在沿海国家管辖的任何水域进行的调查活动认定为非法
2008	1. 对专属经济区上覆空域的管辖权主张 2. 国内法将外国实体在专属经济区内进行的调查活动认定为非法
2009	1. 对专属经济区上覆空域的管辖权主张 2. 国内法将外国实体在专属经济区内进行的调查活动认定为非法
2010	1. 对专属经济区上覆空域的管辖权主张 2. 国内法将外国实体在专属经济区内进行的调查活动认定为非法
2011	1. 对专属经济区上覆空域的管辖权主张 2. 国内法将外国实体在专属经济区内进行的调查活动认定为非法 3. 不符合国际法规定的直线基线主张 4. 对领海内外国军舰的"无害通过"提出事先许可的必要性主张 5. 对中国台湾地区提出不符合国际法规定的直线基线主张 6. 对中国台湾地区提出对领海内外国军用或政府船舶的通过事先通知的必要性主张
2012	1. 对专属经济区上覆空域的管辖权主张 2. 国内法将外国实体在专属经济区内进行的调查活动认定为非法 3. 对领海内外国军舰的"无害通过"提出事先许可的必要性主张 4. 对中国台湾地区提出不符合国际法规定的直线基线主张 5. 对中国台湾地区提出领海内外国军用或政府船舶的通过事先通知的必要性主张

财政年度(年)	针对中国"过度海洋主张"的类型
2013	1. 不符合国际法规定的直线基线主张 2. 对毗连区的安全管辖权 3. 对专属经济区上覆空域的管辖权主张 4. 国内法将外国实体在专属经济区内进行的调查活动认定为非法 5. 对领海内外国军舰的"无害通过"提出事先许可的必要性主张 6. 对中国台湾地区提出领海内外国军用或政府船舶的通过事先通知的必要性主张 7. 对中国台湾地区提出不符合国际法规定的直线基线主张
2014	1. 不符合国际法规定的直线基线主张 2. 对专属经济区上覆空域的管辖权主张 3. 限制外国飞机飞越防空识别区(ADIZ) 4. 国内法将外国实体在专属经济区内进行的调查活动认定为非法 5. 对中国台湾地区提出不符合国际法规定的直线基线主张 6. 对中国台湾地区提出领海内外国军用或政府船舶的通过事先通知的必要性主张
2015	1. 不符合国际法规定的直线基线主张 2. 对专属经济区上覆空域的管辖权主张 3. 限制外国飞机飞越防空识别区(ADIZ) 4. 国内法将外国实体在专属经济区内进行的调查活动认定为非法 5. 对领海内外国军舰的"无害通过"提出事先许可的必要性主张 6. 对中国台湾地区提出领海内外国军用或政府船舶的通过事先通知的必要性主张
2016	1. 不符合国际法规定的直线基线主张 2. 对专属经济区上覆空域的管辖权主张 3. 限制无意进入国家领土的外国飞机飞越防空识别区(ADIZ) 4. 国内法将外国实体在专属经济区内进行的调查活动认定为非法 5. 对领海内外国军舰的"无害通过"提出事先许可的必要性主张 6. 对中国台湾地区提出领海内外国军用或政府船舶的通过事先通知的必要性主张
2017	1. 不符合国际法规定的直线基线主张 2. 对专属经济区上覆空域的管辖权主张 3. 限制外国飞机飞越防空识别区(ADIZ) 4. 国内法将外国实体在专属经济区内进行的调查活动认定为非法 5. 对领海内外国军舰的"无害通过"提出事先许可的必要性主张 6. 对不享有权利的地物,即低潮高地周围的领海和领空的默示主张(暗示这种主张的行为和陈述) 7. 对中国台湾地区提出领海内外国军用或政府船舶的通过事先通知的必要性主张

(续表)

财政年度（年）	针对中国"过度海洋主张"的类型
2018	1. 不符合国际法规定的直线基线主张 2. 限制外国飞机飞越防空识别区（ADIZ） 3. 将未获得中国批准或未与中国合作的外国实体的测绘活动认定为非法 4. 对专属经济区上覆空域的管辖权主张 5. 对毗连区的安全管辖权 6. 对领海内外国军舰的"无害通过"提出事先许可的必要性主张 7. 对不享有权利的地物，即低潮高地周围的领海和领空的默示主张（暗示这种主张的行为和陈述） 8. 对中国台湾地区提出领海内外国军用或政府船舶的通过事先通知的必要性主张
2019	1. 不符合国际法规定的直线基线主张 2. 限制外国飞机飞越防空识别区（ADIZ） 3. 将未获得中国批准或未与中国合作的外国实体的测绘活动认定为非法 4. 对专属经济区上覆空域的管辖权主张 5. 对毗连区的安全管辖权 6. 对领海内外国军舰的"无害通过"提出事先许可的必要性主张 7. 对不享有权利的地物，即低潮高地周围的领海和领空的默示主张（暗示这种主张的行为和陈述） 8. 对中国台湾地区提出领海内外国军用或政府船舶的通过事先通知的必要性主张 9. 对中国台湾地区提出不符合国际法规定的直线基线主张
2020	1. 不符合国际法规定的直线基线主张 2. 限制外国飞机飞越防空识别区（ADIZ） 3. 将未获得中国批准或未与中国合作的外国实体的测绘活动认定为非法 4. 对"领海、领土、内水以及中华人民共和国管辖的其他海域"不分海洋科学研究和军事调查的所有测绘活动的管辖权 5. 对毗连区的安全管辖权 6. 对领海内外国军舰的"无害通过"提出事先许可的必要性主张 7. 对不享有权利的地物，即低潮高地周围的领海和领空的默示主张（暗示这种主张的行为和陈述） 8. 对中国台湾地区提出领海内外国军用或政府船舶的通过事先通知的必要性主张
2021	1. 不符合国际法规定的直线基线 2. 限制外国飞机飞越防空识别区（ADIZ） 3. 将未获得中国批准或未与中国合作的外国实体的测绘活动认定为非法 4. 对领海内外国军舰的"无害通过"提出事先许可的必要性主张 5. 对不享有权利的地物，即低潮高地周围的领海和领空的默示主张（暗示这种主张的行为和陈述） 6. 对中国台湾地区提出领海内外国军用或者政府船舶的通过事先通知的必要性主张

　　从表 2-1 可以看出,美国在南海挑战中国的"过度海洋主张"可以概括为 7 个方面:一是不符合国际法规定的直线基线主张(挑战 1996 年《中华人民共和国政府关于中华人民共和国领海基线的声明》);二是限制无意进入国家领土的外国飞机飞越防空识别区(ADIZ)(挑战 2013 年中华人民共和国国防部发布《中国政府关于划设东海防空识别区的声明》);三是将未获得中国批准或未与中国合作的外国实体的测绘活动认定为非法(挑战 2017 年《中华人民共和国测绘法》);四是对专属经济区上覆空域的管辖权主张;五是对毗连区的安全管辖权(挑战 1992 年《中华人民共和国领海及毗连区法》(简称中国《领海及毗连区法》));六是对领海内外国军舰的"无害通过"提出事先许可的必要性主张(挑战中国《领海及毗连区法》);七是对不享有权利的海洋地物,即低潮高地周围的领海和领空的默示主张。

　　本书将美国针对中国的"过度海洋主张"具化为 6 个争议焦点:① 外国军舰在领海的无害通过权;② 毗连区的安全管制权;③ 专属经济区外国军事测量活动;④ 部分海洋地物的性质认定与岛礁建设;⑤ 大陆国家的远洋群岛直线基线;⑥ 南海断续线内水域的法律地位。

　　对于这些问题,中美一直争论不休。美国认为其航行自由符合国际法,中国则认为美国对航行自由的解释不符合国际法,表面上是争取航行自由权利,实则追求在全球范围内的自由横行。对此,有必要从国际法的角度深入分析中美航行自由的争议,剖析航行自由争议背后的实质,并予以正确的法理阐释,这将是在理论上解决中美南海争议的关键。

第一节　外国军舰在领海的无害通过权

　　无害通过由国际习惯发展为国际法律规范,始终围绕着沿海国的主权和船旗国的航行自由而制定。在两种权益的平衡过程中,军舰由于其属性和特征的特殊性,在无害通过问题上存在诸多争议。随着航行自由的演变以及领海制度的确立,军舰的无害通过权,特别是在领海的无害通过权也随之变化发展。在无害通过权的问题上,各国对商业船舶和民用船舶的无害通过权并无争议,分歧点主要在于军舰是否享有绝对的无害通过权。在美国针对中国的"航行自由行动"中,1991—2018 年,美国有 16 年对中国实施了"航行自由行动",其中有 11 年针对军舰无害通过权问题实施了行动。[①]2015 年—2019 年 9 月,美国挑战中国《领海及毗连区法》第 6 条关于"军舰在领海的无害通过须获事先批准"的主张次数达到了 26 次(详见表 2-2),"军舰通过领海的事先通知或许可"一直被美国认为是"过度的海洋主张"。美国认为这一主张是对无害通过权的一种限制,中国则认为未经批准的军舰无害通过领海不仅是对一国领土主权安全的挑战和威胁,而且是美国海洋霸权的宣示。因此,中美在军舰的领海无害通过问题上的争议始终难以解决。

表 2-2　2015—2021 年美国挑战中国《领海及毗连区法》第 6 条[②]关于"军舰在领海的无害通过须获事先批准"的主张的次数

年　份	主　张　事　项	次　数
2015	军舰在领海的无害通过须获事先批准	1
2016	军舰在领海的无害通过须获事先批准	2
2017	军舰在领海的无害通过须获事先批准	1
2018	军舰在领海的无害通过须获事先批准	3
2019	军舰在领海的无害通过须获事先批准	6
2020	军舰在领海的无害通过须获事先批准	9
2021	军舰在领海的无害通过须获事先批准	4
合　计		26

一、领海外国军舰无害通过权的中美争议

(一)军舰无害通过权的美国主张

美国于 1992 年 8 月首次对所谓的中国"海洋过度主张"提出外交抗议,美国认为,UNCLOS 第 17 条已经对无害通过制度作出了详尽的阐述,无论

[①] 邢广梅、汪晋楠:《美国南海"航行自由行动"与军舰无害通过问题研究》,《亚太安全与海洋研究》2020 年第 1 期,第 74—86、3 页。

[②] 资料来源:《南海与国际海洋法》公益讲座,"法眼看南海"微信公众号。

是沿海国、陆地国，还是何种船舶，都享有无害通过领海的权利。在没有明确船舶是否包括商业船舶和军用船舶的情况下，依据相关的解释规则，各沿海国无需对通过的船舶性质作出细致区分。在《美国海上行动法指挥官手册》(2017 年版)第 2.5.2.4 节中明确提出"所有军舰都可以不经宣布而享有不受阻碍的无害通过权"。此外，船舶(包括军舰)无害通过领海的行为同时也是国际习惯法规则，因此军舰通过一国领海时无需事先通知或获得批准。①

美国的观点主要强调美国对其军舰在全世界海域范围航行自由的国际法依据主要是国际条约和国际习惯法。军舰的无害通过权不仅在 UNCLOS 等国际条约中予以确认，而且国际习惯法更给予了佐证，禁止其他国家违反 UNCLOS 提出过度的海洋主张。航行自由是一项古老的海洋法规则，UNCLOS 将很多国际习惯转变为确定的海洋法律制度，悬挂任何主权国家旗帜的船舶不受来自其他国家的干扰，且海洋利益应当均衡，而不能过度主张。美国利用 UNCLOS 未明确规定的事项进行有利于其自身的解释，否定沿海国对专属经济区的安全管辖权，否定一切不利于美国海洋利益的国家主张以满足其自身的诉求。美国所倡导的航行自由是美国军事利益最大化的航行自由，不仅是军舰在公海和专属经济区的航行自由，而且是军舰或者政府船舶在他国领海享有无害通过的权利。美国认为军舰在他国领海无害通过是符合国际法规定的，这种合法、合乎习惯的权利不应受到沿海国法律的限制，沿海国也无权限制。因此，美国军舰在南海的航行自由不仅是根据国际法应当享有的航行自由的权利，而且是美国维护南海和平、防止其他国家过度扩张海域的重要手段。

（二）军舰无害通过权的中国主张

中国认为，美国军舰未经同意驶入中国领海是违反国际法的行为。②从国家安全的角度和 UNCLOS 的规定出发对无害通过权加以分析，

---

① 王传剑、李军：《中美南海航行自由争议的焦点问题及其应对》，《东南亚研究》2018 年第 5 期，第137 页。

② "2016 年 2 月 1 日外交部发言人陆慷主持例行记者会"，http://www.gov.cn/xinwen/2016 - 02/01/content_5038143.htm，最后访问日期：2023 年 2 月 16 日。

UNCLOS 赋予沿海国一定的立法管辖权,即沿海国可以通过制定国内法来保护国家主权和主权权利,这些权利包括但不限于航行安全和管制海上交通。同时,为保证前述权利得以落实,UNCLOS 还明确其他国家在一国管辖海域内航行时,应遵守沿海国的国内立法并加以配合。因此,为维护国家主权和安全,中国《领海及毗连区法》规定外国军舰在进入中国领海前须事先得到中国的许可,规定了中国对领海和毗连区违反安全、海关、出入境管理等方面的管辖权。2021 年新修订的《中华人民共和国海上交通安全法》第 54、92 和 120 条也都有关于中华人民共和国管辖海域内的外国籍军用船舶的管理规定。中国的观点主要强调,军舰作为一个国家的军事武力工具,既是国家军事能力的体现,也是海上军事力量的载体。领海作为国家享有绝对主权和管辖权的范围,当其他国家的武力象征需要在其主权范围内航行时,理所应当地需要获得主权国家的许可,这是平衡两种利益的最优选项。中国倡导的航行自由是符合 UNCLOS 和国际法的航行自由,而不是具有国家主权象征的军舰随心所欲的横行自由;中国倡导的航行自由是在尊重沿海国的合法权益和 UNCLOS 合法规定前提下,充分利用航行和贸易权利的相对自由,而不是无拘无束的绝对自由。

UNCLOS 赋予外国船舶在沿海国领海的无害通过权,确实是一项国际习惯法规则,但是这项规则仅限于商船。无害通过权强调的是"无害",基于军舰配备装置的特殊性,无法确认和保证军舰的"无害性",并且军舰在未经通知并且没有获得中国许可的情况下就通过中国领海,不仅无视 UNCLOS 的规定,而且无视中国国内法的规定,这种既不符合"无害"要求,又不经过中国许可的通过行为并没有国际条约和国际习惯法规则予以支持,不能以此进行解释与适用。

二、军舰无害通过权的理论探讨

航行自由是全人类共有和海洋可能受主权支配的观念之间的斗争。前一个观念反对海洋所有权限制其他国家船舶的航行自由;后一种观念试图将部分海域置于国家的管辖之下,这意味着可以限制甚至禁止他人对海洋的使用。在领海,就船舶航行而言,这两种观念之间的碰撞就产生了无害通过权。国际社会在追求上述观念平衡的过程中,对沿海国所享有的领海主权进行了适当限制以充分给予商业类船舶的航行便利,以此来追求一般的商业利益。但这种平衡在实际情况中会因为具体情势的变化而相应地发生倾斜,并不是静态和一成不变的。

关于无害通过权的理论探讨,在第三次海洋法会议上曾发生过激烈的争辩。在第九期会议上,由一个七国集团提交的提案表示,无害通过的条件应包括允许沿海国要求外国军舰无害通过领海事先通知或授权。后续一些国家继续提出了相同的观点。① 在第十一期会议(1982 年)上,一些国家提出了关于第 21 条修正案的两项提案:第一项是加蓬提出的建议,即增加一个新的规定,要求军舰通过既事先须经准许,也须通知(而不是“或”须经批准,“或”须通知);第二项修正案是由 28 个国家发起的,建议增加关于“安全”的规定。这两个修正案都引起了全体会议激烈的辩论,这两项提案获得了大多数国家的支持,但也有一些国家表示反对。一些国家在支持提案的同时表示,无论在条文上有没有明文规定,它们依然认为沿海国有权利管理军舰的通过。支持后一项提案的许多代表团在签署 UNCLOS 时声明,重新争论 UNCLOS 的规定不妨碍其有权采取措施规范军舰无害通过其领海。② 由此 UNCLOS 确立了第二部分第三节“领海的无害通过”的内容,同时 UNCLOS 通过了第 21 条关于沿海国立法权的规定来平衡船旗国与沿海国之间权利与义务的关系。

无害通过权从本质上分析,是船旗国的航行自由权与沿海国对于领海享有的主权及管辖权之间相互协调的结果,协调的过程虽然尊重了一般船舶所应当享有的航行权利,但是应当满足若干条件才能实现航行自由。无论是 1958 年《领海与毗连区公约》还是 1982 年《联合国海洋法公约》,都明确了船舶在领海的无害通过权,核心是船舶的通过不得损害沿海国的安定和平及正常秩序,并且在通过的过程中也要遵守 UNCLOS 和其他国际法规则。

纵观国际法律规范,对于无害通过船舶的性质,国际社会并未进行区分,适用主体是包括全部性质的船舶还是将其分为商业船舶和军用或政府船舶仍有待商榷。换言之,UNCLOS 并没有对军舰在沿海国领海的无害通

---

① 例如瑞典、阿曼、塞拉利昂、韩国等国家。
② 例如芬兰、伊朗、瑞典等国家均在签署 UNCLOS 时发表了关于此条款的声明。

过权作出明确说明。一直以来,各国法学家对此也持有不同观点:里维尔和李斯特认为,外国商船和军舰一样都可以适用无害通过权。[①] 霍尔则认为,"军舰不应适用无害通过权,它不能按照 UNCLOS 中对商船的规定来享有相同的权利"。[②] 奥本海的观点是"没有国家反对平时外国军舰和其他公用船舶在其领海的通过",但同时又补充道:"关于外国军舰不受阻碍地通过领海也并没有成为一项公认的普遍承认的权利"。[③] 也有外国学者认为,如果真如有些学者提出的"UNCLOS 关于无害通过的 12 种标准是穷尽的",那么,关于无害通过权中"不得损害沿海国的和平、良好秩序或安全"的规定岂不是多余的?[④] 在中国加入 UNCLOS 之前,早期中国的学者普遍承认军舰在领海的无害通过权,但是并不表示认同。周鲠生认为无害通过权不应及于军舰,对于商船和军舰不加区分的均享有无害通过权,并不是能被所有国家接受的规则。[⑤] 刘泽荣、朱奇武等也认为军舰拥有无害通过权,这部分学者认可军舰的无害通过权的理由是,根据 UNCLOS 条文的字面意思,船舶当然包括所有船舶,也包括军舰,不能把军舰排除在船舶之外。UNCLOS 中规定"有害"通过的情形,其中一部分只能由军舰进行,其他普通船舶没法完成。而且部分沿海国对于军舰的无害通过权采取了一定的救急措施,例如事先通知或者批准许可。金永明认为,因为军舰装备了高性能攻击性威胁性武器,通过领海难以被认为是"无害"的,已经构成了对无害通过制度国际习惯法的违反。[⑥]

随着中国加入 UNCLOS,国内学者对军舰无害通过权的研究进一步加深,逐渐聚焦于军舰在领海无害通过的批准许可,同时对于军舰的无害通过权是否能够被认定为国际习惯法规则更加关注。以高健军为代表的学者认为,美国不是 UNCLOS 的缔约国,其军舰无法根据 UNCLOS 享有无害通

---

① 周鲠生:《国际法》,武汉大学出版社 2009 年版,第 370 页。

② [英]詹宁斯、瓦茨修订:《奥本海国际法(第一卷第一分册)》,王铁崖等译,中国大百科全书出版社 1995 年版,第 161 页。

③ [英]劳特派特修订:《奥本海国际法(上卷第二分册)》,石蒂、陈健译,商务印书馆 1972 年版,第 31 页。

④ Christine Bianco & Zenel Garcia. China as a Maritime Power and the Interpretation of Innocent Passage. *European Journal of International Law*, 2022.

⑤ 周鲠生:《国际法》,武汉大学出版社 2009 年版,第 370 页。

⑥ 金永明:《论领海无害通过制度》,《国际法研究》2016 年第 2 期,第 60—70 页。

过权;同时,中国也是美国提出的"军舰无害通过权是国际习惯法规则"的反对者,此国际习惯法并未形成,不管从国际条约还是国际习惯的角度,军舰都不能认为在领海享有无害通过权。① 邹克渊教授认为,中国国内法规定的事先许可制并不符合 UNCLOS 的规定。② 笔者认为,在国际条约和国际习惯法规则对相关内容均没有明确规定的情况下,沿海国有权基于UNCLOS 的规定和维护国家主权安全的需要,在国际法律规范允许的情况下,对拟进入一国领海的外国军舰或政府船舶提前知悉,或者要求其在进入领海前必须得到该国的事先批准,否则不得随意进入该国领海,这种一定程度的管辖并未超出国家安全需要的范围。

三、军舰无害通过权的实践认知

（一）军舰无害通过限制的国家立法与实践

从各国的立法来看(见表 2-3),各国对核动力船舶和运载极端危险物质的船舶均实行最严格的限制。例如吉布提、巴基斯坦、马耳他、阿联酋和韩国等国明确要求上述船舶在进入其领海时,要事先通知沿海国并获得允许或授权;此外,罗马尼亚和立陶宛则全面禁止运载核武器和其他大规模杀伤性武器的船只进入其领海。③ 在 152 个沿海国和地区海洋立法中,有 106个国家规定军用舰船可不经通知或批准就享有无害通过其领海的权利,42个国家设置了需要批准或通知的条件,其中 30 个国家规定需事先批准、12个国家和地区规定需提前通知。④ 18 世纪,俄国和英国取得了进入黑海的权利,但只限于商船;1936 年的《蒙特勒公约》虽然允许外国军舰驶入黑海,但只是附条件的通过,明确对平时与战时的区分,并且对军舰的吨数、数量等加以限制;土耳其、英国、奥地利、法国、普鲁士和俄国于 1841 年订立的《伦敦海峡

---

① 高健军:《"一贯反对者"规则在中美有关军舰领海通过分歧中的作用初探》,《边界与海洋研究》2019年第 5 期,第 71—85 页。

② Zou Keyuan. China's Antarctic Policy and the Antarctic Treaty System. *Ocean Development & International Law*, 1993, pp.237 - 255.

③ William K. Agyebeng. Theory in Search of Practice: The Right of Innocent Passage in the Territorial Sea. *Cornell International Law Journal*, 2006, p.77.

④ 宋伟:《军舰在领海享有无害通过权吗?》,https://new.qq.com/rain/a/20201021a0d41h00,最后访问日期:2022 年 9 月 22 日。

公约》对土耳其的规则加以肯定,即不许外国军舰驶入黑海。[①] 国际社会的普遍做法足以说明商船和军舰所享有的待遇自古以来就是不同的。

表 2-3 军舰无害通过限制的国家立法

事先批准制		事先通知制	
国家	立 法 体 现	国家	立 法 体 现
中国	1992 年《领海及毗连区法》	韩国	1977 年《领海法》、1978 年总统法令:(提前 3 天通知)
朝鲜	1977 年声明	印尼	1962 年政府令:(现已取消,2018 年同美国使馆照会中确认已取消)
菲律宾	1968 年声明(但已取消)	越南	2012 年《海洋法》改为事先通知制
越南	1980 年声明(提前 30 天申请,提前 48 小时通知)	—	—
马来西亚	1996 年声明:核动力军舰须事先批准	—	—
印度	《1976 年领海、大陆架、专属经济区和其他海洋区域法》第 4 条规定,包括潜水艇和其他水下航行器在内的外国军舰,在事先通知中央政府后,可进入或通过领海	—	—
阿曼	1989 年 8 月 17 日批准《1982 年联合海洋法公约》时声明,军舰无害通过阿曼领水是有保证的,但须得到事先许可	—	—
日本:无明文规定,但 1968 年提出"三无核原则"(不生产、不持有、不允许核武器),核动力军舰因此不可进入日本领海			

注:印度和阿曼的资料来源,参见葛淼:《论军舰的无害通过问题》,《中国海商法研究》2019 年第 2 期,第 25—33 页;其他国家资料来源,参见《南海与国际海洋法》公益讲座,"法眼看南海"微信公众号。

(二)军舰无害通过权的国际习惯法考察

根据条约必须信守原则,与无害通过有关的国际条约缔约国行使无害

[①] 曲波、屈广清:《海洋法》,中国人民大学出版社 2020 年版,第 69 页。

通过权应当受到国际条约的限制,而非缔约国船舶行使无害通过权在实践中多以国际习惯予以规制。国际习惯是通过国家实践和法律意识的结合而逐渐发展起来的,"惯例"和"法律确信"的支撑是构成国际习惯的基本要素,这种一致接受是指某一做法在某一领域内被具有直接关系或受其影响的国家所接受,对此无反对意见。因此,在国际条约没有明确规定的情况下,国际习惯成为无害通过制度重要的法律渊源。商船的无害通过权起初是国际习惯在实践中的产物,并被国家普遍接受或广为使用,随着各国海上军事实力的发展,各国对国家主权安全以及海上利益的诉求不断扩张,逐渐出现了军舰无害通过权的争议。

通过对各国关于军舰无害通过权的立法与实践的梳理(见表 2-4),结合中外学者的观点,大部分国家和学者更倾向于以下两种观点:一是认为军舰在领海的无害通过权需要经过批准或者许可;二是认为军舰在领海不享有无害通过权。虽然美国多次以"航行自由"为借口进入他国领海,试图通过多年的反复实践让军舰在沿海国领海不经批准而无害通过,并形成国际习惯,但是美国忽略了国际习惯的构成要件之一,其自身的多次反复实践不仅没有被各国普遍接受,而且没有得到国际法院或者国际海洋法法庭等权威机构的确认。考察国际习惯法的形成过程,军舰的无害通过权缺乏上述要素,不能由此引出军舰享有无害通过的权利已是国际习惯的结论。[1]但各国对军舰无害通过的实践主要存在"所属国同意"模式和"提前报备"模式,并成为国际社会的普遍做法。

表 2-4　军舰无害通过限制的国家(地区)实践[2]

	事 先 许 可		事 先 通 知		G
A	阿尔及利亚、中国、伊朗*、阿曼、也门、厄瓜多尔(6)	D	孟加拉国、马耳他、埃及(3)		丹麦、日本、马来西亚、波兰、吉布提、立陶宛、智利、墨西哥、沙特、乌克兰、乌拉圭
B	罗马尼亚、苏丹(2)	E	阿根廷、克罗地亚(2)		

---

[1] 周健、王超:《由"拉森"号事件谈美舰南海挑衅的违法性》,《大连海事大学学报(社会科学版)》2019年第 2 期,第 17—22 页。

[2] 数据来源:《南海与国际海洋法》公益讲座,"法眼看南海"微信公众号。

（续表）

	事　先　许　可		事　先　通　知	G
C	阿尔巴尼亚、安提瓜和巴布达、巴巴多斯、缅甸、刚果、格林纳达、马尔代夫、巴基斯坦、圣文森特和格林纳丁斯、索马里、斯里兰卡、叙利亚*、阿联酋*、朝鲜、塞拉利昂、哥伦比亚、拉脱维亚、瓦努阿图(18)	F	印度、圭亚那、韩国、利比亚*、塞舌尔、越南、中国台湾地区*、斯洛文尼亚、黑山、爱沙尼(10)	
合计	26		15	11
外国军舰在领海无害通过设限总计				52

注：

事先许可：A—C。A：该国(地区)根据 UNCLOS 作出声明提及外国军舰进入领海须获事先许可。B：该国(地区)根据 UNCLOS 作出声明提及国内法与 UNCLOS 兼容。该国国内法规定外国军舰进入领海须获事先许可。C：该国(地区)没有作出相关声明，但该国(地区)国内法规定外国军舰进入领海须获事先许可。

事先通知：D—F。D：该国(地区)根据 UNCLOS 作出声明提及外国军舰进入领海须获事先通知。E：该国(地区)根据 UNCLOS 作出声明提及国内法与 UNCLOS 兼容，且该国(地区)国内法规定外国军舰进入领海须获事先通知。F：该国(地区)没有作出相关声明，但该国(地区)国内法规定外国军舰进入领海须获事先通知。

其他限制：G：其他类型的限制。例如对军舰进入领海指定海道通行、对同时进入领海的军舰数量设限、对核动力的军舰设限、对等处理军舰无害通过设限、保留对军舰无害通过规制的权利等。

* 目前不是 UNCLOS 缔约方。

从军舰无害通过限制的国家立法与实践来看，并非所有国家在实践方面都是一成不变的，其中比较具有代表性的是美国和苏联，其立场在历史上就曾发生过变化。1989 年美苏发布《关于无害通过的国际法规则之统一解释》(简称《解释》)，① 提出如下观点：第一，UNCLOS 规定了有关船舶在领

---

① Uniform Interpretation of the Rules of International Law e Governing Innocent Passage:

1. The relevant rules of international law governing innocent passage of ships in the territorial sea are stated in the 1982 United Nations Convention on the Law of the Sea (Convention of 1982), particularly in Part II, Section 3 (Innocent Passage in the Territorial Sea).

2. All ships, including warships, regardless of cargo, armament or means of propulsion, enjoy the right of innocent passage through the territorial sea in accordance with international law, for which neither prior notification nor authorization is required.

3. Article 19 of the Convention of 1982 set out in paragraph 2 an exhaustive list of activities that would render passage not innocent. A ship passing through the territorial sea that does not engage in any of those activities is in innocent passage.

4. A coastal State which questions whether the particular passage of a ship through its territorial sea is innocent shall inform the ship of the reason why it questions the innocence of the passage, and provide the ship an opportunity to clarify its intentions or correct its conduct in a reasonably short period of time.

海内无害通过的国际法规则,特别是第二部分第三节"领海内无害通过"。第二,所有船舶包括军舰,不论货物、武器装备或动力设备如何,均享有根据国际法无害通过领海的权利,无须事先通知或授权。第三,UNCLOS 第 19 条第 2 款中列出了一份详尽的活动清单,使通过领海的船舶,如果不从事上述任何活动,即为无害通过。第四,沿岸国如果对船舶通过其领海的特定行为是否无害提出疑问,应将其质疑该船舶通过行为是否无害的理由告知该船舶,并向该船舶提供在合理时间内澄清其意图或纠正其行为的机会。

苏联在不同时期针对外国军舰的无害通过权存在不同的立场。在维尔凯茨基尔海峡事件中,苏联面对两艘来自美国海岸警卫队的破冰船,第一时间宣布维尔凯茨基尔海峡位于苏联领海,美国的破冰船应当在一个月以前取得苏联政府的事先许可。[①] 但 1980 年,一艘苏联核潜艇在遭遇突发情况时,在未取得日本政府准许通过答复的情况下,径直通过日本领海。苏联政府用实际行动改变了其在维尔凯茨基尔海峡事件中的态度。种种事件都反映出苏联关于军舰通过领海问题立场的变化。1989 年,苏联又在《解释》中提出军舰不经批准享有无害通过权。

由此可见,不仅是美苏等大国关于军舰在领海的无害通过权在不同历史时期的观点不一致,而且各国多年的立法和实践也是处于变化中的。基于国际社会一致实践的缺乏,外国军舰在领海不经批准行使无害通过权并没有形成统一的国际习惯法。

四、中国要求军舰无害通过领海事先批准的必要性

如今,全世界正处于科学技术快速发展的时期。在这个时期,国家实力的体现正从陆地转向海洋,世界海洋的战略、政治和经济意义正在迅速变化,而一个国家的海上力量恰恰是由其海军力量的规模和能力来衡量的。[②]而军舰作为船舶的一种,专门用于执行海上战斗任务,其武器装备、人员配备、通信设施等均具有特殊要求。有的军舰甚至携带飞机和导弹等,故军舰

---

① William E. Butler. *The Soviet Union and the Law of the Sea*. The Johns Hopkins Press, 1971, p.115.

② Bruce A. Harlow, Harlow JAGC. Legal Aspects of Claims to Jurisdiction in Coastal Waters, *JAG Journal*, Vol.23, 1969, p.81.

特殊的军事属性使其很难与"无害"两字相联系。且一国对领海享有完全的主权,在领海内享有的权利是基于国家主权而享有的,并非 UNCLOS 所赋予的,UNCLOS 对于领海部分的国家权利规定不过是以成文法的形式予以确认。对军舰在领海进行无害通过时适用事先通知或许可制度,这既是保障国家主权、国家安全与海洋安全的需要,也是维护国家领土完整的需要。

（一）基于国家主权的需要

当我们在讨论外国军舰在沿海国领海范围内进行无害通过时,是否应当适用事先通知或许可的同时,首先应当考虑外国军舰在沿海国领海内的无害通过是否会影响乃至威胁沿海国的国家主权。1576 年,法国学者博丹在其《共和国六论》中首次提出国家主权的概念。从空间秩序的角度来看,国家主权的概念应是一个陆地性、封闭的、有界限的固有概念。随着世界历史的发展,国家主权的概念逐渐涉及海洋层面,部分海洋应当成为国家主权一部分的言论甚嚣尘上。而到 1609 年,格劳秀斯提出"海洋自由论",当时的海洋被认为是一个整体且向全世界开放,与陆地主权较为隔绝。但在之后沿海国的不断努力与斗争下,海洋被划分为领海与公海,领海也自此统归于国家主权范围内。[①]

整个海洋军事力量不仅包括军队的战斗力,而且包括有能力在竞争的基础上从海洋环境中提取大量资源。对海洋的了解更多,越需要发现和开发其物质资源(包括矿物和植物生命以及渔业)的手段,而这些必须依赖更多的海上军事力量以及显示出海军力量的有效性,例如潜艇等军事装备都有助于国际社会更全面地认识海洋的重要性。从这一层次来看,军用船舶和飞机的军事活动与商船和飞机所进行的商事活动之间存在不容忽视的差别。

美国多次被证明进入他国领海收集情报:一名前美国潜水员声称"美国快速攻击潜艇经常潜入苏联领水,在符拉迪沃斯托克附近观察远东俄罗斯海军和最大的商业港口的航运情况、监视苏联在诺瓦亚·泽姆利亚的原

---

① 张磊:《论国家主权对航行自由的合理限制——以"海洋自由论"的历史演进为视角》,《法商研究》2015 年第 5 期,第 178—183 页。

子弹试验场以及其他地点。"①1960 年,古巴声称美国的诺福克号巡洋舰进入其领水,距卡奥·布兰科仅不到 3 英里;美国也经常通过被加拿大称为内水的海域,并声称此海域是国际海峡,军舰享有无害通过的权利。

综上可以看出,军舰早已脱离了普通船舶的性质,成为一些国家窃取他国国家秘密的工具,变成与海上霸权主义相关联的"移动主权"。若不对军舰无害通过领海加以必要限制与阻止,势必会威胁国家主权的完整与安全。

(二)基于国家安全的需要

无害通过权作为沿海国主权在领海的唯一限制,是沿海国保障其领海安全、维护领海主权完整的必要举措之一,但这并不意味着沿海国的领海安全并不受影响与威胁。UNCLOS 并没有禁止军舰在领海的无害通过权,对于何种行为能够被认定为"无害",UNCLOS 用明文列举的方式规定了 12 类外国船舶通过他国领海时不得进行的行为,主要判断标准是航行是否会对沿海国的和平安全以及秩序产生危害。在 12 项禁止规定中,有 6 项是出于对沿海国国防安全的考虑,致使沿海国有理由可以因国家安全的考虑而对他国军事力量进入其领海予以限制或制止。但需注意的是,这类情况往往只能发生在外国军舰的行为会对沿海国产生安全威胁、不遵守沿海国的法律法规,并经沿海国通知后仍不遵守的情况下,而不能对所有外国军舰通过领海的行为一概而论。

即使有了 UNCLOS 的模糊处理,各国仍强烈反对军舰在领海的绝对无害通过权。实际上,军舰没有通过一国领海的绝对权利,就像没有一支军队可以随意进入一国领土一样。诸多东欧国家和亚非国家开始颁布国内立法,增加外国军舰行使无害通过权的条件,例如要求潜艇浮出水面或排除战舰等,以国家立法和实践来表明军舰不享有绝对的无害通过权。出现上述种种做法与言论的原因也同样是基于保护国家安全的需要,在《联合国宪章》中所规定的国家主权及主权平等、禁止非法使用武力或武力相威胁、不干涉内政以及和平解决国际争端原则等,都深刻揭示了国家安全是现代国际法中具有最高价值的基本利益。

---

① Todd E. Hutchins. The Legally of Nearshore Cyber——Related Operations: Breaching the Peace, Innocent Passage, or Something Else, *University of Hawaii Law Review*, Vol.43, No.4, 2020, p.43.

（三）基于海洋安全的需要

在全球海洋风险日趋复杂化的背景下,海洋安全治理成为当前国际社会关注的焦点之一,人类对海洋的依赖逐渐加深。在人类向海洋获取丰富海洋资源的同时,各种传统安全和非传统安全威胁也在互相交织,并寄托于海洋的整体性而扩散为全球性议题。[①] 例如外国军舰无害通过领海给相关沿海国带来的安全威胁早已超过国家或区域性国际组织的管辖能力范围。外国军舰既带有明显的政治性和危险性,有时甚至可以将其视作一国武装力量在海洋范围内的化身。从前文可知,外国军舰一度也被认为是"移动主权"的象征,专门用于执行海上作战等任务,其武器装备、人员配备、通信设施等均具有特殊要求。而沿海国的领海范围作为国家主权的重要组成部分,同样不可侵犯。军用船舶即使是在和平时期,其行动也会对其他国家构成潜在的威胁,甚至有可能在通过沿海国领海的过程中获取沿海国的军事机密,在通过过程中产生油污影响沿海国的正常通航,导致沿海国生物资源的损害,以上种种可能将对沿海国的海洋安全形成威胁,故对外国军舰在领海行使无害通过权时采用事先批准或许可制度、查明通过目的和军舰实际行动轨迹,对于国家海洋安全具有重要意义。

（四）基于维护国际法的需要

格劳秀斯在总结古罗马法学家经验的基础上,得出"在非战条件下,享有无害通行自由的船舶,绝不包括武装船舶"的结论,即从侧面反映出其认为军舰在领海适用无害通过制度时应当得到沿海国的事先通知或许可。从后期国际实践来看,各国对军舰无害通过本国领海予以限制的国家实践在一定程度上构成了国际习惯,为后续有关争议焦点的解决提供了实践范本。从《宪章》确立的国际法基本原则的维护上看,首先,军舰无害通过领海需要事前通知沿海国或经沿海国许可,这既是尊重沿海国主权的体现,也是互不侵犯原则、保护沿海国主权独立、领土完整的体现。其次,就平等互利原则来看,UNCLOS规定各国应当以平等为基本原则,不以谋取片面利益或损害别国利益为目的。军舰本身带有"有害推定"的性质,若不对其通过领海

---

① 关孔文、闫瑾:《全球海洋安全治理困境及其应对策略》,《国际展望》2022年第3期,第115—133页。

进行事先通知或许可,即存在危害沿海国利益的可能,与平等互利原则相抵触。再次,就和平解决国际争端原则来看,利用事先通知或许可方式对外国军舰无害通过领海进行限制,可以从源头上尽量避免武装冲突发生的可能。最后,就善意履行国际义务原则来看,缔约国应当善意履行 UNCLOS 规定的各项义务,而非以 UNCLOS 为借口以此谋求不正当利益。

　　结合上述分析,在众多具有直接或间接利害关系的沿岸国反对的情况下,绝对不会得出美国所谓的军舰无须经事先通知或允许就通过领海已经形成国际习惯和符合国际法的结论,对军舰无害通过权予以限制是中国维护国家主权、维护 UNCLOS 权威的体现。

第二节　毗连区的安全管制权

　　从 2013 年开始,美国开始挑战中国关于毗连区的安全管制权,[①]并于 2018、2019 和 2020 年分别采取了"航行自由"行动挑战该项主张。[②] 在美国"航行自由"的 40 多年里,毗连区并不是美国挑战的重点,但是毗连区的重要作用仍不能忽视。毗连区是连接一国领海,在领海之外为了保护沿海国权利而划定的一定宽度的海域。毗连区的划分目的是保护沿海国,其地理位置毗邻领海,沿海国的主权权利呈递减趋势。因此,为平衡二者的关系,UNCLOS 赋予沿海国在毗连区内一定的管制权,以表示毗连区不是国际海洋法的"法外空间",而是沿海国主权权利所及的范围,外国船舶特别是军舰并非因为进入上述区域就享有不受法律约束的横行自由。UNCLOS 第 33 条对各国船舶在毗连区内享有的航行自由权利作出了限制,而这一限制主要体现在 UNCLOS 赋予沿海国的权利上,允许沿海国就海关、财政、移民或卫生等事项进行必要管制。有必要说明的是,管制权与管辖权不同,在 UNCLOS"毗连区"部分第 33 条使用的是"Control"(控制、限制、管理、支配等),在"专属经济区"部分第 55 条使用的是"Jurisdiction"(管辖权),在中国

---

① "航行自由报告"英文版使用的是"Jurisdiction",笔者认为在中国使用"管制"一词更准确。
② 美国国防部:《Annual Freedom of Navigation Report》, https://policy.defense.gov/OUSDP-Offices/FON/,最后访问日期:2022 年 5 月 2 日。

《领海及毗连区法》中也明确将管制权与管辖权区分开,在《专属经济区与大陆架法》中规定的则是管辖权。而美国声称中国"过度海洋主张"使用的是"Jurisdiction"(管辖权)。由此可见,这是美国对 UNCLOS 关于毗连区规定的又一曲解。

值得深思的一点在于,UNCLOS 虽规定了海关、财政、移民或卫生等事项的管制权,但是并未就沿海国在其毗连区内是否享有安全管制权作出明确规定,导致中美两国就沿海国在其毗连区内是否享有安全管制权持对立观点。目前,国际海洋法领域关于毗连区的规定较少,因此有必要从国际法的角度明晰毗连区的安全管制权,并为其提供法理依据。

一、毗连区安全管制权的中美争议

(一)毗连区安全管制权的美国主张

美国认为毗连区位于专属经济区内,应当与专属经济区的权利一样,沿海国不应对其所属毗连区享有安全管制权,[①]甚至反对一些国家对毗连区宽度的主张(见表 2-5)。其原因在于海关和卫生管制能保障一般的安全利益,倘若发生突发的危及国家安全的行为,可以援引国际法上的自卫权;安全管制事项中"安全"一词本身过于模糊;如果承认了沿海国在毗连区对安全事项的管制权,将安全问题纳入 UNCLOS,容易造成权利滥用,安全问题的引入也会造成对海洋自由的侵犯。虽然美国在国际社会上强烈反对沿海国在毗连区内增加安全管制事项,并将这一举动列为"过度海洋权利主张",由美国海军重点打击,但从其现实实践中可以看出,美国对其自身国家安全管辖权却呈积极态度。美国发起的《防扩散安全倡议拦截原则声明》中也有类似安全主张,例如采取适当行动,在其内水、领海或毗连区拦截或检查合理怀疑载有运往或运自有扩散之虞的国家或非国家实体的此类货物的船舶,并没收此类货物。[②] 美国指出,这项倡议没有制定新的法律,而是依靠现有的国际法在国际水域或空气空间内进行拦截。[③]

① 曹文振、李文斌:《航行自由:中美两国的分歧及对策》,《国际论坛》2016 年第 1 期,第 20—25、79—80 页。

② Joynt K. Martha. The Office of the Press Secretary, *Wiley*, Vol.31, No.2, 2001, pp.296-322.

③ Kelsey Davenport. The Proliferation Security Initiative (PSI) At a Glance, *Arms Control Association*. https://www.armscontrol.org/factsheets/PSI,最后访问日期:2022 年 7 月 9 日。

表 2 - 5 　 美国反对各国毗连区宽度的情况[1]

宽　度	年　份			
	1958[a]	1981	1996[b]	2019[c]
3 海里	—	—	—	0
4 海里	—	1	4	0
6 海里	1	2	1	0
10 海里	1	—	1	0
12 海里	3	10	1	0
14 海里				1
15 海里	2	1	1	1
18 海里	2	5	4	3
24 海里	—	10	53	93
30 海里		1	—	0
41 海里			1	0
其　他	1	1		5
总　计	10	31	66	103

注：a：1958 和 1981 年的数据源于 Limits in the Seas，No.36，4th rev. May 1，1981；b：1996 年的数据源于 Roach and Smith. *United States Responses to Excessive Maritime Claims 164 - 166*（*2nd ed.*）. Leiden：Nijhoff，1996；c：2019 年的数据源于 US NTM 1(57)20、UK NTM 1(12)20、UN DOALOS.

（二）毗连区安全管制权的中国主张

中国认为,不仅设立毗连区是必要的,而且毗连区的安全管制权更是维护国家主权的体现。中国始终坚持 UNCLOS 精神,主张的航行自由都是在 UNCLOS 框架下符合国际法的航行自由,既不违反国际法和 UNCLOS 的规定,又兼顾其他国家和中国的海洋利益,同时主张不能损害中国的国家主权,这是在最大限度内允许各类海洋利用活动的体现。中国《领海及毗连

---

[1] J. Ashley Roach. Offshore Archipelagos Enclosed by Straight Baselines：An Excessive Claim? *Ocean Development & International Law*，Vol.4，2018，pp.176 - 202.

区法》中规定了安全、海关、财政、移民和卫生等管制权，这一规定除了行使 UNCLOS 第 33 条中赋予的沿海国在毗连区内的管制权之外，还加入了安全管制，这与中国《领海及毗连区法》第 1 条规定的维护国家安全的目标相对应，其中"安全"既包括国防安全和航行安全，也包括海关、财政、移民和卫生的安全。国防安全是指在外国军舰和飞机合法航行自由的情况下，沿海国仅对危及国防安全的外国实体的海洋活动包括情报搜集等行为予以制止。就航行安全来说，为了加强海上交通管理，保障船舶、设施和人命财产的安全而对船舶航行、停泊和作业等进行管制。这条法律规定实际上是对国家安全的一项兜底条款，既符合 UNCLOS 第 33 条规定之义，又从平衡沿海国和其他国家之间的海洋利益出发，将安全管制纳入沿海国毗连区可行使的权利之中。基于国际法与国内法的双重规定，中国认为在国家安全的必要限度内，对毗连区安全予以管制是对国家主权的进一步维护，并非任意阻碍其他国家的航行自由，更不会对正常的航行自由产生任何不利影响。

二、毗连区安全管制权的理论探讨

关于毗连区制度的产生与发展的理论探讨，国际会议上曾发生过激烈的争论。1930 年举办的国际法编纂会议是毗连区制度在国际法上的首次讨论，开创性地提出了毗连区的概念、性质和法律地位。会议上，各参会国就领海宽度和毗连区的意见不一，无法达成一致。当时海上强国——英国是持最大反对意见的国家，其认为划设毗连区是不安全的，既是各国扩大领海范围的一种体现，也是沿海国主权的扩张，美国、西班牙、荷兰对此表示赞同。尽管此次会议并没有形成一致意见，但提交会议讨论的《国际领水公约草案》第 5 条却为后续毗连区制度的产生奠定了基础。随着联合国的成立，国际法的编纂和制定逐渐加速，极大推动了毗连区制度的发展。在日内瓦召开的第一次联合国海洋法会议上，各国通过了《领海和毗连区公约》，对毗连区的宽度、沿海国在毗连区内行使管制权的范围等问题作出明确规定，标志着毗连区制度在国际法层面得到了认可。但国际社会仍对毗连区制度存在不同声音，在 1973 年联合国海洋法第三次会议上，各参会国就毗连区的存废问题展开了激烈讨论。以以色列和黎巴嫩为代表的国家认为，建立领海和专属经济区将使"毗连区"的概念变得多余，因此无需单独设置毗连区，而应该把毗连区划到专属经济区内；持相反观点的国家包括阿尔及利亚、埃及和西班牙等则呼吁保留毗连区，认为毗连区不同于专属经济区，二者的设立目的不同。毗连区设立的主要目的是为沿海国提供必要的权利，以防止违反其海关、财政、移民和卫生规章的行为，它的存在涉及不属于沿海国专属经济区制度中的某些具体的权利和控制。[1] 国际法委员会认为，"安全"这种"极端的含糊不清的措辞"会为侵权行为开道，海关规章和卫生规章的执法在大多数情况下足以保障沿海国的安全，[2]毗连区的建立与专属经济区的概念并不矛盾，不能把毗连区的权利附加在专属经济区内。最终，会议肯定了毗连区的独立法律地位，并在 UNCLOS 中创设了毗连区制度。

各国学者就沿海国在毗连区是否具有安全管制权存在较大分歧。有学者认为，在毗连区内，沿海国仅拥有对外国船舶的有限警察权。[3] 有学者则认为，UNCLOS 中有关毗连区的管制事项的规定包括但不限于四类，其是列举式的，而非有限性的规定，沿海国可以为了重要国家安全利益增加管制事项。[4] 笔者认为，毗连区作为一种独特的海域存在，不能简单地将沿海国在该区域内享有的主权权利概括为排他的领土主权，抑或是像公海那样不受管制，而应从其法律地位、设立目的等方面综合考量，应当为其设定特有的安全管制权。而在特定政治背景下，由美国学者和政客所主导的"沿海国在毗连区内不应享有安全管辖权"，是对 UNCLOS 精神的背离，亦是违反 UNCLOS 规则的体现，更是为其所谓的"航行自由行动"提供的假想理论基础，以达到其维护本国海洋霸权，甚至主导国际海洋秩序的目的。

三、对毗连区安全管制权的实践认知

（一）毗连区安全管制权的国家立法与实践

毗连区制度由来已久，英国是最早确立毗连区制度的国家。1973 年，英国颁布了第一部关于毗连区制度的法律文件，规定了英国对在距离其海岸

---

[1] ［斐济］萨切雅·南丹：《1982 年〈联合国海洋法公约〉评注》，吕文正、毛斌译，海洋出版社 2009 年版，第 241 页。

[2] ［斐济］萨切雅·南丹：《1982 年〈联合国海洋法公约〉评注》，吕文正、毛斌译，海洋出版社 2009 年版，第 245 页。

[3] Daniel P., O'Connell. *The International Law of the Sea*. Oxford Press, 1984, p.1058.

[4] 王传剑、李军：《中美南海航行自由争议的焦点问题及其应对》，《东南亚研究》2018 年第 5 期，第 132—152、158 页。

5 英里以内的外国船舶有检查权;同时,对在该海域范围内发现的违禁品运载者,英国政府有权将其船舶和货物均予没收或处以一定罚款。① 随后的《海关统一法》又规定英国对本国船舶在 3 里格内、对外国船舶在 1 里格内行使缉私检查权;②在地中海沿岸,法国和意大利宣称有 12 海里毗连区供海关使用;叙利亚提出了最为广泛的毗连区范围,其宣称自己拥有与本国 35 英里毗连的 6 英里安全区,军舰在地中海毗连区的航行权需受合理考虑的检验,在该区域与公海相重叠的范围内,军舰可以被赋予公海航行自由权;③埃及、以色列和南斯拉夫声称属地 3—6 海里的海洋为毗连区;黎巴嫩声称 6 海里为其毗连安全区;希腊曾在其国内法中明确规定:"为了国家安全利益的必要,希腊可在距离其海岸 10 海里的范围内禁止外国船舶的航行。"除了上述国家外,美国为维护其关税制度,也通过立法规定对其 12 海里范围内驶向美国的船舶行使登临检查权。第二次世界大战期间,美国签订的《巴拿马宣言》也曾公开宣布,美国将在大西洋和太平洋建立 100—300 海里的安全区,禁止交战国在该区域内从事军事行动;法国、苏联、希腊、中国等沿海国也在领海之外设立了距离和管制内容不同的毗连区,根据设立目的的不同,主要有海关缉私区、移民区、财政区、卫生区、中立区、要塞区、渔区、刑事和民事管辖区、防污染区以及安全区等。其中,中国毗连区制度的形成历时较长,首先形成的是海关缉私区和因缉私而享有的紧追权,之后又设立了检疫、渔业、军事管辖、禁渔区等专门管辖区,1992 年中国《领海及毗连区法》确立了中国的毗连区制度。

　　无论从国际海洋法的发展历程看,还是横向对比国际条约的规定,各国的毗连区制度主要表现为一国单方面的立法行为或多国通过双边条约进行相互承认的行为。国际社会在很早之前就已经存在为保护国家安全利益,实行对毗连区的安全管制的国家立法与实践。"安全说"已成为各国设立毗连区的理论基础,各沿海国为保护国家安全而在其领海外一定宽度内对部分海上活动予以限制的做法也早已成为国际社会的普遍做法。据不完全统计,在 1973 年第三次海洋法会议之前,世界上已有 95 个国家设立了宽度不

① Colombos C. John. *The International Law of the Sea*. Longmans, Green Press, 1962, p.125.
② 刘楠来、王可菊等:《国际海洋法》,海洋出版社 1986 年版,第 87 页。注:里格是陆地和海洋古老的测量单位,1 里格相当于 3.18 海里。
③ Weston Burnett. Mediterranean Mare Clausum in the Year 2000 an International Law Analysis of Peacetime Military Navigation in the Mediterranean. *Naval Law Review*, 1985, p.131.

同的安全区；至 1981 年，设置毗连区的国家中又有 21 个国家设立了管辖内容不同的安全区。就 2011 年年底统计的数据来看，包括中国在内的 17 个国家在国内立法中增加了有关毗连区安全的立法事项。[①] 到 2019 年，除越南取消其毗连区的安全管制权以外，其余 16 个国家都规定了毗连区的安全管制权（见表 2-6）。

表 2-6　毗连区安全管制权的国家立法[②]

大洲	国家	立法	毗连区范围	具 体 内 容
亚洲(12)	阿拉伯联合酋长国	关于阿拉伯联合酋长国关于海洋区域划界的 1993 年第 19 号联邦法律	领海外部界限起算12 海里	第 10 条　本国为如下目的应在与领海毗连的区域内行使监督和控制：（1）防止在其领土、内水或领海内违反其安全、海关、财政、卫生或移民的法律；（2）惩罚在本国领土、内水或领海触犯本条第（1）款所指法律的行为
	孟加拉国	领水和海洋区域法(1974 年)	领水外部界限起算6 海里	第 4 条　毗连区(2)　政府可以在毗连区内或有关毗连区的方面行使，并采取其认为必要的权力和措施，以防止并惩罚违反和企图违反任何有关如下事项的孟加拉国有效地法律或规章：（a）孟加拉人民共和国的安全；（b）移民和卫生；以及（c）海关和其他财政事项
	中国	中华人民共和国领海及毗连区法(1992 年)	领海基线量起 24 海里	第 13 条　中华人民共和国有权在毗连区内，为防止和惩处在其陆地领土、内水或领海内违反有关安全、海关、财政、卫生或入境出境管理的法律、法规的行为行使管制权
	伊朗	伊朗伊斯兰共和国关于波斯湾和阿曼海的海洋区域法(1993 年)	领海基线量起 24 海里	第 13 条　民事和刑事管辖权　伊朗伊斯兰共和国政府可以采取必要措施，防止在毗连区内违反法律和规章，包括安全、海关、海事、财政、移民、卫生和环境法律和规章，并调查和惩罚违法者

[①] J. Ashley Roach, *Excessive Maritime Claims* (Fourth Edition), Brill Nijhoff, 2021, p.157.
[②] 资料源于联合国网站：http://www.un.org/Depts/los/LEGISLATIONANDTREATIES/regionslist. htm；张海文、张桂红：《世界海洋法译丛》，青岛出版社 2017 年版。

（续表）

大洲	国家	立　法	毗连区范围	具　体　内　容
亚洲(12)	泰国	建立泰王国毗连区的皇家声明(1995年8月14日)	领海基线量起24海里	第2条　在毗连区内,泰王国在必要时应:(1)预防违反海关、财政、移民或者安全的法律和法规的行为,这些行为将要或可能在王国或其领海发生;(2)对违反(1)款中规定的法律和法规的行为的惩罚,这些行为在王国或其领海内发生
	也门	领海、专属经济区、大陆架及其他海域法案(1997年)	领海基线量起24海里	第12条　共和国当局有权在毗邻区实行必要的管制,以:(1)防止在其领土或领海内违反其安全、海关、卫生和财政的法律和规章的任何行为;(2)惩处违反上述法律和规章的行为,无论该违反行为是在其领土还是在领海
	沙特阿拉伯	第33号皇家法令(1958年2月16日)	领海外部界限量起6海里	第8条　为保证与王国的安全、航海、财政、卫生等事项相关的法律得到遵守,海上监督覆盖领海之外的毗连区
	缅甸	领海和海洋区域法(1977年)	领海基线量起24海里	第9条　缅甸认为必要时,可在毗连区进行下列管理:(1)保卫缅甸的安全;(2)防止并处罚在其领土或领海的税收、财政、移民或卫生法规的行为
	印度	领水、大陆架、专属经济区和其他海洋区域法(1976年)	领水基线量起24海里	第5条　4.中央政府对有关下述事项,可对毗连区行使和采取其所认为必要的权力和措施:(1)印度的安全;(2)移民、卫生、海关及其他财政事项
	巴基斯坦	领水及海洋区域法案(1976年)	领水基线量起24海里	第4条　2.联邦政府在毗连区或对毗连区行使其认为必要的权力和采取其认为必要的措施,以防止和惩处违反和企图违反有关下列事项的巴基斯坦任何现行法律:(1)有关巴基斯坦的安全;(2)有关移民和卫生;(3)有关海关和其他财政事项
	斯里兰卡	第22号海洋区域法(1976年)	总统宣布领海的外部界限向海一侧延伸的一个区域	第四节　2.在有理由担心违反与下述问题有关的斯里兰卡成文法时:(1)共和国的安全;(2)移民、健康和环境卫生;(3)关税和其他税收事项。专管部长可采取有关毗连区的必要措施,以便保证实施和阻止违反这些法律

（续表）

大洲	国家	立 法	毗连区范围	具 体 内 容
亚洲 (12)	柬埔寨	1982 年 7 月 13 日国务院令	领海外部界限量起 12 海里	第 4 条 柬埔寨人民共和国在其毗连区内行使必要的控制，以便监督柬埔寨人民共和国的安全，并防止和检查违反柬埔寨人民共和国海关、财政、卫生、移民法律的行为
非洲 (3)	埃及	1951 年 1 月 5 日关于阿拉伯埃及共和国领水的法令（1958 年 2 月 17 日总统法令修订）	领海外部界限量起 6 海里	第 9 条 为了执行安全、航行和财政、卫生等其他法律和规章的目的，海洋管辖权应涵盖领海外邻接领海的区域
	苏丹	领水和大陆架法案（1970 年）	领海外部界限量起 6 海里	第二章 9. 政府对邻接其领水、宽度为自苏丹民主共和国领土边界量起 6 海里的公海区域行使必要的控制权：(1) 以防止在其领土和领水内违反其海关、财政、移民、卫生和安全的法律；(2) 惩治在其领土和领水内发生的违反上述法律的行为
	南非	1994 年第 15 号海洋区域法案	领水以外且从基线量起 24 海里	第 5 条 2. 在毗连区及其上覆空域，共和国有权行使其认为必要的一切权利，以防止违反其财政、海关、入境或已生的法律，并惩罚这类违法行为
美洲 (1)	海地	1977 年第 38 号法令	领海外部界限量起 12 海里	第 4 条第 2 款 为保护其财政和税收利益以及安全，海地共和国根据相关国际法的规定，对该区域行使管辖权

　　沿海国建立毗连区主要基于本国利益需求，由此各国设定的管制事项存在差别。① 从上表统计可以看出，对毗连区提出安全管制权主张的主要是亚洲国家，同时又是发展中国家。毗连区制度的国家实践历史和毗连区制度的演变表明，发展中国家由于其科技、军事、海防等方面的落后，其对国家安全的需求更为迫切，更需要在 UNCLOS 的框架下以不违反 UNCLOS

---

① 高健军：《中国与国际海洋法》，海洋出版社 2004 年版，第 50 页。

的方式为国家领土安全提供保障。而 UNCLOS 第 303 条规定,各国有义务
保护在海洋发现的考古和历史性文物,说明沿海国可以在毗连区内就发现
的考古和历史性文物行使权利,这也就说明了 UNCLOS 对沿海国在毗连
区内的管制事项给予了一定延伸。可见毗连区的安全管制权并不必然限定
在海关、财政、移民和卫生四个领域。因此,只要沿海国有适当的原因,就可
以在毗连区内对其他事项行使管制权。

(二)对毗连区安全管制权的国际习惯法考察

毗连区制度虽早在 1958 年初步确立,但在以往的国际司法仲裁中,其
国际习惯法地位并未得到正式确认。[①] 从历史经验的角度来看,毗连区规
定从来就不是单一的、固定的,而是多样的、随着国家安全需要的变化而不
断发展的,各国设置毗连区的目的和性质不同,在实践中呈现出自主化的特
点。例如,中国在 20 世纪 50 年代于黄海北部设立了军事警戒区、机轮禁渔
区;20 世纪 80 年代初期设立了幼鱼保护区;在性质上都属于毗连区的一
种。海关缉私区又称关税区,设置该种毗连区的目的主要是打击海上走
私犯罪,维护沿海国的税收安全,前文提到的美国曾设立的关税区便属于
此类。关税区不仅在国家实践中被普遍应用,而且 UNCLOS 经历数次修
改后也最终保留了关税区的概念。移民区维护的是沿海国的出入境安全。
财政区的设置目的本质上与关税区相同,维护的是沿海国的财政安全,
UNCLOS 也最终予以保留。卫生区的设置旨在预防流行病和传染病的发
生和传播,以保护沿海国当地的卫生安全。"卫生区"这一概念的首次出现
是在 1930 年《海牙国际法编纂草案》中,随后《领海及毗连区公约》将这一类
型的毗连区纳入法律规定中,最终 UNCLOS 延续了这一规定。

2022 年,国际法院对"尼加拉瓜诉哥伦比亚案"所作判决较为积极地回应
了部分有关毗连区立法的国际法问题。一方面,基于双方国际主体并非都是
UNCLOS 的缔约国,二者对于毗连区制度是否反映当今的国际习惯法有着
不同的看法与态度。身为 UNCLOS 缔约国的尼加拉瓜指出,UNCLOS 中
关于毗连区制度的规定是对国际习惯法的明确反映,但 UNCLOS 非缔约

---

① ROACH A. J. Today's Customary International Law of the Sea. *Ocean Development & International Law*, 2014, pp.242 - 243.

国哥伦比亚则持相反意见,认为 UNCLOS 设立的毗连区制度并不是对当前国际习惯法的反映。针对二者关于 UNCLOS 第 33 条毗连区法律制度的争论,国际法院也在判决中做出回应:截至目前,已经有约 100 个国家(包括非缔约国)采用了毗连区制度。从国家实践的角度正式表明,毗连区制度已经在国际社会得到确认,说明 UNCLOS 第 33 条已经构成国际习惯法。①尽管后续国际法院中的判决表明毗连区管制权所涉及的内容仅涉及海关、财政、卫生以及出入境管理这四项内容,而其余超出 UNCLOS 规定的管制事项并不符合国际习惯法的构成要求,但这一判决既是基于哥伦比亚的毗连区,也是尼加拉瓜的专属经济区的特殊情形下做出的,其所体现的意义与代表性有待进一步商榷。

就"法律确信"而言,部分主权国家主张在毗连区内设置安全管制权,同样也是基于维护公平互信、海洋资源的合理利用、海洋生物资源的可持续利用与养护以及研究、保护和保全海洋的国际法义务而实施的。尽管 UNCLOS 中所规定的毗连区制度并没有将"安全事项"正式纳入其中,也并不绝对地说明"安全事项"与毗连区制度或其规定的四项管制事项是毫无关系的。唐纳德·麦克雷(Donald McRae)法官也曾明确反对将 UNCLOS 第 33 条视为一项静态条款,即将沿海国在其毗连区内可规制的事项局限于海关、卫生、财政以及出入境管理的规定是不符合国际法基本原则和精神的。"安全事项"未被增加至第 33 条的正式规定中的原因在于"安全"的名词概念过于宽泛,存在被其他海洋霸权主义国家滥用的风险,故未将其在法律条文中明确提及,②但保护海关、卫生、财政以及出入境管理的根本目的也是为了实现基本的安全目的。

综上所述,鉴于 UNCLOS 第 33 条并未明确将"安全事项"列入其中,各主权国家在不同的历史时期总是有着不同的国家实践。即使国际法院在某些案件判决中提及,沿海国在毗连区内增加安全事项立法不符合国际习惯法标准,但判决或决定也是基于特定情况下而做出的,不具有一定的代表

① 张新军、陈曦笛:《毗连区立法的国际法问题——以"尼加拉瓜诉哥伦比亚案"2022 年判决为中心》,《中国海商法研究》2022 年第 2 期,第 45—53 页。
② ICJ. Dissenting opinion of Judge Donald McRae. https://www.icj-cij.org/public/files/case-related/155/155-20220421-JUD-01-10-EN.pdf,最后访问日期:2022 年 9 月 22 日。

性。笔者认为,在大多数情况下,认定国际习惯法一般通过"两要素"的传统路径进行。且从目前已有的国际法院的实践案例来看,以国家实践和法律确信这两要素为主的标准是被始终坚持的,国际法院的书面表述也从未体现出对该两要素的背离。国际法院基本上仅在部分文本上体现出国家实践和法律确信,但是从没有在真正意义上对这两个要素进行实质性分析。① 因此,无法在国家反复实践的数量上予以确认。既然毗连区制度本身已经构成国际习惯法,根据上述的"两要素说",中国主张的毗连区安全管制权应当属于毗连区制度的一部分,并且这项主张具有持续性、有效性,也得到了大部分主权国家的默认,而主张毗连区安全管制权的 16 个国家在长达几十年的时间里持续地反复实践并以立法的形式予以宣告。② 从国际习惯法"两要素说"来看,沿海国对毗连区的安全管制权同样构成国际习惯法。

四、中国毗连区安全管制权的必要性

在国际海洋法中,管辖权的行使主要表现为管制权、紧追权、登临权等。管制权是指在毗连区内沿海国的行政主管和执法部门对违反国际法有关毗连区制度的行为进行干预,实际上是一种行政执法权,隶属于国家主权。在科学技术水平高速发展的今天,海洋霸权主义不断上升,单纯依靠在海关、卫生、财政以及出入境管理方面的规制,是无法限制非缔约国军舰军事行为的目的,更遑论实现全面合理利用、保护以及保全海洋的目的。基于此,可以从以下三个角度考虑设置毗连区安全管制权的必要性。

(一)践行新安全观以契合国家海洋发展战略

UNCLOS 第 33 条看似采用了明文列举的方式对沿海国的毗连区管制权予以标定,但实际上运用体系解释法可以看出,UNCLOS 所列举的毗连区管制权范围不能与其他条文割裂开来。海关、移民、财政和卫生,无论哪一方面都无法与国家安全相分离,均是以国家安全为最低的限度要求,是一切法律法规的制定基础。因此,上述四个方面绝不是对管制权范围的限缩

---

① 邓华:《国际法院认定国际习惯法之实证考察——对"两要素"说的坚持抑或背离》,《武大国际法评论》2020 年第 1 期,第 20—34 页。
② 目前尚未查到除美国以外的其他国家反对沿海国毗连区安全管制权的数据。

和最低原则,而是指明沿海国关于毗连区立法的范围、宗旨以及采取的行动必须限于防止和惩处在沿海国领土或领海内造成侵犯的行为,[①]UNCLOS设置该条款的意图也在保护沿海国的国家安全。在和平与发展仍旧是时代主题的今天,各种不安全因素的出现使得和平与发展面临来自各方的严峻挑战,其中尤以大国间冲突带来的影响最为激烈。在此背景下,习近平总书记在亚洲相互协作与信任措施会议第四次峰会上提出的共同、综合、合作和可持续的亚洲新安全观得到了与会代表的一致认同。安全本应是普遍与包容的,应当尊重与保护各个国家的安全,必须杜绝一个国家安全,而另一个国家不安全;一个地区安全,而其他地区不安全现象的出现。[②] 因此,必须毫不动摇地维护国家主权的立场,中国提出毗连区安全管制权既是对新安全观的积极践行,也是契合国家海洋发展战略的具体体现,更是切实维护国家总体安全的必要之举。

　　(二)预防海洋安全威胁以切实保全国家利益

　　毗连区的发展历史悠久,在经历了不断的国家立法与实践后,才得以最终在国际条约中确定下来。而给予沿海国在毗连区内对部分特定事项管制权的目的就在于合法、合理与有效地保护与保全沿海国的某些特定利益。但总结近些年来的国际实践可以看出,外国军舰在沿海国领海、毗连区、专属经济区通行或从事特定活动可能会在一定程度上损害沿海国的合法权益,更有甚者可能会侵犯沿海国的国家安全,故在沿海国的毗连区内设置安全管制权,既充分发挥了毗连区的过渡和缓冲作用,可以将非缔约国的军舰可能带来的威胁与挑战严格控制在一定的海洋宽度以外,在发生海洋安全威胁时,也能够及时高效地做出反击与防卫准备,同时还可充分发挥毗连区对国家的安全作用,对本国的海上军事部署和战略机密进行更为严密的保护。

　　(三)坚决维护发展中国家海洋利益以彰显大国担当

　　就毗连区设置安全管制权的问题,以美国为首的海洋强国对此一直持

---

① Bruce A. Harlow. Legal Aspects of Claims to Jurisdiction in Coastal Waters. *JAG Journal*, 2020, pp.81-83.

② 左凤荣:《习近平的新安全观论述及其实践研究》,《理论视野》2021年第4期,第27—33页。

反对意见,认为毗连区内安全管制权的设置势必会在一定程度上限制其他国家的航行自由,以此为理由隐藏其背后的政治、经济以及军事目的。近年来,中国的科学技术和经济发展能力得到了较大程度的提升,在全球海洋治理平台上的话语权与影响力亦同样有所增强,并与其他发展中国家之间保持着互惠互信与合作共赢的积极态度,坚决维护其他发展中国家的合法海洋利益。若因美国等发达国家提出的所谓"过度海洋权利主张"而放弃在毗连区内设置安全管制权的主张,必会使广大发展中国家尤其是亚洲的发展中国家的合法海洋权益陷入极度危险的境地,任由美国在亚洲海域进行军事力量投送,将影响亚洲地区的和平与稳定。因此,中国作为世界上最大的发展中国家,必须始终站在广大发展中国家的立场上,维护发展中国家的海洋利益。

第三节 专属经济区外国军事测量活动

2002 年至今,美军测量船多次闯入中国管辖海域进行军事测量活动(见表 2-7),从"鲍迪奇"号、海军"常胜"号、"成效"号、"玛丽·西尔斯"号、"约翰·麦科唐纳"号等事件中可以看出,[①]美国肆意到中国管辖海域进行军事测量活动的行为是无视中国主权和国际法权威的表现,美国的行为不仅对中国海洋权益造成了严重损害,而且是对国家间互相尊重主权和领土完整原则的违反和蔑视。[②] UNCLOS 虽然创造性地设立了专属经济区这一具有特殊性质的海域,同时也对沿海国和非沿海国的权利和义务作出了解释,但是 UNCLOS 对许多富有争议的问题并没有给出正面具体的规定。因此,针对近年来美国的多次挑衅与无视,积极维护中国的领土完整与国家海洋权益、从国际法的视角来探讨专属经济区内"军事测量"活动的法律性质与管辖权既是必要的,也是兼具理论与实践价值的。

---

① 周忠海、张小奕:《论专属经济区中的军事研究和测量活动》,《法学杂志》2012 年第 10 期,第 101—105 页。
② 周忠海:《海洋应只用于和平目的》,《太平洋学报》2011 年第 9 期,第 1—12 页。

表 2 - 7　美国海军水文调查船在中国专属经济区(EEZ)
"军事测量"事件①(不完全统计)

时间 (年/月/日)	海　域	涉事美舰	事　件
2001.3.23	黄海(中国 EEZ 内)	"鲍迪奇"号	中国导弹护卫舰逼近美舰 90 米以内警告,美舰撤离
2002.9.26	黄海(中国 EEZ 内)	"鲍迪奇"号	中国军机盘旋至距美舰百余米,警告
2003.5	黄海(中国 EEZ 内)	"鲍迪奇"号	中国渔船靠近并撞击之
2009.3.4	黄海(中国 EEZ 内)	"胜利"号	中国渔政海监船打开强光照射,次日我海监飞机连续 12 次飞越美舰上空
2009.5.5	黄海(中国 EEZ 内)	"胜利"号	两艘中国渔船驶近美舰 30 米距离
2009.3.5—3.8	南海(中国海南岛 EEZ 内)	"无瑕"号	中国海军护卫舰驶过美舰舰首 90 米处;中国海监飞机连续 11 次飞越美舰;5 艘中国船舶"围堵"
2013.7.3	东海(中国 EEZ)	"无瑕"号	中国海监船对美舰发出警告
2021.9.26	南海	"玛丽西尔斯"号(T - AGS 65)海洋测量船②	—

一、专属经济区外国军事测量活动的中美争议

专属经济区军事测量活动的中美争议由来已久,从美国第一次未经允许在中国管辖海域从事军事测量活动起,军事测量活动的性质界定以及管辖权问题就一直在国际社会上受到广泛关注和热议。美国主张其在中国管辖下的专属经济区所进行的军事测量活动是完全符合国际习惯法和海洋法的合法行为;中国则坚持认为美国未经许可擅自在中国专属经济区开展军

① 数据来源:《南海与国际海洋法》公益讲座,"法眼看南海"微信公众号。
② 《美国海军测量船在南海大范围作业》,https://baijiahao.baidu.com/s?id=17132266724564851238&wfr=spider&for=pc,最后访问日期:2022 年 9 月 22 日。

事测量活动是违反国际法的,严重破坏了国际海洋秩序和中国海洋安全。中美关于专属经济区外国军事测量活动的争议主要体现在以下几个方面。

（一）军事测量活动是否属于海洋科学研究

通过美国历年发布的"航行自由行动年度财政报告"可知,美国认为在中国专属经济区进行军事测量活动是"航行自由"的体现,军事测量与水文测量这两种测量活动的性质是基本一致的,属于 UNCLOS 所规定的可以在沿海国专属经济区进行的活动,无须经过中国事前同意。美国强调,军事测量只不过是同水文测量一样,是对海底生物、水文情况的一种数据收集。[①]

中国认为,美国未经中国允许在中国专属经济区进行军事测量活动,违背有关国际法和中国法律法规的规定,中国在自己的专属经济区内采取跟踪监视等措施是正常的维权执法活动,完全正当合法。[②] 中国虽未对外明确军事测量活动与海洋科学研究的关系,但是根据中国相关法律规定,可以推定为军事测量活动属于广义的海洋科学研究的范畴,以此为专属经济区外国军事测量活动提供管辖的法律依据。有学者认为,UNCLOS 明确规定了沿海国专属经济区科学研究的有关事项,确认了沿海国具有海洋科学研究的事前同意权,以及参与权和最后相关的材料样品及成果的取得权。[③]若像美国所说,军事测量活动与水文测量活动无异,那么,美国在中国专属经济区的军事测量活动所获得的一切信息都应与中国分享,但美国并未这样做,说明了美国的主张是自相矛盾、不成立的,属于未经中国同意就"窃取"中国海洋地理信息的行为。也有国内学者提出不同的观点:"军事测量与海洋科学研究不同,与海洋科学研究所用的商业或民用测量船不同,故军事测量是不同于海洋科学研究的另一种活动。"[④]澳大利亚前海军将领认为:"有许多水文测量活动是服务于军事的,并不是站在和平立场上的,那些针对沿海国进行的数据调查或海岸调查等军事评估活动会对沿海国造成重

① 万彬华：《论专属经济区"海洋科学研究"和"军事测量"的法律问题》，《西安政治学院学报》2007 年第 5 期，第 58—62 页。

② 《国防部：美军监测船非法在中国专属经济区活动》，http://mil.news.sina.com.cn/2009 - 03 - 12/0535545137.html，最后访问日期：2023 年 2 月 17 日。

③ 周江、陈一萍：《论〈联合国海洋法公约〉框架下专属经济区内和大陆架上海洋科学研究争端解决机制》，《中国海商法研究》2018 年第 2 期，第 85—91 页。

④ 杨显滨：《专属经济区航行自由论》，《国际法学》2017 年第 8 期，第 18—19 页。

大的威胁。"①

（二）军事测量活动是否属于与"航行自由"有关的合法海洋用途

美国认为，传统的"航行自由"包括领海的无害通过权，领海以外的军事演习、海上飞行训练、信息采集、侦查勘查等活动不仅包括在航行和飞越自由原则之内，而且属于 UNCLOS 规定的合法的海洋用途。同时美国主张，和平时期的军事活动就是和平的，②军事测量活动这样带有军事字眼的行动并不必然是非和平的，而且专属经济区与领海不同，沿海国在专属经济区内并不享有完全的主权权利，所以其在中国专属经济区内从事军事测量活动是航行和飞越自由原则所允许的合法利用海洋的活动，未威胁沿海国的安全，中国无权禁止。

中国并不认同美国主张的军事测量活动属于与"航行自由"有关的合法海洋用途的观点。中国学者认为，军事测量活动难以与"合法""和平"的字眼相联系，美国进入中国专属经济区擅自进行军事测量的行为，已经严重违反了"适当顾及"原则，属于非法的海洋用途。③ 中国一向遵守航行自由的国际法规范与国际习惯，尊重各个国家合理合法的航行自由主张，但由于军事测量船的性质较为特殊，进入中国专属经济区开展测量活动就必须经过中国的同意，在这一问题上的立场始终是明确和坚定的。

（三）专属经济区外国军事测量活动是否应当受沿海国的管辖

美国认为，UNCLOS 只规定专属经济区沿海国对资源享有开发、养护、研究和保护等权利，并未规定沿海国在专属经济区享有军事测量活动管辖权，美国保留在外国领海、国际海峡和群岛水域以外的世界任何地方进行此类调查的权利。④ 中国主张的管辖权是对权利的滥用。有美国学者提出："UNCLOS 第五十六条只赋予沿海国对'研究'活动的管辖权，并没有赋予对'测量'活动的管辖权。"⑤

---

① 贺赞：《专属经济区内的有限军事活动自由》，《政法论坛》2015 年第 4 期，第 160—167 页。
② J. Ashley Roach. *Excessive Maritime Claims* (Fourth Edition). Brill Nijhoff, 2021, p.444.
③ 肖锋：《对中美航行自由之争的思考》，《边界与海洋研究》2020 年第 5 期，第 32—43 页。
④ J. Ashley Roach. *Excessive Maritime Claims* (Fourth Edition). Brill Nijhoff, 2021, p.452.
⑤ 杨瑛：《专属经济区制度与军事活动的法律剖析》，《社会科学辑刊》2017 年第 5 期，第 118—124 页。

"中国一向尊重和维护各国依据国际法在南海享有的航行和飞越自由，但坚决反对以航行和飞越自由为名，损害中国主权和安全利益。并且航行和飞越自由并不等同于外国军舰和军机可以违反适当顾及义务和和平义务，无视他国的沿海安全，破坏中国合法权利。"[①]自由并不意味着无限制，正确的自由应是在尊重沿海国的主权安全基础之上，并接受 UNCLOS 关于海洋利用的规定、遵守国际法的前提下实现的相对自由。[②] 美国在中国专属经济区进行军事测量活动已经威胁中国的国家安全，其目的难以认定为和平，同时根据中国法律的规定，[③]海洋科学研究、与勘查开发自然资源有关的活动等均应经过中国主管机关批准或同意。

综上可以看出，中美对于军事测量活动的争议很大一部分源于 UNCLOS 对相关海洋行为没有作出明确规定。因此，有必要对相关海洋行为的定义作出明确的解释和说明，厘清相互之间的关系。

二、专属经济区外国军事测量活动的理论探讨

当今世界各国海洋军事实力与日俱增，传统的 12 海里领海制度早已不能满足各国对主权安全的需求，在此背景下，各国纷纷宣布建立专属经济区，并主张在此海域内享有主权权利。专属经济区制度的确立是沿海国与其他国家协商最终妥协的结果，对于很多海洋活动的性质并没有明确的规定，所以想要明确军事测量活动的性质，首先需要明晰军事测量活动与相关海洋行为的区别。

（一）对与军事测量活动有关的海洋活动的认知

1. 海洋科学研究

"海洋科学研究活动"这一概念最早出现于 1958 年《大陆架公约》中，当时的国际法文件普遍将海洋科学研究划分为"基础科学研究"和"应用性科学

---

① 《2017 年 5 月 28 日外交部发言人陆慷就七国集团峰会联合公报涉及东海、南海问题答记者问》，https://www.fmprc.gov.cn/fyrbt_673021/dhdw_673027/201705/t20170528_5434524.shtml，最后访问日期：2022 年 7 月 17 日。

② 曹文振、李文斌：《航行自由：中美两国的分歧及对策》，《国际论坛》2016 年第 1 期，第 20—25、79—80 页。

③ 参见《中华人民共和国专属经济区和大陆架法》。

研究",两者在大陆架的活动均需在沿海国的管辖之下进行。在第三次联合国海洋法会议中,海域划分制度在各国的推动下得以建立,领海之外不再只是公海,引发了沿海国对海洋科学研究活动管辖范围的热议,但 UNCLOS 并未就海洋科学研究活动的分类加以规定。对于海洋科学研究的性质,各国展开了长期的辩论,对海洋科学研究活动的开展存在两种立场,部分发达国家认为海洋科学研究活动应不受约束,而多数发展中国家则认为海洋科学研究活动应受沿海国管辖权的约束。

有关海洋科学研究的界定主要有两个争议:一是增进人类对于海洋知识的了解是否应当作为海洋科学研究的目的;二是海洋科学研究是否应该分为理论型研究和应用型研究。外国学者主张,海洋科学研究就是在海洋数据收集的基础上所进行的研究,[①]也就是说,海洋科学研究是海洋数据收集的分支,而在海洋数据收集体系中又包括水文测量以及军事测量这两种测量活动。这样一来,他们主张两者并不是包含关系,而是一种并列关系。还有一些国际法学者主张,海洋科学研究是针对海洋环境进行调查的行为,例如国外有学者就将海洋科学研究定义为:"无论以什么方式在哪里进行,海洋科学研究是以海洋环境为对象的一种调查。"[②]他们认为海洋科学研究应该分为理论型研究和应用型研究,而专为增进海洋科学知识所进行的活动就是理论型的研究。

在此观点基础上,又产生两种不同的观点,即两种测量活动是否需要并入海洋科学研究的范畴之内。国际著名海商法专家也认为应当并入,他主张海洋科学研究分为理论型研究、应用型研究和军事研究,并将海洋科学的理论型研究划分为海洋物理、海洋化学、海洋生物、海洋地质与海洋地理以及测量活动等方面的研究。[③] 与之相反,有外国学者主张海洋科学研究不包括测量活动。中国学者也曾提出:"海洋科学研究包括对海洋物理、海洋化学、海洋生物、海洋技术以及海洋地质与海洋地理几大方面的研究。"[④]其

---

① J. Ashley Roach. *Excessive Maritime Claims* (Fourth Edition). Brill Nijhoff, 2021, p.414.

② Alfred H. A. Soon. *Marine Scientific Research and the Law of the Sea*. Kluwer Law and Taxation Publishers Press, 1982, p.124.

③ Proshanto K. Mukherjee. The Consent Regime of Oceanic Research in the New Law of the Sea. *Marine Policy*, Vol.5, No.2, 1981, p.99.

④ 杨瑛:《专属经济区制度与军事活动的法律剖析》,《社会科学辑刊》2017 年第 5 期,第 118—124 页。

中也未将测量活动概括在海洋科学研究之内。

此外，还有一些学者认为沿海国可以基于测量活动独有的经济价值对其进行规范和管辖，因为测量活动所收集到的数据对于沿海国资源的勘探、开发、利用和保护以及沿海自然环境的修复都具有重大意义。尽管美国也承认沿海国对海洋科学研究的管辖权，但是基于测量活动的经济价值，他们仍然认为测量活动是与生俱来的海洋自由而不是应受沿海国管辖的海洋科学研究活动。① 中国学者提出，根据 UNCLOS 第十三部分关于海洋科学研究的规定来看，UNCLOS 还是默认了沿海国对其专属经济区内海洋科学研究略显强势的管辖权。②

由于各国都试图对海洋科学研究下定义，在不断地对立争辩中，UNCLOS 作出了折中规定，并在第 246 条中规定了专属经济区与海洋科学研究有关的沿海国与其他国家的权利和义务，即各国应当在和平目的下以科学方法和工具进行，并为全人类谋取共同海洋利益的海洋科学研究活动。结合 UNCLOS 上下文可以看出，沿海国对其专属经济区内的海洋科学研究既有权同意，也有权拒绝，这种权利被称为"有限同意权"。通过此条规定可以看出，UNCLOS 中所称的海洋科学研究不仅包括性质、界定等理论型的研究，而且包括勘探开发等应用型研究。

根据 1996 年《中华人民共和国涉外海洋科学研究管理规定》，海洋科学研究是指对海洋环境和海洋资源等的调查研究活动。③ 所以，海洋科学研究不只是上文提到的只以增进人类海洋知识为目的的活动，它更是一种广泛的具有实践性的活动。尽管 UNCLOS 对于海洋科学研究未作出明确定义及分类，各国学者也是众说纷纭，但是笔者认为，海洋科学研究的范围应当是一个广义的界定，既包括对海洋的资源、性质、环境及海洋不同形态的变化规律的研究，还包括一些与海洋的利用管理等方面有关的知识体系的研究。它的研究对象包括海洋资源、海洋环境、海洋空间、海洋地理、海上工程、海上设施等。

---

① 余敏友、周昱圻：《专属经济区海洋科学研究与测量活动的国际法分析》，《时代法学》2021 年第 3 期，第 11—19 页。
② 周江、陈一萍：《论〈联合国海洋法公约〉框架下专属经济区内和大陆架上海洋科学研究争端解决机制》，《中国商法研究》2018 年第 2 期，第 85—91 页。
③ 参见《中华人民共和国涉外海洋科学研究管理规定》第 2 条。

　　2. 水文测量活动

　　海洋科学研究在各个方面都具有难以替代的重要性,对于海洋资源开发、调节气候变化、建设生态文明、预测海洋灾害以及保障海洋权益、维护国土安全都具有非常重要的作用。有关海洋科学研究的讨论必然要围绕着其与水文测量活动之间的关系,对此学界主要有两种观点:一是两者相互对立,彼此排斥;二是两者相互包含,你中有我,我中有你。

　　持第一种观点的学者认为,海洋科学研究是以增进人类对海洋的认识为目的而进行的研究活动,而水文测量是指对水位、水深等参数进行测量,主要内容包括测量风向、流量、湿度、泥沙、降水、辐射、水质等地理元素,包括但不限于取得、加工、解释、各种海洋地理空间的一种方法,从而绘制出有关海底地形地貌的地图,目的是维护航行安全,是服务于航行安全与地理学科研究的一种测量活动。由于两者目的不同,因此难以将两者归为相同的活动。①

　　持第二种观点的学者认为,两者具有一样的本质,只是在动机和目的两方面有所差异,所以若对海洋科学研究持广义定义,那么,水文测量属于海洋科学研究;②也有学者主张,两者的本质是一致并逐渐趋同的,若对水文测量与海洋科学研究进行仔细区分是对 UNCLOS 的过度解读,并没有其他令人信服的依据。③ 从 UNCLOS 的规定来看,在 UNCLOS 第 19、54 条等条文中都将测量活动与海洋科学研究并列,在格式上将两者进行了区分。从方式和手段来看,虽然两者现在普遍采用的是声呐探测法,但是在水文测量的过程中不只采用声呐探测法,还使用雷达水位传感器、超声波流量计等仪器。由于两者在方式、工具和手段方面存在重叠,④所以可能存在同时具备海洋科学研究与水文测量性质的活动。

---

① Raul P. Pedrozo. Preserving Navigation Rights and Freedoms: The Right to Conduct Military Activities in China's Exclusive Economic Zone. *Chinese Journal of International Law*, Vol.9, No.1, 2010, p.21.

② P. K. Mukherjee. The Consent Regime of Oceanic Research in the New Law of the Sea. Vol.5, Issue 2, 1981, pp.98-113.

③ Sam Bateman. Hydrographic Surveying in the EEZ: Differences and Overlaps with Marine Scientific Research. *Marine Policy*, Vol.29, No.2, 2005, p.180.

④ Sam Bateman. Hydrographic Surveying in the EEZ: Differences and Overlaps with Marine Scientific Research. *Marine Policy*, Vol.29, No.2, 2005, p.166.

笔者认为,水文测量活动与海洋科学研究的目的在维护航行安全上有重叠,在方式、工具和手段上都有相似之处,从 UNCLOS 行文上看也是并列的关系。表象上看,似乎水文测量活动和海洋科学研究是两个不同的概念;但是如果从广义的海洋科学的界定来看,海洋科学是一个比较宽泛的概念,其研究领域十分广泛,其主要内容既包括海洋生物学、海洋气象学、海洋物理、海洋化学、海洋地质等基础性研究,又包括面向海洋资源开发利用以及海上军事活动等的应用研究。因此,可以将水文测量活动与海洋科学研究看成种属关系,水文测量活动应当包含在广义的海洋科学研究之中。

3. 军事活动

专属经济区军事活动属于 UNCLOS 的未定事项,只在 UNCLOS 第 298 条提到了适用强制争端解决程序的任择性例外。① 2005 年《专属经济区航行与飞越指南》中明确提及的军事活动主要有:武力或武力威胁、挑衅行为、为了对沿海国使用武力而进行的情报搜集、建立海上基地、军事演习等。但是,随着海洋科技的发展,想通过列举的方式将军事活动的内涵穷尽是不可能的。目前国内外学者对于军事活动的范围仍存在较大争议。

国外学者曾提出将海上军事活动划分为七类:水面和水中航行以及水上飞越,包括例行巡航、海上演习、海上武器外交;起到战略威慑的海上军事活动;监视潜在对手并使用声呐等设备进行反潜作战;安装导航和通信设施;布设水雷之类的常规武器;军事研究;后勤保障,包括维护海军基地。② 海洋强国也提出专属经济区内的外国军事活动属于传统的航行和飞越自由,其目的是对别国的武装行动产生威慑,避免其海上贸易或其他海上活动受到威胁,声称其所维护的利益是全球安全和稳定,③而沿海国则是为了维护本国安全,控制周边海域。国际海洋法法庭的法官若泽·路易斯·热苏斯曾提出,UNCLOS 中列举的非无害通过的行为实际上可以看作对具有军事性质活动的列举。④ 中国学者提出,除海战外,海上军事活动还包括海军

---

① 《联合国海洋法公约》第 298 条第 1 款:"关于军事活动,包括从事非商业服务的政府船只和飞机的军事活动的争端"。

② Boleslaw A. Boczek. Peaceful Purposes Provisions of the United Nations Convention on the Law of the Sea. *Ocean Development and International Law*,Vol.20,No.4,2009,pp.359 - 360.

③ 贺赞:《专属经济区内的有限军事活动自由》,《政法论坛》2015 年第 4 期,第 160—167 页。

④ Ukraine v. Russian Federation,Separate Opinion of Judge Jesus,para.15.

演习、武器试验、设置军事结构和装置、宣布安全区等。① 中国《海洋大辞典》规定：船舶操作、部队调动、飞机起落、操作军事装备、情报收集、武器演习、军械实验以及军事测量活动都属于平时海上军事活动。

通过对上述国内外观点的分析，笔者认为，军事活动是指以武装力量为主的有明显的组织性特征的活动，通常分为一般军事活动和具有侵略性质的军事活动，也可以分为战争时期的军事活动和非战争时期的军事活动。战争时期的军事活动，例如武装侵略、分裂国家主权等，这样的军事活动一般发生在敌对的武装力量之间；而和平时期的军事活动表现为颠覆政权、军事演习、人道主义救援等军事行动。可以看出，军事活动分类的重要标准之一是活动的威慑程度。例如，基本的水文测量等活动只需运用简单的雷达装置进行探测，威慑程度较低，属于单纯的通过沿海国所管辖水域，但军事演习之类的大规模海上军事活动有可能对沿海国的安全造成威胁，其威慑程度强，需要动用破坏性强的军事武器，可能对沿海国造成致命性打击。综合海上军事活动对沿海国的威慑程度以及所动用的军事装置和活动规模，笔者认为，可以将军事活动按照层次分类：第一类，符合 UNCLOS 所规定的航行和飞越自由的日常航行或飞越活动，例如日常巡航、部队调动、保护国土安全等活动。这类军事活动几乎没有危险性，是合法合理、为所有国家所接纳的。第二类是以军事测量活动为代表的侦查类军事活动。此类活动目的是为了获取沿海国军事情报，为战争行为做准备，例如情报搜集、海上侦察、部署海上部队等行为，其在一定程度上会对沿海国产生威慑作用。第三类是威慑程度极高的活动，例如军事演习、海上武器实验、核潜艇以及配备武器的无人潜航器作业等活动。这类军事活动的目的往往是非和平的，对沿海国的领土和主权安全造成严重的扰乱和威胁，在战争中具有决定性的作用。

根据国内外学者对军事活动的分析以及性质界定可以概括出海上军事活动的特征：第一，海上军事活动是有计划、有步骤，基于军事意图或政治目标等因素综合考虑所采取的活动，具有组织性。第二，海上军事活动必然动用武装力量，无论是战争时期还是非战争时期的军事活动都需要武装力量的支持，此处的武装力量是指国家和政治集团所拥有的各种武装组织和

① 高建军：《〈公约〉争端解决机制研究》，中国政法大学出版社 2010 年版，第 310 页。

武器装备的总称,虽然不同国家的武装力量的内涵和外延有所不同,但是一般都以军队为主,其他正规和非正规的武装组织为辅,因此可以概括为具有武装性的特征。第三,海上军事活动具有明显的军事战略目的。不管是和平时期还是战争时期的各种军事活动,都具有很强的军事战略目的,或扩张海洋权益、或捍卫领土完整、或拓展海洋空间、或维护民族利益、或武力威胁、或维护世界和平。就美国在全球的"航行自由行动"而言,其目的是维护其所认为的"合法的"海洋利益和军事利益。

（二）军事测量活动的理论认知

目前,对于军事测量活动的规定在 UNCLOS 中尚未明晰,国内外的专家学者也对此争论不休,难以达成一致的意见,争议的焦点问题无非两项:一是军事测量与军事活动的关系;二是军事测量与海洋科学研究的关系。从相关海洋行为的目的来看,海洋科学研究、水文测量活动、军事活动都与军事测量活动在某些方面存在相似性,因此有必要进一步辨析其法律性质,从而判定专属经济区外国军事测量活动的违法性。

1. 军事测量活动与海洋科学研究的关系

国外有学者认为海洋科学研究在科学研究的过程中离不开对海洋物理、海洋化学等方面的研究,而军事测量是为军事目的而进行的海洋数据搜集活动,通常在领海、群岛水域、国际航行的海峡、专属经济区、公海以及大陆架进行,包括对海洋化学、海洋物理、海洋生物以及声学等方面相关数据的搜集。军事测量活动并不能等同于海洋科学研究,可以在沿海国专属经济区进行。[①] 而中国学者指出:"军事测量从属于水文测量,水文测量从属于海洋科学研究。"[②]无论学者如何争辩,军事测量与海洋科学研究的关系并不在于数据收集的方式如何,而应结合两者的对象、方式和目的加以分析。

虽然 UNCLOS 第十三部分专门规定了海洋科学研究制度,但并未对"海洋科学研究""军事测量""海洋调查""数据采集"等作出精准清晰的界定、分类或说明。如果单从目的来看,军事测量是服务于军事的,并不是为

---

① J. Ashley Roach, *Excessive Maritime Claims* (Fourth Edition), Brill Nijhoff, 2021, p.417.
② 杨显滨:《专属经济区航行自由论》,《法商研究》2017 年第 3 期,第 171—180 页。

了探索海洋环境知识；表面上看，似乎不属于海洋科学研究的范畴，但是沿海国很难分辨其专属经济区内外国船舶活动的目的，单纯以目的判断海洋探测行为究竟是何种海洋行为并不可取。如果结合采集的信息和数据、使用的装备和工具等加以比较，军事测量活动与海洋科学研究活动具有一定的相似性。因此，不能仅因测量数据资料的用途不同而改变军事测量活动本身的性质，军事测量活动应当归为广义的海洋科学研究的范畴。

2. 军事测量活动与水文测量活动的关系

水文测量是指对水位、水深等参数进行测量从而绘制出有关海底地形地貌的地图，目的是维护航行安全，不是为了得到有利于作战的数据，并非为军事服务。因此，水文测量与军事测量不同，前者是为航行安全服务，绘制海底地图，了解海底地形地貌，通常使用的是普通测量船；后者则是为了获取沿海国的海洋地形地貌、人工岛屿建设情况、海上军事部署等数据和情况，航行安全只是目的之一，主要带有服务军事的性质，使用的船舶也不同，通常使用无人船和军事测量船。中国学者提出："实际上，军事测量与水文测量的性质与目的是完全不同的。"[1] 1970 年生效的《国际水道测量组织公约》也规定了测量的目的是"通过改进海图和文件的方式来保障世界航行的方便和安全"。所以，军事测量与水文测量的关系虽在 UNCLOS 中没有明确的规定，但两者的不包含关系也是有法可依的，同时两者都是从属于海洋科学研究的范畴。可见，海洋科学研究与水文测量、军事测量之间是种属关系，三者均使用同样或类似的海洋科学技术和设备，同时，测量活动和研究活动搜集的相关资料之间可以相互转换和利用。[2]

3. 军事测量活动与军事活动的关系

军事测量是出于获取有利于本国作战数据的目的而进行的一种活动，本质上是一种具有非和平目的的威胁性活动。从字面上解释，军事测量活动兼具"军事"和"测量"的特征。"军事"意味着很难将其视为和平的，是一种带有间谍意味、对沿海国进行威胁的目的。"测量"意味着沿海国专属经

---

① 管建强：《美国无权擅自在中国专属经济区从事"军事测量"——评"中美南海摩擦事件"》，《法学》2009 年第 4 期，第 50—57 页。

② 郭中元、邹立刚：《美国南海航行自由行动的国际法和国际政治视角剖析》，《海南大学学报（人文社会科学版）》2019 年第 6 期，第 1—7 页。

济区的数据被别国所掌握,带有监视的目的,其一方面是为了帮助海洋强国熟悉海域作战环境;另一方面,也是为了监视沿海国的海上活动,所以军事测量活动明显违背了"专为和平目的"这一原则。[①]可见,军事测量与军事活动是一致的。根据上文对军事活动特征的概括可知,军事活动具有组织性、武装性和目的性的特征,将军事活动的特征代入军事测量活动是完全符合的:首先,军事测量活动必然是一种有计划的活动,军事测量系统中的诸要素相互配合运转形成一个完整的测量体系,若没有计划和组织,军事测量将无法顺利完成。其次,由于 UNCLOS 中并未明确规定在沿海国专属经济区进行军事测量活动是否合法,各国站在本国立场上各执一词,势必产生争议与冲突,必要时会动用武装力量保护本国利益,其中包括隐藏的武装力量,例如打着"水文测量"旗号的军事测量船,以及无人潜航器或其他军舰,这些船舶和装备都具有武装性。最后,军事测量活动本身与大多数军事活动不同,其震慑和威胁的目的并不明显,一方面,是为了获取沿海国的海洋军事部署、海洋地貌等为其军备或者未来可能的海战服务;另一方面,单纯是为了挑战沿海国的底线和容忍度,以军事手段挑战沿海国的"过度海洋主张"。

所以,军事测量活动与水文测量活动不同,它既属于海洋科学研究,又属于军事活动,其本质是为实现军事战略目的而开展的情报搜集活动,会对中国的海洋安全产生极大的威胁,进而对中国的国家安全构成威胁。为了维护中国沿海的稳定与安全,必须对专属经济区外国军事测量活动予以监控,并在必要时采取措施。

4. 军事测量活动与航行自由的关系

航行自由权是 UNCLOS 中的基本的权利,其重要性被世界所公认。UNCLOS 在不同水域规定了不同程度的航行自由,其第 87 条规定的是公海自由原则,行使航行自由权利时应"适当顾及"其他国家利益;第 88 条规定:"公海只应用于和平目的";第 58 条规定了其他国家在专属经济区享有UNCLOS 第 87 条规定的航行和飞越的自由。可以看出,公海自由原则在一定程度上与专属经济区的航行自由原则存在重合,所以合法的航行自由

[①] 金永明:《海洋问题专论》(第一卷),海洋出版社 2011 年版,第 86—88 页。

必须满足的两个条件应当是"适当顾及"其他国家的合法权利以及只用于"和平目的"。迈阿密大学法学院教授伯纳德·H. 奥克斯曼（Bernard H. Oxmnan）曾对这些法律义务所附的限制作出过概括：① 其他国家不得对沿海国使用武力或以武力相威胁；② 适当顾及其他国家使用海洋的权利；③ 遵守其他国际条约中可以使用的有关义务。[①]《专属经济区航行和飞越指南》中也提议有关国家应避免在沿海国专属经济区内进行军事活动或军事演习。

第一，从专属经济区航行自由的范畴看，航行自由是任何国家的船舶和航空器都享有航行和飞越的自由，是对基本航行权的肯定。UNCLOS虽规定了不同海域所享有自由的范围，但UNCLOS并未肯定在专属经济区内的军事测量活动自由，因此美国不能利用专属经济区的剩余权利进行有利于本国的解释。为了实现专属经济区内的军事测量活动自由，主张专属经济区公海化，美国提出了"国际水域"的概念，[②]否定专属经济区的特殊区域性质。但这个概念毫无国际法依据，只是美国的一厢情愿，其在专属经济区主张行使与公海同等的权利是对UNCLOS的断章取义。美国基于"国际水域"恣意扩大航行自由的权利边界，这种单边行为侵犯了沿岸国的合法权益，是对UNCLOS航行自由精神的违背。

第二，从和平利用海洋的目的看，纵观UNCLOS全文，多达18处提到"和平"。UNCLOS在制定之初，海洋开发技术以及军事水平都远不及今日，海上军事测量和搜集活动的重要意义也未显现，因此，UNCLOS对和平利用海洋原则只作出概括性立法，留给各主权国一定的解释余地。[③] 从UNCLOS文本可以看出，"和平目的"要求各国对海洋的利用应该以和平为目的，即维持国际和平与稳定、不得使用武力或者以武力相威胁。在UNCLOS所规定的和平目的和善意履约条款的前提下，一国军用船舶和飞机在他国管辖海域内进行航行和飞越，除去正常的通过以外，应该尽可能地

---

① Bernard H. Oxmnan. The Regime of Warships Under the United Nations Convention on the Law of the Sea. *University of Miami School of Law Institutional Repository*, Vol.24, 1984, p.809.

② Raul Pedrozo. A Response to Cartner's and Gold's Commentary on "Is It Time for the United Stated to Join the Law of the Sea Convention?" *Journal of Maritime Law and Commerce*, Vol.42, No.4, 2011, pp.487 - 510.

③ 张湘兰、张芷凡：《论海洋自由与航行自由权利的边界》,《法学评论》2013年第2期，第76—81页。

避免开展军事行动，如果确需进行附带军事活动时，也要将其控制在一个合理的范围内，尽可能地避免对沿岸国的安全和社会秩序造成毁坏，更不能使沿岸国对资源享有的主权权利和管辖权遭到破坏。

然而，支持美国主张的学者往往会对此项规定进行偷换概念，将反对危害沿海国的军事活动与反对外国军用船舶、飞机的一般通过进行混淆。还有学者认为"非侵略性"的目的即可视为和平，从而降低了和平进入的门槛。① 笔者认为，"非军事目的"作为界定"和平目的"的标准更为合理，军舰本身与其他船舶存在实质区别——更具危险性和侵略性。况且国际法律规范无一不表达了"禁止使用武力或以武力相威胁"的宗旨。可以看出，无论是国际社会还是国际法都认为存在武力威胁的可能性即为非和平，若将"非侵略性"作为界定标准显然既过于宽松，也过于危险，极易导致实质损害的产生，与国际立法思想相违背。实践中，屡次发生的案件也无一不证明有些基于军事目的开展的军事测量虽是"非侵略性的"，但也绝非"和平的"。美国为减少军舰开展军事活动的阻碍，往往主张"非侵略性"解释，以便于打着航行自由的旗号进行军事测量。② 这种军事测量活动显然是以为军事作战获取资料作为其最终目的，虽然以此无法完全认定军事测量是非和平的，但也不能当然地认定军事测量是以和平为目的。③

近年来，美国在中国专属经济区内的军事测量活动越来越频繁，不仅有简单的打着"水文测量"旗号的军事测量船，还有地质勘探船、水声探测船等多种情报搜集军事船舶。中国从不反对外国在中国专属经济区内进行符合中国法律规定的水文测量等海洋科学研究活动，但是美国这种威胁主权安全、为其军事战略服务，又不经过中国同意的活动，显然已经偏离了"和平"的目的。

第三，从"适当顾及"的义务看，"适当顾及"除在 UNCLOS 第 56 条第 2 款和第 58 条第 3 款中有明确规定外，在第 87 条第 2 款和 1958 年《公海公

---

① James W. Houck & Nicole M. Anderson. U. S. Marine Scientific Research Activities Offshore Mexico: An Evaluation of Mexio's Recent Regulatory Legal Framework. *Washington University Global Studies Law Review*, Vol.13, 2014, p.12.

② 杨显滨：《专属经济区航行自由论》，《法商研究》2017 年第 3 期，第 171—180 页。

③ 周忠海、张小奕：《论专属经济区中的军事研究和测量活动》，《法学杂志》2012 年第 10 期，第 101—105 页。

约》第 2 条第 2 款都有提及。可以看出，"适当顾及"义务被各个国家所承认并且在实践中的适用范围也相当广泛，其实质就是限制部分国家滥用权利，这与"禁止滥用权利理论"的内涵极其相似，即限制随意行使权利和利用自由损害他国利益的行为。因此，"适当顾及"义务的本意就是对各国滥用权利的预防和限制。美国未经允许在中国专属经济区的军事测量活动就是滥用权利、威胁中国主权和领土安全、违反 UNCLOS"适当顾及"义务的行为。

第四，从合法的海洋用途看，UNCLOS 第 58 条第 1 款提出，"与这些自由有关的海洋其他国际合法用途"是美国主张在沿海国专属经济区内进行军事测量活动的重要依据。若想证明军事测量活动不属于合法的海洋用途，就要明晰"国际合法用途"的范围。按照 UNCLOS 规定，符合其他国际合法用途的活动必须是与第 87 条规定的航行和飞越自由有关的活动，这样才可以认定两者之间具有关联性。美国学者主张，UNCLOS 只禁止"使用武力或以武力相威胁"的活动，并且 UNCLOS 第 19 条第 2 款明确列举了一系列军事活动，因此，非侵略性军事活动符合《联合国宪章》与 UNCLOS 的规定。[①] 中国多数学者主张，依据 UNCLOS 对"和平目的"的规定，未经允许的海上军事活动是违反和平的，而海上军事测量活动隶属于军事活动，其目的难以辨认，更难以被认定为对沿海国无威胁。[②] 中国不禁止美国军舰在中国专属经济区内的合法航行，但中国基于 UNCLOS 赋予的专属经济区的主权权利对进入中国专属经济区的船舶活动有管辖权，美国军舰在中国专属经济区的任何活动必须遵守中国的法律规定。这既是 UNCLOS 规定的各沿海国的权利，也是其他国家在沿海国专属经济区应履行的义务。所以，专属经济区外国军事测量活动不属于合法的海洋用途范围，美国无权在中国专属经济区内未经允许擅自进行军事测量活动。

---

① Raul Pedrozo. Preserving Navigation Rights and Freedoms：The Right to Conduct Military Activities in China's Exclusive Economic Zone. *Chinese Journal of International Law*，Vol. 9，No. 1，2010，pp. 9 - 29.

② 万彬华：《论专属经济区"海洋科学研究"和"军事测量"的法律问题》，《西安政治学院学报》2007 年第 5 期，第 58—62 页；宿涛：《试论〈联合国海洋法公约〉的和平规定对专属经济区军事活动的限制和影响——美国军事测量船在中国专属经济区内活动引发的法律思考》，《厦门大学法律评论》2003 年第 2 期，第 231—246 页；刘美：《海上军事活动的界定与美国南海"灰色地带行动"》，《国际安全研究》2021 年第 3 期，第 102—131、159—160 页。

三、专属经济区外国军事测量活动的实践认知

（一）各国关于专属经济区外国军事测量活动的立法与实践

各国关于专属经济区外国军事测量活动的规定并没有在国内立法中明确提及,而是对专属经济区的海洋科学研究、测量活动、军事活动等分别进行了立法规范。出于专属经济区重要战略地位的考虑,世界各国对专属经济区外国军事测量活动的态度大致可以分为四种:一是与美国一样,认为专属经济区内的外国军事测量活动是合法的,属于航行自由;二是对外国军事测量活动认定为海洋科学研究,认为应当经过沿海国同意;三是完全禁止外国在专属经济区进行军事测量活动;四是主张对专属经济区军事活动的管辖权(见表2-8)。

表2-8 限制专属经济区外国军事测量活动的国家①

国　家	主张类型	宣布时间	美国反对时间	美国主张权利的时间
孟加拉共和国[a]	事先同意	2001年	2001年	—
巴西[a]	事先同意	1993年	1983年[b]	2011年航行自由财政报告[b]
缅甸[a]	广泛限制	1977年	—	2002年航行自由财政报告[b]
佛得角[a]	事先同意	1987年	—	—
中国[a]	调查研究	2002年	2001年[b]	2007年航行自由财政报告[b]
厄瓜多尔[a]	明确同意	2012年	2017年	—
印度[a]	事先同意	1976年	2007年	1999年航行自由财政报告[b]
伊朗	禁止	1993年	1994年	2005年航行自由财政报告[b]
马来西亚[a]	事先同意	1996年	1998年	1998年航行自由财政报告[b]
马尔代夫[a]	事先同意	1996年	2001年	2007年航行自由财政报告[b]

① J. Ashley Roach. *Excessive Maritime Claims* (Fourth Edition). Brill Nijhoff，2021，p.152.

（续表）

国　家	主张类型	宣布时间	美国反对时间	美国主张权利的时间
尼加拉瓜ᵃ	调查研究	2014 年	2015 年	—
巴基斯坦ᵃ	事先同意	1976 年	1982 年ᵇ	1986 年航行自由财政报告ᵇ
泰国ᵃ	事先同意	2011 年	2011 年	2016 年航行自由财政报告
乌拉圭ᵃ	事先同意	1993 年	—	—
委内瑞拉	事先许可	—	—	2018 年航行自由财政报告

注：a：《联合国海洋法公约》缔约国；b：多次反对或提出权利。

　　第一种做法，认为专属经济区军事测量等 UNCLOS 未明确的活动属于剩余权利，沿海国不享有管辖权。例如，德国在 1994 年加入 UNCLOS 时附带的下列声明：根据 UNCLOS，沿海国不在专属经济区享有剩余权利，特别是沿海国在该区域的权利和管辖权不包括获得军事演习或演习通知或授权的权利。意大利在 1995 年提交 UNCLOS 的批准书时说："根据 UNCLOS，沿海国在专属经济区不享有剩余权利。"荷兰在 1996 年提交 UNCLOS 批准书时指出：沿海国在专属经济区不享有剩余权利。沿海国家在其专属经济区的权利列于 UNCLOS 第 56 条，不能单方面延长。在以上三国的国内立法中确实未见关于军事活动等规定。美国认为这些声明提到了 UNCLOS 第 59 条，为解决专属经济区的权利和管辖权的冲突提供了依据。[①]

　　关于第二种做法，包括中国在内的相当一部分国家认为专属经济区外国军事测量活动隶属于海洋科学研究的范畴，应当事前经沿海国同意。例如《1983 年印度尼西亚专属经济区法》对海洋科研给予了明确的定义，即在印度尼西亚专属经济区水面、水体、海床及其底土中与有关海洋任何方面的研究相联系的任何活动。这意味着不管是军事测量活动还是水文测量活动，或者海洋科学研究都属于"科学研究"的范畴。同时规定任何人在印度尼西亚专属经济区内进行任何科学研究活动，需保证其活动应获得印度尼

---

① J. Ashley Roach. *Excessive Maritime Claims* (Fourth Edition). Brill Nijhoff，2021，p.172.

西亚共和国政府的事先同意，并按照政府规定的条件进行；①巴基斯坦《1976 年领水及海洋区域法案》第 6 条第 3 款规定："任何人包括外国政府，除非有与联邦的协议或者联邦政府的授权或许可……不得从事任何研究活动。"②中国、马来西亚、尼加拉瓜、厄瓜多尔、泰国、印度、韩国、朝鲜等国家均持此态度，并在国内立法中明确海洋科学研究的管辖权。

关于第三种做法，部分国家认为专属经济区军事测量活动完全不符合 UNCLOS 的精神和规定，应当予以禁止。例如，伊朗于 1993 年颁布《伊朗伊斯兰共和国关于波斯湾和阿曼海的海洋区域法》，其第 16 条规定："禁止外国军事活动或演习、搜集信息或其他不符合伊朗在专属经济区权利和利益的活动。"③塞舌尔《1999 年海洋区域法案》第 25 条规定，任何人不得在专属经济区进行任何调查和任何研究活动，除非该人根据与塞舌尔达成的协议。④ 坦桑尼亚等国家在国内立法中也对调查、研究等活动予以禁止。

关于第四种做法，部分国家并非完全禁止专属经济区的军事活动，而是主张通过国内立法予以限制。例如，乌拉圭《1998 年确立领海、毗连区、专属经济区和大陆架界限的第 17.033 号法律》第 8 条规定，其他国家在乌拉圭专属经济区内从事军事演习或其他任何军事活动，应受乌拉圭政府授权的限制；巴西《1993 年关于领海、毗连区、专属经济区及大陆架界限的 8.617 号法律》第 9 条规定：他国要想在巴西专属经济区进行军事活动或使用爆炸性武器等装置，经过巴西政府允许后即可进行。孟加拉国等国家并不严格禁止专属经济区的外国军事活动，认为只要经过本国同意，并不影响本国安全，外国军事活动可以在本国限制下进行。

（二）专属经济区外国军事测量活动的国际习惯法考察

如前所述，美国认为其所开展的一系列"航行自由行动"是对沿海国"过度海洋主张"的挑战，是正当且符合 UNCLOS 精神与公海自由原则的。在

---

① 张海文、李红云：《世界海洋法译丛（海上边界国家实践发展现状Ⅰ）》，青岛出版社 2017 年版，第 47—49 页。
② 张海文、李红云：《世界海洋法译丛（亚洲卷）》，青岛出版社 2017 年版，第 165 页。
③ 张海文、李红云：《世界海洋法译丛（亚洲卷）》，青岛出版社 2017 年版，第 86 页。
④ 张海文、李红云：《世界海洋法译丛（非洲卷）》，青岛出版社 2017 年版，第 276 页。

美国认知的国际法体系内,其在各沿海国专属经济区应当享有"国际水域"的权利。美国进行上述挑战活动以及创设"国际水域"行为的依据主要源于国际习惯法和部分条约法。

单从国际习惯法来看,一方面,与美国持有相同观点的德国、荷兰、意大利等海洋强国,基本上仅在国内立法上予以声明,即沿海国不应享有在专属经济区内的剩余权利,而在国家实践上却鲜有体现,缺乏国家实践的广泛性和普遍性。另一方面,大部分受到美国在此项主张上挑战的国家也相应地提出了反对意见,例如缅甸、圭亚那、印度、毛里求斯、巴基斯坦和塞舌尔等。① 由美国主导的、在他国专属经济区内开展的情报搜集以及军事测量活动,从 EP-3 型侦察机撞击事件到"鲍迪奇号""斯科特号""无暇号"事件,这些受挑战的国家均以上述活动应当征得沿海国同意为由,向美国提出抗议,②再次从正面反映出美国所主张的该项海洋权利在国家实践和法律确信两方面均不符合构成要素,故在他国专属经济区内开展军事测量活动的权利和行为并不构成国际习惯法。

从另外一个角度考量,专属经济区外国军事测量活动须经沿海国同意是否构成国际习惯法呢? 不论对专属经济区外国军事测量活动的争议如何,可以肯定的是,中国、美国乃至世界各国很多学者认为军事测量活动隶属于军事活动。从军事活动的类型和使用工具看,其在一定程度上会影响沿海国的上覆水域生物资源以及其他海洋利用活动,这些权利均属于UNCLOS 规定的专属经济区沿海国的管辖权范畴。再加上大部分国家立法在不同程度对专属经济区外国海洋科学研究、测量活动或者军事活动有所规制,所以,只要军事测量活动影响沿海国专属经济区的主权权利都应当由沿海国管辖。虽然目前各国立法鲜有对军事测量活动的明确规定,尚不足以为沿海国管辖专属经济区军事活动提供国际习惯法基础,但是沿海国仍可根据 UNCLOS 设定的沿海国权利行使正当的管辖权。

综上所述,专属经济区外国军事测量活动不论是从传统的法律确信,还是国家实践的判断标准,都不符合国际习惯法,而沿海国对海洋科学研究活

---

① J. Ashley Roach. *Excessive Maritime Claims* (Fourth Edition). Brill Nijhoff, 2021，pp.164 – 165.
② 余敏友、周昱圻:《专属经济区海洋科学研究与测量活动的国际法分析》,《时代法学》2021 年第 3 期,第 11—19 页。

动的管辖权却是 UNCLOS 明确赋予的。至于军事活动作为专属经济区的剩余权利,理应优先考虑沿海国包括生物资源、海洋环境等安全利益和其他国家行使航行自由权利时的"和平目的"与"适当顾及"义务。其他国家应在获得沿海国同意并表示愿意接受沿海国的管辖后,方可进行军事测量活动。其他国家不能在专属经济区主张和公海一样的航行自由,却让沿海国只遵守专属经济区的义务。

四、中国对专属经济区外国军事测量活动限制的必要性

2016 年,中国渔民在南海捕获了一艘无人潜航器装置,经查明,是美国的"鲍迪奇"号测量船所携带的无人潜航器,而该潜航器正在收集对潜艇作战有巨大帮助作用的海洋相关信息。① 而在此事件中,"鲍迪奇"号就是水上测量船,其所放出的无人潜航器就是水下测量船。随着海洋科学技术水平的不断提高,军事测量船也不断融入大量高新技术,在测量精度、作业效率、风险承受能力等方面都有极大的提高,对沿海国的安全威胁更甚。

(一)军事测量船的发展与无人船的使用

按照任务划分,海洋测量船主要包括海道测量船、海洋调查船、科学考察船、地质勘察船、航天测量船、海洋监视船、极地考察船等。在军事测量活动中,美国最常用的是海洋测量船(T－AGS),海洋调查/研究船(AGOR)和海洋监视船(AGOS)。海洋测量船是最传统的测量船,可按测量工作范围分为沿岸、近海、中远海测量船及航标测量船,其目的是进行水深测量和海岸地形测量,以获取海底地貌、地质情况和航行障碍物等资料,同时为编绘航海图提供数据,以保证船舶航行安全;海洋调查船的主要任务是海洋环境监测,其设计的系统布局是按照海洋水文、海洋气象、海洋物理和其他海洋环境的测量要求进行设计,主要完成海水的温度、盐度、湿度、波浪、气温、风向等海洋环境,以及海底重力、磁力等海洋物理参数的测量和浮标潜器的试验与布放等;海洋监视船主要用于海洋声学环境监测,主要的测量手段是

① 刘丹:《中国海军捕获美国无人潜航器,这事在国际法上谁占理》,https://www.thepaper.cn/newsDetail_forward_1585150,最后访问日期:2023 年 9 月 10 日。

采用拖曳式声呐,用于沿海国水下目标的探测和军事海防情报的窃取。在战时主要用于军事上的反潜、敌我目标识别和传达潜艇作战指令等。

实践中,美国在沿海国专属经济区进行的军事测量活动主要是两种形式:一是利用海洋测量船和海洋调查船搜集沿海国专属经济区的海洋自然情况,以确保航行安全;二是利用海洋监视船识别沿海国水下目标,获取军事部署以备水下作战。[①] 通常多种船舶同时作业,两种形式获得数据互相补充,共同为美国海上军事行动服务。随着现代测量船、考察船、调查船的综合效益日益提高,彼此之间的功能相互覆盖,差别越来越小,近年来出现了以无人潜航器为主的综合测量船,给海洋强国进行军事测量活动提供了巨大的便利。无人潜航器也称"水下无人航行器",是一种可长期潜入水下,通过配置载荷执行任务,能回收并反复使用的无人潜水器。无人潜航器主要的应用目的是为科学研究和海洋资源开发。在军事应用方面,美国海军在2000年发布的《海军无人潜航器主计划》中明确了无人潜航器的使命主要包括情报、监视、侦查、检查识别以及海洋调查等。由此可知,无人潜航器的主要功能并不是海洋运输,其大小也与远洋船舶相去甚远。无人潜航器的出现给本就复杂的水下海洋环境增添了新的碍航因素,对水下工程设施乃至水面船舶都带来了交通安全威胁,同时干扰了沿海国海洋资源的保护与利用,使得用于军事测量活动的无人船属性的认定更加困难,沿海国管辖权的行使也受到船舶属性附带权利的限制。

《美国海军海上行动法指挥官手册》(2007年版)提出,无人潜航器可比照政府公务船享有豁免权。[②] UNCLOS第29条规定:"军舰是指属于一国武装部队、具备辨别军舰国籍的外部标志、由该国政府正式委任并名列相应的现役名册或类似名册的军官指挥和配备有服从正规武装部队纪律的船员的船舶。"按照该定义,军舰应具有以下四个特征:具有武装性;有易于识别国籍的外部标志;该船指挥官为现役军官;该船船员为现役军人。以"无瑕"号为代表的美国军事测量船属于海军辅助船,如果具有军舰的特征可以享

① 王凯、许昭霞等:《美国海军海洋测量船发展及使用研究》,《舰船科学技术》2020年第10期,第185—189页。
② U.S. Office of the Chief of Naval Operations, U.S. Marine Corps, U.S. Coast Guard. *The Commander's Handbook on the Law of Naval Operations*. July 2007, Article 2.3&2.3.6.

有豁免权,但是无人潜航器并不符合军舰的定义,美国仍然主张豁免权,导致中国对专属经济区外国军事测量活动的船舶只能采取跟踪、监视、驱离等措施。

(二)外国军事测量活动对国家安全的影响

军事测量活动是军事活动的一种,与合理开发利用为目的的海洋测量活动存在一定区别。一方面,外国军舰的测量活动可能会引发沿海国的主权安全问题。外国军舰在沿海国专属经济区进行的测绘活动目的是服务船旗国的军事力量,测量的信息包含沿海国海上防务等重大信息,船旗国通过对获取数据的分析和研究就能掌握沿海国的海防部署,这毫无疑问将对沿海国国土安全造成一定的威胁。另一方面,外国军舰的测量活动可能会引发沿海国的资源环境安全问题。除了国家安全以外,资源环境安全也是主权安全的重要部分。资源安全要求国家经济社会发展所依赖的资源能够持续得以提供,并且生态环境没有遭到不可恢复地破坏。其他国家在沿海国专属经济区的军事测量活动不仅能够获取上述所说的国家海防信息,而且能够获取沿海国专属经济区的水下文化遗产情况、生物资源和非生物资源等自然资源的情况、人工岛屿的建设情况等,军事测量所使用的装备,例如拖曳声呐等也会对海洋生物会产生一定的影响,进而影响海洋生态环境。

(三)UNCLOS 赋予沿海国管辖权的有效行使

由于 UNCLOS 尚未明确专属经济区外国军事活动和军事测量活动的管辖权,关于这些剩余权利的分配一直是各国争议的焦点。美国有学者认为:"UNCLOS 只是给予沿海国对'研究'活动的管辖权,并未给予沿海国对'测量'活动的管辖权,UNCLOS 的许多条款非常清楚地区分了'研究'活动与'测量'活动。"也有学者认为,水文测量活动应当受到沿海国的管辖。[①]

---

① Raul Pedrozo. Preserving Navigational Rights and Freedoms: The Right to Conduct Military Activities in China's Exclusive Economic Zone. *Chinese Journal of International Law*, Vol.9, No.1, 2010, pp.9 - 29; Sam Bateman. A Response to Pedrozo: The Wider Utility of Hydrographic Surveys. *Chinese Journal of International Law*, Vol.1, 2010, pp.177 - 186.

UNCLOS 赋予了沿海国专属经济区海洋科学研究的管辖权,因此,《中华人民共和国专属经济区和大陆架法》《涉外海洋科学研究管理规定》等均规定了中国对专属经济区海洋科学研究采取批准制并享有管辖权。而根据水文测量活动、军事测量活动与海洋科学研究的关系厘定,水文测量活动与军事测量活动都属于海洋科学研究的范畴,这就表明未经中国有关机关批准,美国测量船无权在中国专属经济区进行水文测量、军事测量等海洋科学研究活动。

除了《中华人民共和国专属经济区和大陆架法》,中国关于专属经济区外国军事活动的规定还在《中华人民共和国海警法》等中有所体现。中国学者强调其他国家在沿海国应尽的义务包括和平利用海洋、避免使用武力或武力威胁、提前告知、不妨碍沿海国进行搜救活动、不损害沿海国资源、保护环境、不在暂时关闭的海域以及渔业活动密集的海域进行军事活动的义务,以及若有公海直接邻接沿海国的专属经济区,将军事演习限制在公海等。[①]还有学者认为 UNCLOS 第 56 条虽然对沿海国在专属经济区享有的众多权利进行了相对全面的规定,但列举的方法难以涵盖所有情况,在此种情形下,沿海国的政治、经济、军事以及海洋环境等方面的安全都需要 UNCLOS 的保障,这就导致沿海国管辖权的延伸,对未经允许进入中国专属经济区进行军事测量和侦查等外国非法行为予以阻止,以保护中国沿海地区的安全;但是也不得过度管辖,限制他国合法的航行自由。[②] 除此之外,许多国家也对外国军事活动的管辖权作出规定,例如澳大利亚颁布的海事识别制度、巴西在蒙特哥湾作出了不允许别国在其专属经济区内进行军事活动的声明。国外学者也曾指出,沿海国具有根据保护自身安全的需要来决定“接续空间”是否扩大的权利。[③]

根据中国国内法规定以及国内外学者的观点可知,中国对专属经济区外国军事活动的管辖权具有明确的法律依据,不因军事测量船的豁免权而消失,也不因外国军事测量活动的争议而改变。

---

① 邹立刚:《论国家对专属经济区内外国平时军事活动的规制权》,《中国法学》2012 年第 6 期,第 49—57 页。
② 袁发强:《国家安全视角下的航行自由》,《法学研究》2015 年第 3 期,第 194—207 页。
③ [英]詹宁斯、瓦茨修订:《奥本海国际法》(第一卷第二分册),王铁崖译,大百科全书出版社 1998 年版,第 131 页。

第四节　部分海洋地物的性质
认定与岛礁建设

不论从地理学角度还是从国际政治学角度对海洋地物的分类进行认定，其种类繁多的现状已是不争的事实。根据部分国际条约尤其是 UNCLOS 的规定，目前国际社会认为海洋地物包括但不限于岛屿、岩礁、暗礁、沙洲以及低潮高地与人工岛屿等。然而，对于部分海洋地物的性质认定，UNCLOS 尚未作出权威、有效的国际法解释，相关国际争议同样存在。仅就 UNCLOS 第 121 条所涉及的"自然形成""高于水面""岩礁""人类居住"以及"其本身的经济生活"等词语进行解释，就有着不同的解释方法与解释目的。若仍对 UNCLOS 的岛屿制度进行机械化阐释，不仅会对相关利益国的海洋权益造成破坏，而且会极大地降低 UNCLOS 的国际权威性与适用性。以影响程度较大的"南海仲裁案"为例，裁决书严重曲解了案涉海洋地物的法律地位，错误分割中国主权，UNCLOS 并未对海洋争端解决发挥有效作用，其中除了仲裁庭的非法裁决因素，美国也扮演了重要角色，并以"南海仲裁案"裁决为依据，挑战中国合法的海洋主张。

一、部分海洋地物的性质认定与岛礁建设的中美争议

UNCLOS 规定的岛屿制度对于岛礁认定有着抽象但权威的标准，也恰恰因为其较为模糊的用语，使得各国的国内立法与国际实践对诸如"岛屿"和"岩礁"等区分大相径庭。"南海仲裁案"作为中国历史上第一次涉及海洋领土主权争议的国际仲裁案件，引发了国际社会对 UNCLOS 第 121 条的全面阐释与适用的争议，其中涉及南海部分海洋地物性质的认定和岛礁建设问题也是中美争议所在。

（一）部分海洋地物性质的认定与岛礁建设的美国主张

美国对于部分海洋地物的性质认定、法律地位以及岛礁建设均有着不同程度的主张，且在"南海仲裁案"裁决作出前后的主张与挑战方式有所差

异。在"南海仲裁案"最终裁决尚未作出之前,美国对于本国军舰进入南沙群岛的渚碧礁和永暑礁所给出的理由是"军舰在领海的无害通过无须获得事先批准",而"无害通过制度"的适用则从侧面反映出美国对于上述两个海洋地物属于岛屿性质的认定和对岛屿附近 12 海里领海主权属于中国的认定。但"南海仲裁案"最终裁决否定了太平岛的岛屿地位,并将南海的其他海洋地物归属为岩礁和低潮高地,美国以"南海仲裁案"的最终裁决为背书,公开以仲裁庭的裁决作为其军舰擅闯中国享有领土主权的 12 海里范围的理由,认为美济礁等海洋地物属于低潮高地,不符合产生领海的条件,拒不承认中国对永暑礁、美济礁、安达礁以及南薰礁等多个岛礁的主权。美国称军舰的通行仅是在国际水域的航行自由行为,不必受沿海国国家立法的限制,同时认为南海岛礁的建设是中国为了实现某种军事目的而从事的人工岛礁建设。2021 年 11 月 19 日,美国对中菲南海冲突公开发声,支持"南海仲裁案"裁决中菲律宾的主张,声称中国在南海的主张破坏了地区和平与安全。①

（二）部分海洋地物性质的认定与岛礁建设的中国主张

作为 UNCLOS 缔约国,中国始终坚决捍卫 UNCLOS 权威,并为维护和巩固南海的和平局势而行动。中国在南海建设岛礁的目的仅为满足岛礁上观测站工作人员的日常生活需求,为经过船舶提供更好的国际服务,部署必要的国防设施。② "南海仲裁案"的最终裁决指出中菲南海争端所涉的海洋地物均为岩礁和低潮高地,而非岛屿,③对于南海仲裁庭就中菲南海争端所作出的最终裁决,中国立场始终表现为坚决不接受、不参与、不承认。④

中国认为,南海诸岛是主权争议问题而非仲裁庭所说的岛礁性质问题。脱离主权的岛礁性质认定是舍本逐末的行为,最终也会回归到岛礁的主权问题上。中国在享有领土主权的岛礁上进行建设行为是国际法赋予每个主

---

① 郑志华：《美菲相互矛盾的南海声明暴露了什么》,http://www.scspi.org/zh/dtfx/1638789079,最后访问日期：2022 年 9 月 22 日。

② 《外交部发言人就中方在南沙群岛的岛礁建设等答问》,http://www.gov.cn/xinwen/2018-04/24/content_5285534.htm,最后访问日期：2023 年 2 月 18 日。

③ 王徽：《论"尼加拉瓜诉美国案"对南海仲裁案的启示》,《太平洋学报》2016 年第 6 期,第 9—21 页。

④ 2014 年 12 月 7 日中国外交部发布《中华人民共和国政府关于菲律宾共和国所提南海仲裁案管辖权问题的立场文件》。

权国家的自保权和自卫权,与军事化无关。[①] 中国在南海的岛礁建设行为是中国主权的体现。同时,中国作为一个主权国家,在南海管辖海域实施的岛礁建设活动还包含着对领土主权的主张与巩固,是中国对南海诸岛行使主权权利的表现,[②]是为发展海洋经济、保证海洋可持续发展的经济活动和建设活动。中国对岛礁的建设并没有改变岛礁自然形成的属性,而是增加其经济价值,为南海海域的航行安全保驾护航,而且中国在南海的建造工作完全根据 UNCLOS 规定的"适当顾及"义务而开展,既没有破坏海洋环境,也没有损害他国的合法权益,是符合国际法的有效岛礁建设行为,不能仅因经济性改造和国家安全的维护而曲解岛礁的建设目的,抹杀其自然属性。

二、部分海洋地物性质认定与岛礁建设的理论探讨

岛屿概念被首次提出是在 1930 年国际法编纂会议上,将其界定为"有着一定面积的土地,四面环水,且需永久地保持在高潮以上"。[③] 然而,随着拥有岛屿的国家综合国力不断提升,精准阐述岛屿的定义对于确定一国的领海范围有着至关重要的意义,故 1958 年《领海与毗连区公约》将岛屿的概念修改为"四面围水、潮涨时仍露出水面的天然形成的陆地",将岛屿与毗连区和领海之间的关系进一步确定。在 UNCLOS 的谈判进程中,以英国、加拿大和希腊为代表的拥有岛屿较多的海洋大国,积极主张赋予岛屿和陆地一样的权利,不论是大陆架还是专属经济区都应当一并拥有;但是土耳其与其他与会国代表则持有不同意见,认为在赋予岛屿相当海洋权利之前,应当根据各个岛屿的面积、经济因素以及政治因素等来对岛屿进行划分,从而实现对部分岛屿的海洋权利的限制,最终形成 UNCLOS 对岛屿制度更为具体的阐述。[④]

---

① 王毅:《中国在南海岛礁部署防卫设施正当合法》,http://www.gov.cn/xinwen/2018 - 05/24/content_5293195.htm,最后访问日期:2023 年 3 月 7 日。
② 马明飞、邢政:《论岛礁建设在岛屿主权争端中的证明作用》,《中国海商法研究》2019 年第 2 期,第 10—17 页。
③ 张海文:《联合国海洋法公约释义集》,海洋出版社 2006 年版,第 219 页。
④ [斐济]萨切雅·南丹等:《1982 年〈联合国海洋法公约〉评注》(第三卷),吕正文等译,海洋出版社 2016 年版,第 298—313 页。

（一）关于岛礁性质的理论争议

依据 UNCLOS 规定可知,海洋地物主要被划分为岛屿、岩礁、低潮高地以及暗礁等,然而相较于其他三类海洋地物,岩礁的明确定位与具体的界定标准在 UNCLOS 中并未作出详细规定,这也导致各国学者对岩礁的判定标准有较大争议,并衍申出"岛屿论""特殊海洋地物论""岛礁同权理论"等学说。[①] 一方面,持有"岛屿论"观点的学者认为,岩礁属于岛屿,可直接适用 UNCLOS 有关岛屿的规定。既然岩礁的规定出现在 UNCLOS 第八部分(岛屿制度)下,那么,岩礁亦应当属于拥有特殊法律地位的岛屿。[②] 也有学者从岛屿和岩礁的构成要件入手,认为岩礁符合"岛屿"的基本构成要件,故也应属于岛屿的一类。[③] 另一方面,也有反对"岛屿论"的学者,认为"岛屿"应当是由一大片陆地区域组成的,且岛屿上还应当具有土壤、植被与其他可供人类生存的基本自然条件。例如以日本"冲之鸟"为例的岩礁,其仅是在高潮时露出水面的两块小岩石,并不符合岛屿的构成要件。[④] 还有学者认为应当对岛屿和岩礁进行区分,否则 UNCLOS 第 121 条第 3 款的规定便没有什么存在的理由和必要。[⑤] 而持"特殊海洋地物论"的学者认为,岩礁并不属于岛屿,其有着不同于岛屿、低潮高地和暗礁的特质,应当被归于一种特殊的海洋地物,享有独立的法律地位。目前,最具代表性的一类"特殊海洋地物"是日本政府与学者极力鼓吹的"冲之鸟礁",该立场充分表达了日本政府将其视为一种独立于岛屿之外的特殊海洋地物的立场。[⑥]"岛礁同权理论"产生于第三次联合国海洋法会议中所提出的希腊提案,该提案明确表示,对岩礁和岛屿的地位可不做区分,两者享有同等的法律地位,都享有领海、毗连区、大陆架以及专属经济区。[⑦]

---

① 陈敬根:《岩礁国际法律地位的路径重构》,《政治与法律》2018 年第 9 期,第 131—140 页。

② Jonathan I. Charney. Note and Comment: Rocks That Cannot Sustain Human Habitation. *American Journal of International Law*, 1999, pp.863–878.

③ Robert C. Beckman & Leonardo Bernard. Disputed Areas in the South China Sea: Prospects for Arbitration or Advisory Opinion. *The South China Sea*, 2016, p.202.

④ 徐家驹:《日本"冲之鸟"法律属性解读》,《国际关系学院学报》2009 年第 4 期,第 32—38 页。

⑤ Alexander Proelss. *United Nations Convention on the Law of the Sea: A Commentary*. Cambridge University press, 2017, p.868; Malcolm D. Evans & Reece Lewis. *The Regime of Islands*. Edward Elgar Press, 2020, p.30.

⑥ 姚莹:《岛礁法律地位的解释问题研究——以"南海仲裁案"的实体裁决为中心》,《法商研究》2017 年第 3 期,第 181—192 页。

⑦ 张政:《〈联合国海洋法公约〉与中国南海岛礁建设问题》,《学术探索》2016 年第 5 期,第 81—85 页。

（二）关于南海诸岛法律地位的理论争议

近代以来，中国在南海的部分岛礁（美济礁、赤瓜礁、南薰礁、华阳礁、永暑礁、东门礁、诸碧礁等）开展了一系列的建设活动。尽管中国已多次通过官方声明在南海的岛礁建设行为是正当行使国家主权的行为，但仍遭受来自美国以及南海周边一些国家的指责与反对。

一方面，关于南海诸岛性质、法律地位的理论探讨主要集中于南海部分岛礁的性质定位。在 2016 年 7 月 12 日"南海仲裁案"裁决作出后，美国当局将包括美济礁在内的多个海洋地物认定为无法产生领海权利的低潮高地。[①] 南海仲裁庭罔顾太平岛上有天然水源的事实存在，将其认定为岩礁后，引发许多国内外海洋法学家的争论与评判。外国有学者认为，结合太平岛上的实际情况，其完全有资格和理由成为一个拥有完整海洋权利的岛屿。[②] 也有学者认为，决定一个海洋地物是否适合人类居住的条件在于其本身、原始的条件，而非出自人类的干预。[③] 如果是基于改善或提高一个海洋地物的自然条件为目的，而将科学技术加持的海洋地物不再视为岛屿，则应不再享有大陆架和专属经济区的权利。[④]

另一方面，关于南海诸岛主权归属的理论探讨，集中于中国对南海诸岛是否享有主权，这亦是南海问题产生的深层次原因之一。针对中国在南海拥有主权的主张，国外学者观点不一。有的提出了反对意见，认为尽管中国始终声称最早到达南海，但是并没有确切、真实的历史来源证明中国对南海享有永久的国家主权。[⑤] 该说法意图再次从侧面说明，中国对南海享有国家主权的说法是"无稽之谈"。然而，并非所有外国学者都对中国享有的南海主权持否定态度。有的学者支持中国的主张，认为中国在南海进行的一系列军事行动的目的是维护本国国家领土和主权免受其他国家侵犯，并且

① 包毅楠：《美国军舰擅闯我国南海岛礁邻近海域的国际法实证分析》，《太平洋学报》2019 年第 6 期，第 52—63 页。

② Serafettin Yilmaz ＆ Tsung-Han Tai. Taiping Island's Legal Status: Questions Remain in the Aftermath of the Award. *South China Sea Think Tank*，2016，pp.1 - 6.

③ Stuart Kaye. The Law of the Sea Convention and Sea Level Rise after the South China Sea Arbitration. *International Law Studies*，2017，p.43.

④ Kate Purcell. *Geographical Change and the Law of the Sea*. Oxford University Press，2019，p.246.

⑤ Bob Catley ＆ Keliat Makmur，Spratlys. *The Dispute in the South China Sea*. Aldershot：Ashgate Publishing Company Press，1997，p.36.

认为,中国的这种主张是合理且正当的,其捍卫国家主权的做法亦是无可厚非的。① 国内学者通过对发现原则的运用,合理且充分地说明了中国对南海诸岛享有正当主权。② 有学者则从历史角度出发,阐述了南海群岛被侵略、被归还,以及后续的一系列主权归属问题,其中提及了中国学者对《开罗宣言》的解读,尽管该宣言并未明确表示将西沙群岛和南沙群岛归还给中国,但其实该宣言已经包含上述群岛主权属于中国的意思。③ 有学者则站在批判菲律宾"就近原则"的基础上,指出该原则在理论上存在的荒谬之处,以及在国际实践中缺少可行性,并指出,只有承认中国对南沙群岛的主权,才能真正实现南海的海域和平。④

（三）关于南海岛礁建设的理论争议

关于人工岛屿、结构以及设施的定义,有学者定义为人类在领海、专属经济区、大陆架、群岛水域或由海洋管理的海域内构筑的,通常被用来探索或开发海洋资源,且人工岛屿及附着其上的相关海洋设施也可用于其他目的,例如海洋科学研究、潮汐观测、度假村或住宅、航空码头、交通中心、交通管制等。⑤ 但也有学者对该定义持有不同看法,认为人工岛屿非自然形成的陆地,并主张不应将人工岛屿视为一类仅具备艺术观赏性质的建设,其与自然形成的岛屿之间势必会引起法律和事实层面上的纠纷。此外,还主张应当对人工岛屿与其他对岛屿进行的装置和构造进行区分,因为人工岛屿是由人造或堆积在海床上的天然材料而形成的一块陆地。⑥ 中国有学者认为,岛礁建设是一类广义上的造岛行为,是通过人工方式对已有岛屿进行加固和功能建造的活动。⑦

---

① Greg Austin. The National Interests: Why Beijing's South China Sea Moves Make Sense Now, Mission of the People's Republic of China to the European Union. http://www.china.org.cn/opinion/2015-12/31/content_37429775.htm,最后访问日期：2022 年 9 月 22 日。
② 杨翠柏：《"发现"与中国对南沙群岛的主权》,《社会科学研究》2003 年第 2 期,第 89—92 页。
③ 张明亮：《日本侵占中国西、南沙群岛及后果》,《历史教学》2006 年第 3 期,第 25—29 页。
④ 程爱勤：《解析菲律宾在南沙群岛主权归属上的"邻近原则"——评菲律宾对南沙群岛的主权主张》,《中国边疆史地研究》2002 年第 4 期,第 86—92、119—120 页。
⑤ J. Ashley Roach. *Excessive Maritime Claims* (Fourth Edition). Brill Nijhoff, 2021, p.224.
⑥ Alex G. Oude Elferink. *Artificial Islands, Installations and Structures*. Oxford University Press, 2013, pp.1-6.
⑦ 张政：《〈联合国海洋法公约〉与中国南海岛礁建设问题》,《学术探索》2016 年第 5 期,第 81—85 页。

目前,中国使用"岛礁建设"这一词汇主要用来表明中国在南沙部分岛礁上的吹填工作和后续的功能建设活动。中国自 2013 年开始,逐渐在赤瓜礁、东门礁、华阳礁、南薰礁、永暑礁、美济礁、安达礁和渚碧礁上开展填海工程。我国外交部发言人于 2015 年 6 月宣布,中国将停止填海工程并进行后续的相关功能设施建设。针对中国在南海的岛礁建设行为,以美、日为代表的域外大国和诸多学者均出于自身国家利益的考量,对该活动表示出深切关注,也做出了不同反应。

美国学者认为,中国在南海的岛礁建设行为属于挑衅行为。美国前助理国务卿丹尼尔·罗素(Daniel Russel)认为,中国的南海岛礁建设行为具备明显的军事性质、极强的条理性和规划性,建设速度极快,甚至有在短期内覆盖小型雷达的计划,有着提供小型军事力量的可能性。[1] 此外,一直在南海问题上未做任何具体表示的澳大利亚在强烈反对对南海采取一切武力行动的同时,也对中国在南海单方面的岛礁建设活动表示关切。澳大利亚学者认为,澳大利亚反对中国在南海进行岛礁建设活动的原因或许是担忧该建设活动将会使澳大利亚在南海的经济利益遭受损害。[2] 而俄罗斯针对中国在南海的岛礁建设活动的态度和立场则具有两面性,一方面,欧洲仍然是俄罗斯的国际战略重点,其在南海的利益并不会因中国的岛礁建设而有所影响,也不必因此介入南海争端,引起与其他东南亚国家的关系恶化;另一方面,目前俄罗斯尚无意愿和充足能力与美国在南海形成对抗。但俄罗斯亦对中国在南海的岛礁建设活动表示担忧,也并未对后续的相关功能建设活动放松警惕。[3] 日本政府则一直对中国在南海的岛礁建设行为表示反对,在中国说明将继续在部分岛礁进行后续的功能建设行为后,日本还联合菲律宾在南海展开多次联合军事演习活动,以表明其立场与态度。[1]

---

① 邢瑞利、刘艳峰:《中国南海岛礁建设与域外大国反应》,《国际关系研究》2015 年第 5 期,第 141 页。

② Benjamin Schreer. What Australia Should Do in the South China Sea, Australian Strategic Policy Institute, June 26, 2014, http://www.aspistrategist.org.au/what-australia-should-do-in-the-south-china-sea.

③ Mu Chunshan. Why Doesn't Russia Support China in the South China Sea, Institute for Maritime and Ocean Affairs, https://www.imoa.ph/doesnt-russia-support-china-south-china-sea.

④ 《与菲在具争议南中国海联合军演,日军机首次靠近南沙海域》,中国南海研究院,http://restapi.nanhai.org.cn/info-detail/22/1319.html,最后访问日期:2022 年 9 月 22 日。

综上分析,中国学者的研究主要集中于对"发现原则""先占原则"以及时际法原则的运用;而国外学者则主要在历史学和法理学的研究角度上寻找中国对南海诸岛拥有主权说法的纰漏之处,因此有必要从实践的角度进一步分析。

三、南海部分海洋地物的性质认定与岛礁建设的实践认知

（一）南海周边国家对部分海洋地物性质的认定与岛礁建设情况

自 20 世纪 70 年代以来,南海周边部分国家,例如越南、菲律宾、马来西亚、印度尼西亚以及文莱等,纷纷采取行动对南海诸岛提出主权要求（见表 2-9）。迄今为止,越南已经侵占 29 个南海岛礁,并在南沙群岛西部、西沙群岛以南以及北部湾湾口等敏感海域进行油气勘探与开采,并进一步加大在南海的捕捞强度。菲律宾目前已经武装占领 9 个南沙岛礁,且在所占岛礁上逐一进行岛礁建设,并对中国在南海的部分岛礁要求进行"单岛定性",以此矮化岛屿性质,削减中国在南海的海洋权益。菲律宾通过"领海基线法案",将本国领海基线扩展至"条约界限"的做法亦引起了美国、澳大利亚、保加利亚、捷克斯洛伐克、苏联等不满。[①] 美国政府于 1961 年和 1969 年对菲律宾共和国政府关于"内水"的规定提出抗议,并指出国家的权利和义务应当是由传统的国际法确定的。即使国家不接受这种说法,它们的国内立法也不能扩大根据国际法享有的国家权利。[②]

与其他南海周边国家相比,马来西亚是最早与中国产生南海争端的国家,除其侵占的南海岛礁之外,马来西亚还一直主张因其所占岛礁位于本国大陆架之上,故这些岛礁的主权理所应当地归其所有。2019 年 12 月 12 日,马来西亚根据 UNCLOS 第 76 条第 8 款,向联合国大陆架边界委员会提交了南海北部 200 海里以外大陆架边界资料。马来西亚主张严重侵犯了中国南海主权和海洋权益,中国外交部照会联合国秘书长表示抗议,重申中国对南海诸岛及其附近海疆拥有主权、主权权利和管辖权。与越南、菲律宾的南海政策不同的是,马来西亚认为南海争端不应将域外大国牵涉其中,而是应当在东盟框架下,通过和平协商的方式解决争议。

---

① 李金明：《南海争端与国际海洋法》,海洋出版社 2003 年版,第 78 页。

② J. Ashley Roach, *Excessive Maritime Claims* (Fourth Edition). Brill Nijhoff, 2021, p.209.

表 2-9　南海周边国家对部分海洋地物性质的认定与岛礁建设情况

争议国家	国家立法	占据岛礁情况	岛礁建设情况
越南	2013 年 1 月 1 日生效的《越南海洋法》声称对南沙群岛和西沙群岛(越南称为长沙、黄沙群岛)的全部岛礁拥有主权①	目前越南实际控制南海岛礁 29 个：南子岛(1975.4.14 占据)、敦谦沙洲(1975.4.25 占据)、鸿麻岛(1975.4.27 占据)、景宏岛(1975.4.27 占据)、南威岛(1975.4.29 占据)、安波沙洲(1975.4.29 占据)、染青沙洲(1978.3.23 占据)、中礁(1975.4.2 占据)、毕生礁(1987.4.10 占据)、柏礁(1987.2 占据)、西礁(1987.12.30 占据)、无乜礁(1988.1.26 占据)、日积礁(1988.2.5 占据)、大现礁(1988.2.6 占据)、东礁(1988.2.19 占据)、六门礁(1988.2.27 占据)、南华礁(1988.3.2 占据)、舶兰礁(1988.3.15 占据)、奈罗礁(1988.3.24 占据)、鬼喊礁(1988.6.28 占据)、琼礁(1988.6.28 占据)、蓬勃堡礁(1989.6.30 占据)、广雅滩(1989.6.30 占据)、万安滩(1989.7.5 占据)、西卫滩(1990.11.4 占据)、李准滩(1991.11.3 占据)、人骏滩(1993.11.30 占据)、金盾暗沙(1998.6 占据)、奥南暗沙(1998.6 占据)②	1. 西礁露出水面的陆地面积 70 英亩(约 0.283 平方公里),大部分是在 2013—2016 填海造地完成。西礁上出现了大量的新建筑,包括数个海防设施、行政大楼、混凝土设施和掩体,以及一个可能用于通信或接收信号情报的大型塔状结构 2. 景宏岛在过去两年里也发生了巨大变化,其中最显著的是沿着海岸线建造了一系列防御设施 3. 越南在南沙占领岛礁上建造的混凝土设施主要分为三类：一是长方形的防空系统发射阵地；二是半圆形的混凝土平台设施,可能也是用于防御武器系统；三是较小的圆形平台设施,它们往往朝内部署,并与海岸边的掩体相连 4. 越南在毕生礁和鸿麻岛上各增添了一个对空雷达,内部预计装有未知的传感器或通信系统,还建设了数幢行政大楼 5. 在南威岛上,越南建成了一个小型对空雷达站与几座新建筑 6. 越南在染青沙洲(Grierson Reef)和中礁上都建起了大型行政楼。越南还在大部分都淹没在水下的东礁(East Reef)和六门礁(Alison Reef)上扩建了两个碉堡形设施,并与岛礁上之前的碉堡形建筑相连③

① 阮洪滔、杨桥光：《〈越南海洋法〉：新形势下落实海洋战略的重要工具》,《南洋问题研究》2012 年第 1 期,第 97—102 页。

② 李金明：《南海争端与国际海洋法》,海洋出版社 2003 年版,第 6 页。

③ 宋润茜：《越南在南沙所占岛礁的建设和军事部署情况》,中国南海研究院,http://www.nanhai.org.cn/review_c/525.html,最后访问日期：2022 年 8 月 7 日。

（续表）

争议国家	国家立法	占据岛礁情况	岛礁建设情况
菲律宾	1. 1968 年《领海基线修正案》 2. 1978 年《设立专属经济区及其他事项》宣布了 200 海里的专属经济区,将中国南沙群岛东部 41 万平方公里海域划入其领海① 3. 2009 年 3 月 10 日通过的《领海基线法案》将黄岩岛和南沙群岛的几个岛礁划归为菲律宾领土	从 1970 年 9 月占领马欢岛开始截至 1999 年菲律宾共占南沙群岛中的 9 个岛屿,分别是:马欢岛(1970.9.11 占据)、费信岛(1970.9 占据)、中业岛(1971.5.9 占据)、南钥岛(1971.7.14 占据)、北子岛(1971.7.30 占据)、西月岛(1971.7.30 占据)、双黄沙洲(1978.3.4 占据)、司令礁(1980.7.28 占据)、仁爱礁(1999 年新占)②	菲律宾同样在各占据的岛礁上派有驻军,建有各种军事设施。目前菲律宾已在所占岛礁上修建了两个小型空军基地,将 3 个岛礁建成陆军基地,并改善所占岛礁设施,提高岛礁的防御能力
马来西亚	1. 1979 年,马来西亚发布了一张新地图,正式将南沙群岛南部分岛礁列入马来西亚版图 2. 1984 年《专属经济区法》,将专属经济区延伸至 200 海里③	目前,马来西亚武装占据的南沙群岛岛礁有:弹丸礁(1983.8.20 占据)、光星仔礁(1986.10.9 占据)、南海礁(1986.10 占据)、榆亚暗沙(1999.4 占据)、簸箕礁(1999.4 占据)	1. 马来西亚在弹丸礁上建立了海军基地,将其逐步建设成人工岛,并通过对该岛的大力开发,以实现对弹丸礁的实际控制 2. 马来西亚在榆亚暗沙造了建筑,修建了雷达,还有用于直升机起落的跑道
中国	1. 中国对南海诸岛的权利主张有着充分的国际法依据和历史渊源④ 2. 中国对南海享有主权不可否认,甚至一些南海争端的周边国家也承认中国对南海享有主权,包括越南、马来西亚、菲律宾、印度尼西亚、日本、美国、法国等 3. 1992 年《中华人民共和国领海及毗连区法》明确中华人民共和国	中国大陆现在南沙群岛拥有 7 个岛礁:渚碧礁、南薰礁、东门礁、赤瓜礁、永暑礁、华阳礁和美济礁。我国台湾地区目前仍占据着南沙群岛最大的太平岛⑤	1. 在永暑礁上设有受联合国科教文组织委托建立的海洋观测站,在美济礁设有渔船避风港等 2. 太平岛上设有一个雷达站、一个气象中心、一个电厂,也建有各种通信设备及简易机场等

① 张海文、张桂红:《世界海洋法译丛》(亚洲卷),青岛出版社 2017 年版,第 171 页。
② 李金明:《南海争端与国际海洋法》,海洋出版社 2003 年版,第 8 页。
③ 张海文、张桂红:世界海洋法译丛(亚洲卷),青岛出版社 2017 年版,第 129 页。
④ 张乃根:《中国对南海诸岛屿领土主权的一般国际法依据》,《甘肃社会科学》2017 年第 6 期,第 122－128 页。
⑤ 李金明:《南海争端与国际海洋法》,海洋出版社 2003 年版,第 9 页。

（续表）

争议国家	国家立法	占据岛礁情况	岛礁建设情况
中国	陆地领土的范围 4. 1996 年《关于中华人民共和国领海基线的声明》宣布中华人民共和国大陆领海的部分基线和西沙群岛的领海基线	—	—
文莱	1. 声称对南沙群岛西南端的南通礁（文莱称之为路易莎）享有主权，并分割了南沙海域 3 000 平方公里 2. 1982 年《文莱领水法》	南通礁（声称主权，未驻守）	文莱已在南海开发气田 5 个、油田 9 个，年产天然气 90 亿立方米、原油 700 多万吨，并拟在此基础上进一步加大开发力度①
印度尼西亚	1. 自 1966 年以来，印度尼西亚划分的海上协议区，侵入南沙海域 5 万平方公里 2. 1996 年《印度尼西亚水域法》明确领土范围和群岛基线 3. 1998 年《印度尼西亚在纳土纳海群岛基线的基点地理坐标表》和《对〈印度尼西亚在纳土纳海群岛基线的基点地理坐标表〉的解释》声称纳土纳海为印度尼西亚管辖海域	无	无

　　印度尼西亚在与中国的南海争端中，并未涉及岛屿主权争议，只体现在因海洋资源的获取而引起的海洋划界之争上。1980 年，印度尼西亚发布《关于印度尼西亚专属经济区的宣言》，将其专属经济区宽度从领海宽度基线量起向外延伸至 200 海里，这与中国主张的专属经济区存在一定的重叠，②且印度尼西亚官方还单方面将中国在南海的部分管辖海域划入其本国领土范围，被其命名为

---

① 赵焕庭：《南沙群岛开发区划初步研究》，《热带地理》1998 年第 3 期，第 221—226 页。
② 李金明：《南海争端与国际海洋法》，海洋出版社 2003 年版，第 99 页。

"纳土纳海",并设置为专属经济区,为其掠夺南海资源提供"正当的法律来源"。

文莱作为东南亚人口最少的国家,却拥有不俗的综合国力。表面上虽没有使用武力占据南沙岛礁的行为,却声称对南通礁拥有主权,但其所主张的专属经济区与包括中国在内的南海周边国家存在重叠。与上述几国对南海主张不同的是,文莱对中国"搁置争议,共同开发"保持着一种积极且较为配合的态度。

自 20 世纪 70 年代开始,中国在南海的部分岛礁被南海周边国家陆续侵占、瓜分,并对中国提出的对南海诸岛享有的主权提出抗议。马来西亚、越南和菲律宾等国甚至对部分岛礁进行军事占领,文莱虽针对部分岛礁提出声明,却一直未有实际行动,而印度尼西亚则对部分海域进行实际控制。截至目前,除中国人民解放军在南海控制的 7 个岛礁和中国台湾地区控制下的太平岛外,我国在南海实控岛礁超过 140 个,部分岛礁仍在周边国家之手,其中尤以越南军事侵占范围最大,并对南海诸岛提出全部主权的主张。涉及南海争端的六国七方,支撑各自主张的依据无非两点:一是历史依据,然而目前除了中国以外,尚未有任何一个国家能够拿出令国际社会普遍接受与认可的历史依据。二是法理依据,主要是在 UNCLOS 中挑选对维护本国海洋权益有利的字句予以解释,并通过国内立法的方式为其侵占与掠夺中国南海诸岛的事实做出掩盖和正名。

（二）部分海洋地物的性质认定与岛礁建设的国际司法实践

海洋地物的性质认定直接关系海洋划界与国家主权争端,故正确定位海洋地物的法律地位,对岛礁之辩作出分析与确认、阐述岩礁定义、厘清岩礁与岛屿之间的关系具有重要的现实意义。

1. 海洋地物性质认定的司法实践

在 1977 年"英法大陆架划界案"中,英法双方就埃迪斯通礁的法律属性存在争议,一方认为是岛屿,而另一方则认为是低潮高地。仲裁庭在裁决时,并未对岛屿和低潮高地的内涵进行解释与区分,而是凭借一系列法国对此事表决态度的文件中,认定法国的最终立场。① 在 2009 年"罗马尼亚和乌克兰蛇岛案"中,双方对蛇岛的法律属性存在争议,其中乌克兰认为蛇岛应

---

① *Court of Arbitration constituted under an Agreement: Delimitation of the Continental Shelf* (*United Kingdom of Great Britain and Northern Ireland and the French Republic*). Cambridge University Press 1977，pp.121 - 144.

属于 UNCLOS 第 121 条第 2 款中规定的岛屿,但罗马尼亚认为,蛇岛并不具备岛屿的基本特征,应被归于 UNCLOS 第 121 条第 3 款中的岩礁。基于此,两国请求国际法院对蛇岛性质进行判定,从司法角度明确蛇岛的法律地位。但国际法院一如既往地对岛礁之间地判别标准进行回避,以蛇岛的地理位置为由,认为据其而有可能产生的海域只会被乌克兰本土海域直接吸收,而不会扩展成为额外的归属于乌克兰管辖的海域,故不必对其进行明确的法律定位。① 2012 年的"尼加拉瓜诉哥伦比亚领土与海洋争端案",争议双方对 Quitasueno 岛礁的法律属性持有不同看法,尼加拉瓜认为,Quitasueno 内所有海洋地物在高潮时均会没入水中,应当属于浅滩,而哥伦比亚则认为,Quitasueno 中有 34 个海洋地物具备岛屿的构成要件,应被视为岛屿。② 仲裁庭根据 UNCLOS 第 121 条第 3 款将其列为岩礁,较为遗憾的是,仲裁庭并未对裁决原因作出详细说明。另外,国际法院对 UNCLOS 作出回避解释的情形同样体现在"丹麦诉挪威格陵兰与扬马延岛海域划界案"中。丹麦认为扬马延岛符合 UNCLOS 规定的岩礁,而挪威对此表示不认可。国际法院在审理过程中,采用比较扬马延岛与格林兰海岸线长度比的方式来确定是否应当赋予扬马延以专属经济区的法律地位,却再次回避了海洋地物的法律性质与定位的问题。③

由此观之,此前国际司法机关和仲裁机构在审理有关"岩礁之辩"等判别海洋地物性质的司法案件时,尽管其具有多次机会可对 UNCLOS 第 121 条中的第 2 款和第 3 款进行解释说明,并对涉及海洋地物的性质认定给予明确答复,却选择了回避,最终以争议海洋地物的双方共识作出判决,通过考察涉案岛礁在海洋划界中发挥作用大小或存在与否来解决问题。④

2. 岛礁建设的国家和司法实践

目前,国际上较为常见的造岛方式主要体现为添附。添附指土地面积的增加,一般包括自然添附和人为添附,其中人为添附的典型实践便是

① Denmark v. Norway, Judgement. I. C. J. Reports, 2009.

② Nicaragua v. Colombia, I. C. J. Reports, 2012, p.238.

③ Maritime Delimitation in the Area between Greenland and JanMayen (Denmark v. Norway) Judgement. I. C. J. Reports, 1993.

④ 叶泉:《岛礁之辨的分歧及其消解路径》,《北京理工大学学报(社会科学版)》2018 年第 5 期,第 119—128 页。

填海造陆,以达到国家土地面积增加的目的,这也是当前国际实践中适用最为广泛的一类。自 2013 年以来,中国对控制的南海 7 个岛礁逐渐展开建设活动,这属于国际法上的人工添附,国际上亦存在许多相关的人工添附的国家实践,例如日本、新加坡、摩纳哥,以及现代国际法的发源地荷兰——其当前国土面积的 20% 都是通过围海造地的方式取得;[1]日本扩建岛礁的领土面积大约占其全部国土面积的 1/3;[2]韩国的仁川机场、釜山新港同样是韩国围海造田的结果,历时 19 年的新万金填海造地工程,海堤围出的面积多达 401 平方公里;[3]自 1981 年以来,摩纳哥通过填海造地的方式扩大了 12% 的国家领土;马尔代夫首都马累岛的面积增加了 1/3;巴林填海造地的面积更为广阔,约为 410 万平方公里,几乎占原有国土的 76.3%。[4] 可以看出,通过陆域吹填进行岛礁扩建具有充分的国际实践基础。

在"马来西亚诉新加坡柔福海峡案"中,新加坡自 20 世纪 60 年代开始便在柔福海峡附近围海造地,并使得其国土面积增加了一百多平方公里,比原来的国土面积增加了 20%,由此引发了邻国马来西亚的不满,进而引发了著名的"新马填海案"。2003 年 9 月 5 日,马来西亚向国际海洋法法庭提出临时措施申请,请求责令新加坡停止在德光岛和大土地区的填海活动。[5]马来西亚认为,新加坡的围海造田行为严重破坏了海洋环境,对水流导向和泥沙沉积状态都会造成影响,亦侵犯了其领海权益。而新加坡则对马来西亚的主张表示强烈抗议,针对马来西亚的各项申请逐一驳斥。但法庭驳回了马来西亚的诉讼请求,裁决新加坡胜诉。此案最终于 2005 年 4 月 26 日以双方当事国谈判协商解决。协议载明,新加坡将对马来西亚因填海工程遭受损失的渔民予以一定补偿;同时,马来西亚应当从国际海洋法法庭撤回案件。必要时,新加坡也应当对其填海工程做出一定调整。

综上可知,填海造地或岛礁扩建行为在国际法上并不会必然引起海域管辖权的合法性问题,同样也并不会必然引起因岛礁领土面积增加而扩大

---

① 叶强:《南沙岛礁建设报告:中国岛礁扩建占三条理》,凤凰网,https://pit.ifeng.com/dacankao/kuodaosanli/1.shtml,最后访问日期:2022 年 9 月 10 日。

② 郭中元、邹立刚:《中国南海岛礁建设的合法合理合情性》,《南海法学》2017 年第 2 期,第 91—98 页。

③ 邢建芬、陈尚:《新万金围填海工程的启示》,《中国海洋报》2010 年 2 月 5 日。

④《世界沿海国家如何围填海》,《经济日报》2010 年 9 月 1 日。

⑤ 吴士存:《国际海洋法最新案例精选》,中国民主法制出版社 2016 年版,第 253 页。

国家的海洋权利。

四、中国在南海进行岛礁建设的必要性

近年来，随着海平面上升，人工岛屿被证明可以被用作人类的栖息地，起到扩充和保护陆地的作用。在推动旅游经济发展和资源获取方面发挥作用。但纵观国际海洋发展历史，即便是 UNCLOS 也并未明确人工岛屿的法律地位与效力，人工岛屿并不具备同自然岛屿一致的海洋划界效力和海域权利。中国对南沙群岛 7 个岛礁进行陆域吹填，是通过人为添附从而扩大国家领土范围的合法行为，不会以单个岛礁为依据主张南海海洋权利，也没有损害任何国家的利益及国际社会的共同利益，而是在国际法框架下强化现有领土的有效控制。①

（一）基于民用目的和必要的国防需求

中国在南沙群岛构筑的一系列功能设施的主要目的是从民用角度出发，且在一定程度上也满足必要的国防需求。首先，功能设施的最初建设目的既在于满足岛礁上观测站工作人员的日常生活需求，主要以医院、农场以及太阳能发电厂为主。其次，岛礁上部分功能设施的建设也有着提高海上航行服务与质量的目的，例如易于分辨船舶的灯塔和便于船舶停靠的港口以及发生海难事故时急需的应急救援设施。再次，基于海洋环境保护义务和海洋科研自由而建设的海洋观测中心和海洋科研中心，以及一些对岛礁上可能产生的废物、废水、和污水的处理设施。最后，在岛礁上建设的功能设施，例如军用机场和卫星观测台等都具有防备外国军舰、军机以及巩固本国国防安全的需要。因此，中国对南海诸岛的建设行为实际上是对国际法一般义务的履行。

（二）有效落实和履行《宣言》及 UNCLOS 的正当行动

UNCLOS 第 74 和 83 条是关于"临时安排"的规定，2002 年《南海各方行为宣言》（简称《宣言》）同样是解决争议的临时安排。《宣言》第 5、6 条是有关

---

① 叶强：《岛礁建设的法律正当性》，中国南海研究院，http://www.nanhai.org.cn/review_c/155.html，最后访问日期：2022 年 9 月 8 日。

争议解决的规定,中国在南海的岛礁建设是在不违反《宣言》的基础上履行相应的国际义务和责任。而 UNCLOS 关于海洋环境保护和保全义务尤以第 192 条最为简明扼要,第 193、194 以及 197 条也从其他角度对该项义务作出了规定,第 206 条要求各国应就严重影响海洋环境的活动,提交环境影响评价报告。中国原国家海洋局在 2015 年 6 月提交的两份研究评估报告中对南沙岛礁的大规模建设活动进行了研究与论证,证明人工建设活动并没有对南沙岛礁的海洋生态环境和珊瑚生态系统造成不利影响。南沙群岛珊瑚礁的亚健康状态是自然因素与人为因素共同作用下的结果,并非单纯归因于中国的岛礁建设行为。[1] 从当前岛礁建设的基本进度来看,第一阶段是陆域吹填,明显属于添附性质,并不违反 UNCLOS 规定的保护与保全海洋环境等国际法义务。

（三）巩固国家主权和维护正当海洋权益的必然选择

近年来,南海周边国家对南海内所控岛礁进行的非法建设等行为屡见不鲜,却迟迟不见以美国为代表的海洋国家的非议与指责,而其在中国对南沙岛礁开展功能设施建设和部分填海造岛行为时,展开无端非议,强加给中国"硬性标准"。[2] 美国对菲律宾非法侵占南海岛礁的违法行为坐视不理,却始终主张中国对享有主权的岛礁建设行为是对航行自由原则的破坏,意图否认中国合法的海洋权益。且部分南海周边国家在岛礁建设时进行的军备扩张,已为南海争端刻意蓄热,并威胁中国的海防安全。为了巩固国家主权、维护正当海洋权益,中国通过立法和行政措施强化对南海诸岛的有效管理,并没有危害或阻碍 UNCLOS 第 74 条第 3 款和 83 条第 3 款规定的"最终协议"的达成。通过"有效控制"原则强化领土主权,实际上是对国际海洋法克制义务的履行。

第五节　大陆国家远洋群岛的直线基线

依据适用法律的不同,群岛可以被划分为沿岸群岛、远洋群岛以及群岛

---

[1] 叶强:《南沙岛礁建设报告》,凤凰网,https://pit.ifeng.com/report/special/daojiaojianshe/chapter3.shtml,最后访问日期:2022 年 9 月 8 日。

[2] 赵心:《从国际法角度解读中国南沙岛礁建设的法律性质问题》,《理论与改革》2015 年第 6 期,第 158—161 页。

国之群岛。其中,远洋群岛一般被认为是距离大陆海岸达到领海宽度两倍以上的、无法构成大陆沿岸组成部分,并被视为统一整体的群岛。[①] 因此,远洋群岛的法律地位相比沿岸群岛一直饱受争议。UNCLOS 第四部分对群岛国的群岛制度进行了较为详细的规定,即群岛国可划定连接群岛最外缘各岛和各干礁的最外缘各点的直线群岛基线,其他国家在群岛基线内的群岛水域里享有无害通过权或群岛海道通过权。目前,已有一定数量的大陆国家运用直线基线以实现群岛整体化。但综合考量地理位置、政治立场以及各国态度等因素不难看出,UNCLOS 规定的群岛制度并未说明是否适用于大陆国家的远洋群岛。因此,就中国南海诸岛而言,中国采用直线基线划定领海范围以及能否适用 UNCLOS 设定的群岛水域制度一直饱受美国指责。自 2011—2022 年 7 月,美国每年都对中国的远洋群岛直线基线提出反对意见(见表 2 - 10)。

表 2 - 10　美国对中国在南海的远洋群岛主张的挑战[②](不完全统计)

时间(年/月/日)	地　　点
2016.10.21	"迪凯特"号导弹驱逐舰进入西沙群岛内水
2017.10.10	"查菲"号导弹驱逐舰进入西沙群岛内水
2018.5.27	"安提坦"号巡洋舰与"希金斯"号驱逐舰进入西沙群岛 4 个岛礁领海及西沙群岛内水
2019.9.13	"韦恩·梅耶"号导弹驱逐舰进入西沙群岛内水
2020.5.28	"马斯廷"号导弹驱逐舰进入西沙群岛内水
2021.2.5	"麦凯恩"号导弹驱逐舰进入西沙群岛内水
2022.1.20	"本福德"号导弹驱逐舰进入西沙群岛内水
2022.7.13	"本福德"号导弹驱逐舰非法闯入西沙领海

[①] 郭静、刘丹:《论群岛制度与大陆国家远洋群岛的实践》,《南海学刊》2016 年第 2 期,第 65—75 页。
[②] 美国国防部官方网站:https://policy.defense.gov/OUSDP-Offices/FON/,最后访问日期:2022 年 5 月 2 日。

一、大陆国家远洋群岛直线基线的中美争议

（一）大陆国家远洋群岛直线基线的美国主张

群岛的特殊地位最早被提出是在 1920 年国际法协会、国际法研究所和美国国际法研究所内部；1930 年海牙国际法编纂会议也讨论了这一提议，但由于当时技术资料的缺乏，这一问题始终没有被提上议程；1951 年"英挪渔业案"判决后，群岛问题渐渐在国际社会上浮现，并开始受到国际社会的广泛关注。早在联合国第三次海洋法会议之前，美国就曾于 1951 年对厄尔多瓜的群岛主张持反对态度，其给出的理由是：除非各个岛屿之间的距离小于 6 海里，否则，群岛的领海应从"各个岛屿"单独量起，宽度为 3 海里。① 在 UNCLOS 第四部分对群岛制度作出规定后，美国仍对葡萄牙、丹麦以及中国的远洋群岛主张表示不满与抗议，并认为这种对远洋群岛直接适用直线基线的做法缺乏国际法上的权威依据。自 20 世纪 70 年代，美国国务院便通过发布《海洋界限》报告的方式，对远洋群岛适用直线基线的大陆国家表示反对与不满。② 2022 年 1 月 12 日，美国国务院发布《海洋界限》第 150 号报告，再一次对中国海洋主张表示反对。

在联合国三次海洋法会议期间，一贯信奉公海自由原则的美国，始终认为大陆国家适用远洋群岛制度会使得全球公海海域面积大范围缩减，从而影响本国的航行自由利益以及政治安全利益。首先，就海洋各类资源而言，美国代表曾在第一次联合国海洋法会议上提出：如果采用直线基线，环绕整个"群岛"划出 12 海里的区域，那么，原本供各国"船舶"使用的公海就会被单方面地划为领海，甚至可能是内水。③ 而当原本划分为公海区域的水域被重新归属为一国领海或内水后，公海自由原则自然无法再次适用，也就使得其原本可以获取的海洋各类资源大范围减少，从而促使相应的经济利益锐减。其次，就航行自由原则而言，对远洋群岛适用 UNCLOS 规定下的

① Appendix No.13 Note, Dated 7th June, 1951, from US to Ecuador' in ICJ Pleadings. Fisheries Case (United Kingdom v. Norway), Vol.4, 603, at 604.

② 白佳玉、冯蔚蔚：《大陆国家远洋群岛制度的国际习惯法分析与我国适用》，《广西大学学报（哲学社会科学版）》2018 年第 2 期，第 82—90 页。

③ U.S. Comments at 10th Meeting of First Committee' in Official Records of UNCLOS, United Nations, https://media.un.org/en/asset/k1x/k1xe9oac90,最后访问日期：2022 年 9 月 22 日。

群岛整体化制度,将会大范围缩减原有公海的范围,从而使得既有的航行自由受到约束与限制,而以美国为首的海洋大国的航行利益也会相应地受到影响。最后,则是从政治安全利益角度出发。从现有的国家群岛实践来看,众多群岛之间的地物往往较易形成一些可供通行或相互替代的海峡,故即使对群岛适用整体性制度,各国航行自由的限制也并非无法解决。但与之相反的是,若未对通行航道进行指定,则可能会给部分远洋群岛所属国带来难以避免的政治安全威胁。而在这种情况下,群岛所属国一贯突出的航行利益也就没有那么重要了。

美国指出,正如国际习惯法所承认的和 UNCLOS 第二部分所反映的,除了 UNCLOS 另有规定外,正常测量领海宽度的基线应以低潮线为准,直线基线只能在特殊的情况下使用,只有群岛国才能划定群岛基线,中国并不是 UNCLOS 所定义的群岛国,因此不能用群岛基线将中国远洋群岛及附近水域包围起来,而应采用低潮线。尽管有学者提出国际习惯法允许用直线基线将群岛包围,[①]实践中也可能有部分岛屿符合 UNCLOS 第 7 条直线基线的标准,但是 UNCLOS 部分缔约国与美国并不承认沿海国提出的远洋群岛适用群岛制度的主张,因此这些主张不能形成国际习惯法。[②] 中国将原本是国际水域的部分划为管辖海域,这种扩大主权的行为侵犯了邻国的专属经济区和大陆架利益,阻碍了他国航行自由的权利。[③] 因此,中国不能依据 UNCLOS 规定的群岛制度主张权利。

(二) 大陆国家远洋群岛直线基线的中国主张

在 UNCLOS 正式生效之前,中国已于 1958 年 9 月 4 日发布《中华人民共和国政府关于领海的声明》,明确了中国领海适用直线基线的划定方法,且此项规定正式适用于中华人民共和国的一切领土,这也说明适用直线基线的规则不仅适用于中国的西沙群岛、钓鱼岛及其附属岛屿,而且包括属于中国的其他远洋群岛。此外,1992 年中国《领海及毗连区法》也正式以立法形式重

---

① J. Ashley Roach. Offshore Archipelagos Enclosed by Straight Baselines: An Excessive Claim? *Ocean Development & International Law*,2018,Vol.4,pp.176 - 202.

② J. Ashley Roach. *Excessive Maritime Claims* (Fourth Edition). Brill Nijhoff,2021,p.123.

③ J. Ashley Roach. *Excessive Maritime Claims* (Fourth Edition). Brill Nijhoff,2021,p.137.

申了中国对南海四大远洋群岛及其附属岛屿的主权,以及在中国领海内适用直线基线划定方法。在此基础上,中国政府于 1996 年 5 月 15 日发布《中国政府关于领海基线的声明》,明确将西沙群岛视作一个完整整体,正式说明其适用直线基线的方法划定领海基线,并对西沙群岛直线基线和基点予以公开。

中国指出:中国东沙群岛、西沙群岛、中沙群岛、南沙群岛在地理、经济和政治上均分别构成一个实体,在历史上亦被分别视为一个实体,符合习惯国际法和 UNCLOS 规定;中国尚未划设东沙群岛、中沙群岛、南沙群岛的领海基线,美国杜撰上述群岛的基线,以此为依据对中方指责,违反了以事实为依据的法律原则。①

二、大陆国家远洋群岛直线基线的理论探讨

从群岛的法律定义与界定来看,依据适用法律以及地理位置的不同,群岛分为几种情形:一是大陆国家的沿海群岛;二是大陆国家的离岸群岛;三是全部或部分岛屿构成的群岛国。大陆国家的沿海群岛又叫"近岸群岛",大陆国家的离岸群岛又叫"远洋群岛"或"洋中群岛",例如"midocean/mid-ocean archipelagos"和"outlying archipelagos",这两种称谓在海洋法学类教材中有时也会出现交叉引用的情况。有学者将"远洋群岛"定义为无法与大陆群岛相连、形成一个完整整体的自为一体的群岛。② 大陆国家远洋群岛具有四大特征:具备群岛的所有特征;离大陆国家的海岸较远,通常认为最少达到 24 海里以上;大陆国家对群岛拥有主权;这些群岛并非构成独立的国家。

在第三次联合国海洋法会议上,大陆国家的远洋群岛与群岛国的群岛被分为两个独立问题进行单独讨论。由印度尼西亚、斐济、毛里求斯以及菲律宾组成的群岛国集团,首次提出了群岛理论。③ 之后有 9 国提出群岛条款不仅应适用于群岛国,而且适用于群岛。④ 但因为以美国为首的海洋大国的反对,群岛国集团也为了尽快通过群岛制度,只能放弃与拥有远洋群岛的

---

① 《中国致力于维护南海的和平、稳定与秩序》,中华人民共和国外交部,http://www1.fmprc.gov.cn/wjb_673085/zzjg_673183/bjhysws_674671/bhzcyfllc/202203/t20220323_10654451.shtml,最后访问日期:2023 年 2 月 20 日。

② J. Evensen. Certain Legal Aspects concerning the Delimitation of the Territorial Waters of Archipelagos. *Official Records of UNCLOS*,Vol.1,No.209,1958,pp.301-302.

③ 姜丽、张洁:《浅析群岛制度的适用及南海划界》,《中国海洋法学评论》2010 年第 1 期,第 156—186 页。

④ 支持的国家包括印度、法国、洪都拉斯、厄瓜多尔、秘鲁、西班牙、智利、加拿大和阿根廷。

大陆国家的合作,最终提议只将群岛制度适用于群岛国,①但也据此导致大陆国家的远洋群岛缺乏制度支持的结果,使得大陆国家远洋群岛的基线制度面临着规则缺失与障碍。

就大陆国家远洋群岛适用的法律制度,不仅各国之间存在争议,而且各国学者也持有不同的看法。对于直线基线的适用情形,在学界有"二元论"与"三元论"的对立观点。一方面,国际海底管理局前秘书长萨切雅·南丹认为,只有符合 UNCLOS 第 7 条第 1 款所规定的"海岸线极为曲折"或者"紧接海岸有一系列岛屿"这两种情况时,沿海国才能适用直线基线制度;②而另有学者认为,UNCLOS 中第 7 条第 2 款规定的"因三角洲和其他自然条件以致海岸线非常不稳定"是与上述两种情况相并列的第三种情况,应当被允许适用直线基线制度。国际法协会最新审议通过的 2018 年基线委员会报告在其第 11 段中已明确地将第三种情况列入其中。③

与适用直线基线制度的限制条件相比,灵活适用直线基线制度的合法性讨论也是各国学者持续关注与争辩的焦点问题。就此类问题的讨论,学者们主要是通过对既有的国际司法判例或者部分国家实践,以及对国际习惯法的判别等方法进行论证。有学者以南沙群岛为例,认为南沙群岛具备适用直线基线制度的合法性,但不应享有较群岛国更为宽松、优越的条件。UNCLOS 并未明确大陆国家的远洋群岛不能适用直线基线制度。④ 有学者从适用可行性角度进行分析,认为基于 UNCLOS 对大陆国家远洋群岛所适用的基线制度并没有作出较为明确的规定,从而使得多数大陆国家远洋群岛适用直线基线制度的国际实践可能缺乏相应的规则障碍。⑤ 有学者认为,大陆国家远洋群岛适用直线基线制度的前提是应当符合整体性条件,并尊重其他国家以往在该片水域所享有的既有权利,并认为大陆国家远洋群岛适用直线基线制度已经构成国际习惯法。⑥

---

① 卜凌嘉、黄靖文:《大陆国家在其远洋群岛适用直线基线问题》,《中山大学法律评论》2013 年第 2 期,第 97—117 页。

② [斐济] 萨特雅·南丹、[以] 沙卜泰·罗森:《1982 年联合国海洋法公约评注》(第二卷),吕文正、毛彬译,海洋出版社 2014 年版,第 72 页。

③ J. Ashley Roach. International Law Association, Baselines under the International Law of Sea. *Final Report*, 2018, p.5.

④ 申钟秀:《直线基线适用的法律问题研究》,武汉大学博士学位论文,2019 年。

⑤ 周江:《论洋中群岛的领海基线划定》,《法商研究》2015 年第 4 期,第 159—167 页。

⑥ 张华:《中国洋中群岛适用直线基线的合法性:国际习惯法的视角》,《外交评论(外交学院学报)》2014 年第 2 期,第 133—147 页。

因此,可以考虑将大陆国家远洋群岛视为一个整体,既满足适用直线基线的条件,又符合 UNCLOS 规定和 UNCLOS 精神。

另外,同样需指出的是,不少学者在关于大陆国家远洋群岛适用直线制度的研究中,多数并非以"基线"为题,而是代之以"群岛",这充分说明直线基线与群岛制度之间有着较为密切的关系,故关于大陆国家的远洋群岛是否能够直接适用群岛制度,也在国内外学者的研究重点之列。韩国学者朴椿浩认为,只有由众多岛屿组成的群岛国才能够适用群岛制度,故大陆国家的远洋群岛并不能适用群岛制度,即不能适用 UNCLOS 第 47 条的规定。[①]而英国著名海洋法专家则持有相反的意见,认为 UNCLOS 第 47 条的规定有额外限制之嫌,该条款的存在设置是不合理的。[②]

国内学者研究讨论的重点亦集中在 UNCLOS 第 7 和 47 条上。有学者认为,从群岛国和大陆国家远洋群岛的性质出发,不难看出两者之间极具相似之处,这也说明不是只有群岛国才可以适用 UNCLOS 第 47 条规定的群岛制度,大陆国家的远洋群岛同样适用于该制度。[③]有学者持相反的观点,认为将 UNCLOS 第 47 条的内容完全适用于南海诸岛是行不通的,群岛国制度应仅限于群岛国。[④]有学者经过对大陆国家远洋群岛适用直线基线的国家实践的考察,认为远洋群岛适用直线基线尚未形成国际习惯法规则。[⑤]因此,在 UNCLOS 没有明确规定的情况下,有必要对大陆国家远洋群岛直线基线是否形成国际习惯法予以考察。

三、大陆国家远洋群岛直线基线的实践认知

（一）大陆国家远洋群岛直线基线的国家立法与实践

根据 UNCLOS 第 47 条规定,群岛基线由连接群岛最外缘各岛和各干礁最外缘各点的直线连线组成。这项规定只适用于群岛国的群岛,并非大陆国家的远洋群岛。虽然 UNCLOS 将群岛水域制度限制在群岛国范围内,但这

① Churchill R. Rolf & Lowe A. Vaughan. *The Law of the Sea*. Manchester University Press, 1999, pp.120－121.
② Churchill R. Rolf & Lowe A. Vaughan. *The Law of the Sea*. Manchester University Press, 1999, p.40.
③ 高建军:《中国与国际海洋法》,海洋出版社 2001 年版,第 138 页。
④ 赵理海:《关于南海诸岛的若干法律问题》,《法制与社会发展》1995 年第 4 期,第 50—63 页。
⑤ 包毅楠:《论大陆国家的洋中群岛制度》,《上海大学学报(社会科学版)》2020 年第 1 期,第 77—93 页。

并不表示大陆国家远洋群岛的性质与群岛国的群岛性质不同。只不过在第三次联合国海洋法大会的会议中,由于大陆国家的远洋群岛是否适用群岛国群岛的规定一直存在争议,故最终被回避。而且,UNCLOS也没有对大陆国家的远洋群岛适用何种基线作出规定,最终在国际海洋法中形成了法律真空。正是基于UNCLOS上存在的制度设计空白,使得目前国际上对于大陆国家的远洋群岛应当适用何种法律制度而存在不同的理论态度和国家实践。

　　总结群岛国的海洋立法与实践,群岛国关于群岛制度的规定大致如下:① 规定群岛水域的范围,明确群岛水域是指除内水外群岛基线所包围的任何水域;② 规定群岛基线,明确群岛基线的测量方法;③ 规定群岛主权,明确群岛的法律地位;④ 规定群岛通行制度,明确群岛通行制度包括外国船舶的无害通过权和群岛海道通行权。印度尼西亚是最早提出群岛制度的国家,在其之后,群岛国纷纷开始在国内立法规定适用群岛制度。有的群岛国虽然是UNCLOS的缔约国,但是并没有在国内规定适用群岛制度,例如日本。在非群岛国的实践中,并没有明确规定将其管辖水域划分出群岛水域的相关立法,但有部分国家颁有法令,对其远离海岸的群岛采用直线基线作为领海基线,主张群岛附近水域的主权和主权权利(见表2-11)。

表 2 - 11　远洋群岛直线基线的国家立法[①]

大陆国家	远 洋 群 岛	法律文件或声明
法　国	凯尔盖朗群岛 (les Kerguelen) 直线基线	1978 年 1 月 11 日第 78—112 号法令
	瓜德罗普群岛 (Guadeloupe) 混合基线	1999 年 4 月 21 日第 99－324 号法令
	洛亚蒂群岛 (Loyalty Islands), 又称罗亚尔特群岛 直线基线	2002 年 5 月 3 日第 827 号法令

① 数据来源: 1. J. Ashley Roach. *Excessive Maritime Claims* (Fourth Edition). Brill Nijhoff, 2021, pp.125-137; 2. 中国国际法学会:《南海仲裁案裁决之批判》,外文出版社 2018 年版,第 241—246 页。

（续表）

大陆国家	远洋群岛	法律文件或声明
挪威	斯瓦尔巴群岛 （Svalbard Ar chipelago） 直线基线	1970 年 9 月 25 日皇家法令
	卡尔王地群岛 （Kong Karls Land） 直线基线	2001 年 6 月 1 日《关于斯瓦尔巴群岛周围的挪威领海界限的规定》
丹麦	西兰群岛和莱斯群岛 Zealand and Læsø 直线基线	2003 年 7 月 18 日第 680 号执行命令
	法罗群岛 Faroe Islands 直线基线	1976 年 12 月 21 日第 599 号法令《关于法罗群岛领海划界的法令》
澳大利亚	弗诺群岛 （Furneaux Group） 混合基线	1983 年 2 月 4 日《内部界限（基线）声明》
	霍特曼·阿布洛霍斯群岛 （Houtman Abrolhos） 直线基线	
厄瓜多尔	加拉帕戈斯群岛 （Galapagos）， 即科隆群岛 直线基线	1970 年 2 月 27 日第 256—CLP 号法令
		1971 年 6 月 28 日第 959—A 号最高法令
中国	西沙群岛 （Paracel Islands） 直线基线	1958 年《中华人民共和国政府关于领海的声明》 1992 年《中华人民共和国领海及毗连区法》 1996 年《中国政府关于领海基线的声明》 2012 年《中华人民共和国政府关于钓鱼岛及其附属岛屿领海基线的声明》
	钓鱼岛及其附属岛屿 （Diaoyu Dao） 直线基线	
西班牙	加那利群岛 （Canary Islands） 直线基线	1977 年 8 月 5 日《第 2510/1977 号皇家法令》
	巴利阿里群岛 （Balearic Islands） 直线基线	

（续表）

大陆国家	远 洋 群 岛	法律文件或声明
葡萄牙	亚速尔群岛 （Azores Islands） 群岛基线	1985 年 11 月 29 日《第 495/85 号法令》
	马德拉群岛 （Madeira Islands） 群岛基线	
英　国	特克斯和凯科斯群岛 （Turks and Caicos Island） 混合基线	1989 年《第 1996 号领海法令》
	福克兰群岛 （Falkland Islands） 直线基线	1989 年《第 1993 号领海法令》
印　度	安达曼-尼科巴群岛 （Andaman and Nicobar Islands） 直线基线	1976 年 5 月 28 日第 80 号法令《领海、毗连区、专属经济区和其他海洋区域法》 2009 年 5 月 11 日第 71 号声明《关于基线制度的海洋公告》 2009 年 5 月 11 日第 72 号声明《关于基线制度修正的海洋公告》
	拉克沙群岛 （Lakshadweep） 直线基线	
缅　甸	普雷帕里斯群岛 （Preparis Islands） 直线基线	2008 年 12 月 5 日第 8 号国家、和平与发展委员会法案《修正的领海与海洋区域法》
	科科群岛 （Co Co Islands） 直线基线	
厄立特里亚	达赫拉克群岛 （Dahlak Islands） 直线基线	1952 年第 126 号联邦公告
阿根廷	马尔维纳斯群岛 （Malvinas Islands）， 即"福克兰群岛" 尚有争议	1991 年 8 月 14 日第 23.968 号法案
苏　丹	所属群岛可划直线基线 尚未划出基线	1970 年领海和大陆架法案

（续表）

大陆国家	远 洋 群 岛	法律文件或声明
伊　朗	所属群岛整体性 尚未划出基线	1993 年《波斯湾和阿曼海洋区域法》
叙利亚	所属群岛整体性 尚未划出基线	2003 年 11 月 8 日第 28 号法令
阿联酋	所属群岛整体性 尚未划出基线	1993 年 10 月 17 日第 19 号联邦法令

　　表 2-11 列出的是对远洋群岛适用直线基线的国家,其中美国对中国、法国、丹麦、挪威、厄瓜多尔、葡萄牙、英国、阿根廷、缅甸、西班牙等 10 国提出了反对意见。[①] 在适用远洋群岛直线基线的国家中,各国均根据本国的历史及地理情况分别标出了基点。例如,南斯拉夫划定了 245 海里的直线基线连接南斯拉夫沿岸的岛屿;法国有一个可追溯 1967 年的直线基线,全长 276 海里,环绕着凹陷的海岸线,与地中海沿岸和科西嘉岛西海岸的岛屿和小岛相连。[②] 实践中,各国分别通过立法、声明、海图公布、交存副本至联合国等国家行为,纷纷表明远洋群岛适用直线基线,[③]例如挪威曾公开发布多条敕令宣布其直线基线的划定;厄瓜多尔曾于 2012 年对其划定加拉帕戈斯直线基线的法令有效性事宜在加入 UNCLOS 时予以声明;[④]葡萄牙也曾公开表示其远洋群岛适用直线基线的法律依据并非 UNCLOS 中规定的群岛制度,而是 UNCLOS 第 121 条,以此证明葡萄牙的做法并非为 UNCLOS 所禁止;[⑤]丹麦针对美国向其提出的抗议明确表态:所涉群岛作为一个整体,整体划定直线基线是符合国际法的。[⑥] 到目前为止,表格中所涉国家均没有因为美国的挑战而改变各自的主张。

---

① J. Ashley Roach. *Excessive Maritime Claims* (Fourth Edition). Brill Nijhoff，2021，pp.125-137.

② Weston D. Burnett. Mediterranean Mare Clausum in the Year 2000 An International Law of Analysis of Peacetime Military Navigation in the Mediterranean—Lieutenant. *Naval Law Review*，1985，p.75.

③ 郭中元、邹立刚:《论离岸群岛适用直线基线的国际法理》,《甘肃政法学院学报》2020 年第 4 期,第 39—40 页。

④ Vladimir Jares. Division for Ocean Affairs and the Law of the Sea，United Nations. https://www.un. org/ola/en/content/div-doalos.

⑤ Portuguese Ministry of Foreign Affairs Note DSA 3057 33/EUA/3 of Nov.28，1986.

⑥ J. Ashley Roach. *Excessive Maritime Claims* (Fourth Edition). Brill Nijhoff，2021，p.126.

目前,澳大利亚和越南提出的远洋群岛适用直线基线没有遭到美国的反对。澳大利亚是一个地理环境比较特殊的国家,位于南太平洋和印度洋之间,由澳大利亚大陆和塔斯马尼亚岛等岛屿和海外领土组成,是世界上唯一独占一个大陆的国家,即使它符合 UNCLOS 中关于群岛国的定义,也不能认为它是一个群岛国,而是一个沿海国。因为大陆和岛屿的界定标准不同,一般认为,面积超过格陵兰岛的就是大陆,面积小于或等于格陵兰岛的就是岛屿,澳大利亚陆地面积所占比重较大,不能被认为是群岛国。澳大利亚具有一般岛屿不具有的与其他大陆一样的地形地貌等地理特点以及气候等自然特征。澳大利亚国内没有关于群岛制度的明确规定,其依据《1973 年海洋与水下陆地法》第 7 条发布的 1983 年 2 月 4 日公告的附件第 4 条规定了与群岛有关的领海基线的测量方法,非常具体明确。其中第 4 条第 2 款规定:"受第五条、第六条和第七条的限制,测算与某州或北部领土包括的岛屿或岛群邻接的领海,以及测算该州或该领土大陆的向海一侧领海宽度的基线由以下线组成……"(第 5—7 条都是关于基线的规定)。[1] 可见,澳大利亚虽然没有明确规定适用群岛制度,但是却明确了领海基线的起划点及详细的测量方法,并且以列表的方式列出了澳大利亚大陆海岸直线基线的基点。

研究南海海域与中国有海洋争端的国家海洋立法,只有《越南海洋法》明确规定了越南适用群岛制度,这是对 UNCLOS 的极大突破,不仅对南海各国产生了极大的震动,而且对世界各国适用 UNCLOS、实践群岛制度也产生了极大的冲击。2012 年,越南单方面在国内通过《越南海洋法》,其第 1 条规定越南对黄沙群岛、长沙群岛和其他群岛的各个岛屿享有国家主权、主权权益;第 19 条明确界定了群岛是各岛屿的总和,包括岛屿的全部、连接的水域及其他一切相互有密切关联的天然成分;第 20—21 条分别规定了岛屿和群岛及其附近水域的划分和法律地位,[2]以此对抢占的中国南海诸岛赋予了"法律"上的地位和意义。针对《越南海洋法》,中国明确表态反对越南主张,坚决维护中国主权完整。[3]

---

[1] 张海文、李红云等:《世界海洋法译丛(大洋洲卷)》,青岛出版社 2017 年版,第 24 页。

[2] 《越南社会主义共和国宪法(2013)》,米良译,《南洋资料译丛》2014 年第 1 期,第 1—14 页。

[3] 《中华人民共和国外交部 2012 年 6 月 21 日就越南国会通过〈越南海洋法〉发表声明》,http://world. people.com.cn/GB/n1/2016/0627/c404981-28481922.html,最后访问日期:2023 年 2 月 23 日。

根据 UNCLOS 规定以及上述国家实践可以看出,公约并没有为大陆国家的远洋群岛适用群岛制度提供明确的国际法基础,但是现实中那些岛屿位置较近且联系紧密的远洋群岛,已有部分沿海国采用不同的形式予以公开宣告适用直线基线,这些国家的实践使沿海国的远洋群岛适用直线基线具有成为国际习惯法规则的趋势。有学者认为,如果大陆国家远洋群岛的直线基线形成国际习惯法,将会导致非群岛国不遵守 UNCLOS 有关群岛国的规定,从而对以 UNCLOS 为代表的现代国际海洋法体系产生负面影响。①

如果想证明大陆国家的远洋群岛可以适用直线基线,就必须通过研究其他国家远洋群岛基线的实践和发展,为中国远洋群岛适用直线基线提供有利的证据和支撑。当前国际社会适用直线基线的做法已经具备一定的国家实践,但是对远洋群岛适用直线基线并不代表一定要适用群岛制度,毕竟单纯的适用直线基线划分的水域范围和法律地位与 UNCLOS 规定的群岛制度划出的水域范围和法律地位不同(见表 2-12)。通过群岛国群岛基线和大陆国家远洋群岛直线基线的比较可以看出,在基线长度、基线内水陆比限制、基线内水域性质、基线内的权利义务都不相同。不难发现,实际上大陆国家远洋群岛如果适用直线基线而不是 UNCLOS 规定的群岛制度,将会扩大沿海国的权利而限缩其他国家的航行和飞越自由。这也就不难理解为何美国如此反对大陆国家远洋群岛的直线基线了。

表 2-12　UNCLOS 群岛国群岛与大陆国家远洋群岛实践对比②

类　别	基线制度	基线长度限制	基线内水陆比限制	基线内水域性质	基线内水域通行权利	基线内水域上空的飞越权利	基线内的资源主权
群岛国	群岛直线基线	有	有	群岛水域	群岛海道通行;海道外可无害通行	群岛海道过境飞越权;海道外无飞越自由	有限定条件的主权
大陆国家远洋群岛实践	直线基线	无	无	内水	不能任意通行	无飞越自由	绝对的主权

① 包毅楠:《论大陆国家的洋中群岛制度》,《上海大学学报(社会科学版)》2020 年第 1 期,第 77—93 页。

② 包毅楠:《论大陆国家的洋中群岛制度》,《上海大学学报(社会科学版)》2020 年第 1 期,第 77—93 页。

（二）大陆国家远洋群岛直线基线的国际习惯法考察

根据 UNCLOS 序言规定可知，对于"本公约未予规定的事项，应继续以一般国际法的规则和原则为准据"。而国际习惯法作为国际法最重要的渊源之一，可以为拥有远洋群岛的大陆国家适用直线基线提供合理的法律基础，且关于远洋群岛直线基线的问题也早已纳入国际法委员会的讨论之中。若要证实大陆国家远洋群岛直线基线具备国际习惯法基础，应当寻找一项或多项已经被各主权国家接受并认可，甚至可能被视为一项基本法律权利或义务的国际惯例。中国代表在"国际法委员会第 68 届会议工作报告"上的发言也指出：国家实践是国际习惯法规则形成的最重要证据，国家实践应是全面的、一贯的和具有充分代表性的，不仅要看以往国家实践，而且要看当前国家实践。特别是在联合国成立后，发展中国家在国际舞台上愈发活跃，在国际规则和国际秩序发展中的作用更加明显，发展中国家的国家实践应受到足够重视，应被视为国际习惯法规则形成的重要证据。[①]《国际习惯法识别的结论草案》明确规定，构成国际惯例的国家实践应当具备一般性，即广泛性和代表性，但国际习惯法的形成并不要求世界各国都普遍参与，只需对主要国家或利益相关国家之国家实践的考察为基础即可。[②]

就国家实践而言，从表 2-11 可以看出，大陆国家远洋群岛适用直线基线的实践已满足广泛性和一般性的要求。国内有学者统计，世界上拥有远洋群岛的大陆国家大约有 21 个，其中 17 个国家在其远洋群岛划定了直线基线，只有美国和希腊等 4 个国家仍在其远洋群岛适用正常基线，英国、法国、澳大利亚对不同的远洋群岛分别采用直线基线和正常基线。[③] 国外有学者统计，目前有 15 个国家 18 个远洋群岛适用了直线基线，其中有 6 个国家的主张被反对过。[④] 不管是如何统计得出的数据，如果从全世界国家的数量来对照远洋群岛直线基线的国际习惯法并不具有合理性，毕竟拥有远

---

① 徐宏：《第 71 届联大六委关于"国际法委员会第 68 届会议工作报告"议题的发言》，中华人民共和国常驻联合国代表团官方网站，https://www.fmprc.gov.cn/ce/ceun/chn/hyyfy/t1411687.htm，最后访问日期：2022 年 7 月 19 日。

② [美] 杰克·戈德史密斯、埃里克·波斯纳：《国际法的局限性》，龚宇译，法律出版社 2010 年版。

③ 中央党校中国特色社会主义理论体系研究中心：《中国不接受南海仲裁案裁决具有法理正当性》，http://www.81.cn/jwzl/2016-07/18/content_7161353.htm，最后访问日期：2022 年 7 月 29 日。

④ J. Ashley Roach. Offshore Archipelagos Enclosed by Straight Baselines: An Excessive Claim? *Ocean Development & International Law*, 2018, Vol.4, p.4.

洋群岛国家的数量不过只有二十几个。应当从拥有远洋群岛的大陆国家的整体数量考察适用基线的情况，80％的数量比已足以证明现有国家实践已经极具广泛性和代表性。虽然仍有个别国家适用正常基线，但其数量远无法打破直线基线适用的一般性，且结合其地理特征也不符合直线基线适用的情况。更多拥有远洋群岛的大陆国家在划定基线时还是采用了直线基线的方法。① 正如有学者所说的那样："联合国海洋法会议虽然未能解决大陆国家远洋群岛的领海基线问题，但不少大陆国家在这方面形成了较为丰富的实践，为国际法上群岛概念和群岛制度的发展指出了一个新方向。"② 因此，大陆国家远洋群岛采用直线基线的做法已经开始具备国际习惯法中一般惯例的基础。

就法律确信而言，对远洋群岛采用直线基线的大陆国家，均已向联合国提交了其国内法律或者法令，宣告其远洋群岛的直线基线，且绝大多数都受到了国际社会明示或默示的认可。克里斯·霍默思雷（Chris Whomersley）认为，考虑到全世界远洋群岛的数量，远洋群岛适用直线基线的国家实践是广泛的，而且很少有反对的实践，唯一的反对者是美国。换句话说，沿岸国采取的行动几乎没有受到除美国之外的其他国家的反对，实际上呈现出主要以美国为普遍、持续、多次提出的主体特征。克里斯·霍默思雷（Chris Whomersley）不接受远洋群岛适用直线基线尚没有构成国际习惯法的说法。在国际习惯的形成中，其他国家需有明确的反对才可构成对国际惯例的不承认，而从上述统计数据中可以看出，国际社会中对大陆国家远洋群岛适用直线基线的国际惯例并没有提出广泛的反对，英国学者也提出观点表明"大陆国家离岸群岛划定直线基线的主张已获得其他国家的承认，根据国际习惯法的规则，这种划定方法依法应当有效"。③

综上所述，大陆国家的远洋群岛与群岛国的远洋群岛从地理意义上来看毫无二致，各岛屿间较为分散，所包围的水域面积广，④通常被视为相

---

① 白佳玉、冯蔚蔚：《大陆国家远洋群岛制度的国际习惯法分析与我国适用》，《广西大学学报（哲学社会科学版）》2018 年第 2 期，第 82—90 页。

② Mohamed Munavvar. *Ocean States: Archipelagic Regimes in the Law of the Sea*. J. S. D. Dalhousie University，1993，p.97.

③ Churchill R. Rolf & Lowe A. Vaughan. *The Law of the Sea*. Manchester University Press，1999，p.121.

④ 赵少群：《论领海基线和基点的划定》，《当代法学论坛》2007 年第 4 辑，第 7—12 页。

对独立的整体,但仍置于大陆国家的主权之下。群岛整体划定原则与群岛国采取的群岛基线制度相似,二者都是将群岛最外缘各岛和各干礁的最外缘各点相连接,从而形成一个封闭环状,划定出领海基线内的海域。无论是主岛与周边散落小岛形成的屿环嵌型的群岛,还是由众多大小相似的岛屿构成的群岛,都存在着以群岛作为整体划定直线基线的国家意志,并将基点的地理坐标和官方大比例尺海图向国际社会予以公布,同时向联合国秘书长提交副本,用国家行动表明适用的规则。因此,可以认为,群岛的整体性已经获得国际法律规范的公认并被明确赋予适用直线基线之权利。[1]　不管是 UNCLOS 的规定,还是从国际习惯法的角度看,大陆国家的远洋群岛适用直线基线已经具备了条约法和习惯法的基础。不过在实践中,应当谨慎适用远洋群岛直线基线,因为远洋群岛直线基线的确会扩大沿海国既有的海域管辖范围。但是中国远洋群岛适用直线基线并非意在扩大中国既有的管辖海域范围,而是对中国既有管辖海域范围的进一步确认和宣示。

四、中国远洋群岛适用直线基线的必要性

基线不仅对沿海国的领海主张有重要意义,而且对毗连区、专属经济区和大陆架的主张也至关重要。所以,确定沿海国基线的位置是确定沿海国管辖范围的必要前提。正如前文所述,无论何种类型的群岛,都是一国领土的一部分,远洋群岛自然也不例外。尽管这种远洋群岛离大陆较远,但也不能否认其单一地理经济和政治实体的属性,如果因远洋群岛与大陆间的距离而将其与领土割裂开来,无疑是对大陆国家主权的干涉与割裂,显然这是有违国际法的做法;若将大陆国家的远洋群岛与群岛国的群岛区别对待,认为远洋群岛的领土地位次要,显然是对大陆国家主权的不公正、不平等的误解,更是对远洋群岛法律地位和法律属性的认识不足。中国主张管辖海域面积约 300 万平方公里,由于历史和现实的复杂原因,在 300 万平方公里的海域中近一半存在争议,海域被分割、岛礁被占领、资源被掠夺的情况较普遍。中国迟迟不划定除西沙群岛以外的其他群岛的基线有多方面考虑,但

---

[1]　周江:《论洋中群岛的领海基线划定》,《法商研究》2015 年第 4 期,第 159—167 页。

这并不意味着中国的领土主权可以被割裂。中国坚决维护领土主权完整，适用直线基线制度不会改变。

（一）维护国家领土主权完整的必然选择

当前，国际格局正处于深刻调整时期，全球治理体系也正面临改革的关键时期，尽管和平与发展仍是时代主题，但不稳定、不和谐的因素依旧存在。21 世纪是海洋的世纪，传统海洋安全挑战与非传统海洋安全挑战使得国际海洋治理形势愈发焦灼。海洋边界划界问题正在进一步复杂化，从国际法院的判决以及国家实践可以看出，很难说明海洋划界需遵守的是一个统一的、刻板的规则，[①] 而划定领海宽度更关系基线用途的合法性或适当性的问题，即基线制度设计的目的如何最大价值地实现，又不影响其他国家的合法权利。以美国为首的部分海洋大国对于远洋群岛适用直线基线的做法既不接受，更不鼓励，并将此作为一种"过度海洋主张"。究其根本，美国的表态旨在尽可能地限缩沿海大陆国家的管辖范围，领海基线划定的水域范围越小，美国军舰的行动自由空间越大。但军舰作为一国武装力量在海洋领域上的化身，若其在远洋群岛附近水域不加限制地自由航行，势必会对拥有远洋群岛的大陆国家的海洋安全造成不可忽视的威胁。因此，为确保中国对远洋群岛的主权及主权权利不受侵犯，有必要划定直线基线以明确远洋群岛及其附近水域的法律地位。

（二）推动 UNCLOS 发展的必然趋势

大陆国家远洋群岛适用直线基线的历史实践表明，近百年来从未有国家主张他国远洋群岛的直线基线隔断其管辖海域，除了美国之外也未有国家证明大陆国家远洋群岛的直线基线对正常船舶的航行造成阻碍。"过度"只不过表明了美国对待 UNCLOS 某些未定事项的一国立场，对于从未有绝对答案和定论的事项，美国的解读也不可能成为国际共识。[②] 就目前已

---

① Gayl S. Westerman. Straight Baselines in International Law: A Call for Reconsideration. *American Society of International Law*, Vol.82, 1988, p.260.
② 包毅楠：《美国"过度海洋主张"理论及实践的批判性分析》，《国际问题研究》2017 年第 5 期，第 106—128、131 页。

有的国际法实践来看,绝大多数的大陆国家远洋群岛直线基线都是结合 UNCLOS 第 7 条和群岛制度的内容设置的,并没有脱离 UNCLOS 的内容,故不能将这些国家的做法视为对 UNCLOS 第 7 条或群岛制度的单独适用。UNCLOS 签署至今从未有过修订或者议定书,其在当时的海洋形势下无法达成一致而搁浅或者刻意回避的问题,已成为当前国际社会无法回避的争议。而大陆国家远洋群岛直线基线的多年实践已正在形成国际习惯法规则,从而成为各国主张的依据,这实际上也是对 UNCLOS 的发展和完善。

(三)为合法海洋主张奠定实践与法理基础

中国历来对东沙群岛、西沙群岛、中沙群岛、南沙群岛享有主权,宣示中国远洋群岛的主权,明晰海域管辖的范围,这是维护国家海洋权益的根本工作。宣示主权必然涉及远洋群岛主权及基线的问题。中国钓鱼岛列屿和西沙群岛已经按照直线基线完成了领海基点的选择及领海范围划定,并在立法中颁布了关于南海部分岛屿和钓鱼岛及其附属岛屿的基点和基线,为确定中国管辖水域范围、维护中国领土主权完整提供必要的实践与法理支撑。未来中国将继续维护 UNCLOS 的权威,依据 UNCLOS 主张海洋权益,以国内法夯实践行 UNCLOS 的法律基础,为维护中国领土与主权完整提供制度支撑。

中国在南海远洋群岛适用直线基线制度,既是兼顾理论研究与具体实践的双赢之策,也是维护国家领土完整、主权安全以及人民安全的必要之举。一方面,中国南海地区的远洋群岛在地理位置上较为分散,若不将其视为整体性群岛来进行科学研究,而对南海水域内的每一个小岛分别进行基点和基线的测量与厘定,将会极大地增加科学研究与测绘的难度和海上执法成本,也不利于确保南海水域的整体性和航行安全。另一方面,中国对南海远洋群岛在历史上就享有主权,适用直线基线制度是中国管辖范围内的事务,不需要其他国家的干涉,整体性主张既有助于维护领土主权完整,也是回击其他意图分裂中国主权的国家或学者的有力武器。不管是钓鱼岛还是西沙群岛的基点和基线划定,都是对中国主权的宣示,这既是行使主权的具体行动,也是完全符合国际法的国家实践。

第六节　南海断续线内水域的法律地位

　　所谓南海断续线,即国际社会常称的"U形线",作为一个特定概念,其有着具体的指代对象,即中国在南海地图上所标识的一条U形断续线。[①]关于南海断续线的形成与发展过程,国内外众多学者考据甚深。中国自东汉时期就开始对南海的岛屿命名,据统计,仅宋元明清四代把南海诸岛定名为"石塘""长沙"的文献和地图就有上百种之多,实际的名称叫法有20余种。[②] 时至南京国民政府时期,中国仍在不断地加强对南海诸岛的管理,表明对南海诸岛存在长期和平占有的事实行为。南京国民政府于1935年出版的《中国南海岛屿图》,确定了南海132个岛、礁、滩、沙的中英文名称,将曾母暗沙认定为中国最南的疆域。该地图的出版强有力地宣示了中国对南海诸岛所享有的主权,这也是南海断续线的雏形,足以证明中国是最早对这片海域及其中岛屿行使管辖权的国家。中华人民共和国成立以后,承袭了南海断续线,并多次通过外交声明、白皮书等文件指出:"西沙群岛和南威岛正如整个南沙群岛及中沙群岛、东沙群岛一样,向来为中国领土",[③]以此充分表明中国长期以来对南海诸岛和这片海域有效占有和管辖,并通过国际社会对中国占有行为的认可,证明该片水域为中国的历史性水域。

　　然而,由于历史与现实的原因,南海海域划界问题存在众多的分歧与争端。南海周边国家为了争夺海洋资源,开始试图否认中国在南海所拥有的历史性权利。中国政府虽然数次强调中国在南海断续线内拥有的相关权利,但由于中国官方未曾对历史性权利的性质和内涵进行具体阐述,加之当前国际法领域对于历史性权利依然没有形成统一且权威的规定与解释,导致历史性权利在国际社会依然有较大争议。而美国与中国对南海断续线内水域法律地位的争议更多围绕着中国对该水域是否享有历史

---

① 周江:《也谈南海断续线的法律性质》,《法律科学(西北政法大学学报)》2013年第5期,第130—136页。
② 李国强:《关于南海问题的若干理论思考》,《外交评论》2012年第4期,第1—9页。
③ 王盼盼、郭媛丹:《美驱逐舰擅闯南沙美济礁中国派出军舰驱逐警告》,《环球时报》2017年8月11日,第8版。

性权利的问题,这一问题关系断续线内水域的法律地位究竟是国家管辖海域还是美国所说的"国际水域",从而影响其他国家在此水域的航行自由权利。

一、南海断续线内水域法律地位的中美争议

(一)南海断续线内水域法律地位的美国主张

美国作为非南海周边国家,本不应卷入南海争端当中。但随着南海的丰富资源及其重要的战略地位在现代科学技术发展上的逐渐展现,美国染指南海的目的不言而喻。尽管美国在口头上表示不参与南海主权争端问题的"站队",但近年来,美国的"航行自由行动"主要集中于南海,妄图掌握南海的主导权,已经真实地表明了其代表立场和实际主张。

关于南海断续线内水域的法律地位问题,美国的主张主要包括两方面:一是对南海断续线的法律性质认定上,早在 2014 年 12 月 5 日,美国国务院下属办公室所发表的名为《海洋界限——中国:在南中国海的主张》的报告,首次以官方形式表明美国对于南海断续线的立场与态度,对中国在南海拥有的历史性权利持反对意见,反对中国以南海断续线为由主张南海权益。该报告通过对南海断续线进行分析与推演,最终得出该线应当属于岛屿归属线的结论。[①] 美国从自身发展利益出发,认为中国应当取消南海断续线,转而以岛屿归属线进行替代,以解决中国领海主张模棱两可的现状。岛屿归属线的适用将表明中国只能对线内岛屿或岛群进行权利主张,即 UNCLOS 规定的以中国大陆和南海中的岛屿为起始点,向外延伸领海、毗连区、专属经济区以及大陆架。[②] 此外,由于中国近年来开始在南海开展岛礁建设工程,美国对中国的危机意识越来越强烈,认为中国所进行的南海岛礁建设会扩展军事力量,对美国通过南海的船只造成一定程度的威胁,不利于美国在南海"航行自由计划"的实施。因此,美国对中国在南海的岛礁建设持反对意见。

---

① Kevin Baumert & Brian Melchior, China: Maritime Claims in the South China Sea, Limits in the Seas, https://2009 - 2017.state.gov/documents/organization/234936.pdf,最后访问日期:2022 年 7 月 31 日。

② 贾宇:《历史性权利的意涵与南海断续线——对美国国务院关于南海断续线报告的批驳》,《法学评论》2016 年第 3 期,第 85—94 页。

二是美国认为中国对南海断续线内水域的权利主张不符合国际法。国际法委员会在其 1958 年制定的文件《历史性水域（包括历史性海湾）的法律制度》中，对历史性权利的构成要件作出了具有权威性的解读。国际法委员会认为，历史性权利的构成至少包含以下三个要素：国家对权利的有效行使；在相当长的时间内连续行使形成通例；他国的态度。① 除此之外，也有学者认为应该将经济需要、国家安全、重要利益等因素纳入考虑之中。美国则主张，中国没有在相当长的时间内对南海实现连续行使主权，并不满足历史性权利的构成条件。中国虽将南海部分海域视为国家领土的一部分，但在很长的一段历史时期内，中国并没有对南海进行国家意义上的管理，也没有开展经济活动，甚至域内部分岛屿没有国家工作人员或普通民众登陆或生活的痕迹，以致曾一度成为无人问津的孤岛，故南海断续线内水域不能被认定为中国主权管辖范围，中国也就无法对该海域享有管辖权，不能对通过该海域的其他国家的船舶或飞机进行管理。

综上所述，美国认为南海断续线应当属于岛屿归属线，中国南海断续线与国际法是不相符的，中国亦不可以历史性权利为由主张南海断续线内的海洋权益。② 通过前文分析可知，美国并非完全否定中国对南海部分岛礁的主权及附近水域的法律地位，因此，美国实际上反对的是中国对南海断续线内水域享有历史性权利的主张，认为除中国依法享有领土主权的岛屿具有领海、专属经济区和大陆架外的剩余部分均应当属于"国际水域"，美国依法享有在该水域的航行自由权，且不受中国的干涉。

（二）南海断续线内水域法律地位的中国主张

无论是世界历史记载还是现有国际规范，中国曾在南海传统捕鱼作业、历史航行活动和历来主权宣示都无法抹去，它们一一与现有历史性权利的规定相互印证，证明了中国对南海及其诸岛长期享有的历史性权利，用事实证明了中国在南海的领土主权，故中国对南海断续线内岛礁及其附近水域

---

① Juridical Régime of Historic Waters, Including Historic Bays——Study Prepared by the Secretariat. A/CN.4/143, p.81.

② 《杰佛里·贝德拒绝承认中国在南海的历史性权利》，http://www.c-span.org/Campaign2012/Events/China-Policy-Debate/10737435253 - 2/，最后访问日期：2023 年 2 月 28 日。

的权利主张亦是合法的。

一方面,中国对南海断续线内水域享有不容置疑的历史性权利。[①] 随着海域划分制度的出现,"领海之外皆公海"的思想已被突破,在一国领海之外还有其他特殊水域,国家主权权利和管辖权也随着水域的划分逐渐递减,但这并不意味着国家权利在领海范围内止步,UNCLOS的生效并不影响中国的历史性权利。

另一方面,中国在南海的历史性权利是在历史过程中形成的,具有充分的历史和法理依据。[②] 中国在南海主张的历史性权利以国际习惯法为合法来源,在中国对南海断续线内水域进行管控的长久时间内,其他国家并没有对此提出过任何异议。这些事实很好地证明了中国在南海断续线内水域享有的历史性权利是有正当性依据的。在 UNCLOS 生效之前,中国已经划定南海断续线,UNCLOS 生效之后表示了对历史性权利的尊重。同时,中国已颁布国内法,重申了历史性权利:例如《中华人民共和国专属经济区和大陆架法》第 14 条以及 2016 年《中华人民共和国政府关于在南海的领土主权和海洋权益的声明》等都提出中国对南海享有历史性权利,中国希望其他国家可以根据 UNCLOS 的规定,允许和尊重中国对南海断续线内水域享有的历史性权利。

二、南海断续线内水域法律地位的理论探讨

关于历史性权利的理论探讨是明确南海断续线内水域法律地位的必由之路,尽管国际条约和国际司法实践肯定了历史性权利的法律地位,但是对于历史性权利的法律内涵始终没有统一的界定。在 1910 年"北大西洋海岸捕鱼仲裁案"中,国际社会首次提出"历史性权利"这一概念,推动了 1958 年《领海及毗连区公约》和 1982 年 UNCLOS 对历史性海湾法律地位的确认;随后,在 1951 年"英挪渔业案"的判决中,国际法院又提出了"历史性水域"这个概念,将历史性权利的范围从历史性海湾扩大至与沿海国临界的其他

---

① 《中华人民共和国政府关于在南海的领土主权和海洋权益的声明》,http://www.gov.cn/xinwen/2016 - 07/12/content_5090631.htm,最后访问日期:2023 年 2 月 19 日。
② 外交部:《中国在南海历史性权利受国际法保护》,http://www.gov.cn/xinwen/2016 - 07/06/content_5088941.htm,最后访问日期:2023 年 2 月 23 日。

水域。

首先,就历史性权利的内涵而言,目前学界主要有三种观点:一是认为历史性权利就是历史性所有权。[①] 如果一国主张对特定水域享有历史性权利,则往往指该国在特定水域享有主权或所有权。二是认为历史性权利仅指非主权性质的权利。历史性权利不具有主权性质,仅指历史性捕鱼权和历史性通过权等非专属性权利。[②] 三是相信历史性权利为一种泛称,其组成既有作为专属权的历史性所有权,也有不具备主权属性之权利,例如历史性捕鱼权。[③]

其次,就历史性权利的构成要件而言,学界存在"二要件""三要件""四要件"和"五要件"等不同学说。主张"二要件"的学者认为,历史性权利的构成一要有主张国对于特定海域长期有效的管辖;二要有他国对于主张国管辖行为的默认。[④] 主张"三要件"的学者认为"三要件"包括:第一,主张国对于特定水域公开行使主权;第二,在相当长的时间内连续地行使权力;第三,上述行为得到了他国的明示或默示的承认。[⑤] 主张"四要件"的学者认为,历史性权利的构成要件中有三个得到了普遍认可,即排他性的国家司法管辖、长期地控制和外国的默认;除此之外,主张国还需承担举证责任。[⑥] 主张"五要件"的学者认为,在"四要件"的基础上,主张国家还需要对特定水域存在重大利益。[⑦]

再次,就历史性权利的效力而言,大多数国内学者认为历史性权利不仅具有法律效力,而且是国际司法实践中影响裁决的重要因素,中国应当继续主张历史性权利以维护自己的海洋权益,限制南海其他国家向断续线内扩张权益。[⑧] 同时,反对历史性权利属于"一般海洋法规则之例外"说,认为历

---

① 王建廷:《历史性权利的法理基础与实证考查》,《太平洋学报》2011 年第 3 期,第 87—96 页。
② 李扬:《国际法上的"historic title"》,《北大国际法与比较法评论》2013 年第 13 期,第 42—44 页。
③ 邹克渊、刘昕畅:《南海仲裁案与中国在南海的历史性权利》,《东南亚研究》2017 年第 4 期,第 92—113 页。
④ 曲波:《海洋法中历史性权利构成要件探究》,《当代法学》2012 年第 4 期,第 3—9 页。
⑤ 沈固朝:《关于北部湾的"历史性水域"》,《中国边疆史地研究》2000 年第 4 期,第 46—61 页。
⑥ 刘江萍、郭培清:《加拿大对西北航道主权控制的法律依据分析》,《中共青岛市委党校(青岛行政学院学报)》2010 年第 2 期,第 102—105 页。
⑦ 刘惠荣、刘秀:《北极群岛水域法律地位的历史性分析》,《中国海洋大学学报(社会科学版)》2010 年第 2 期,第 1—5 页。
⑧ 刘晨虹:《中国南海断续线在国际习惯法中的定位探索》,《中国海洋大学学报(社会科学版)》2021 年第 2 期,第 38—47 页。

史性权利属于国际习惯法,不需要条约法的肯定。历史性权利在适用时,或被一般海洋法规则所吸收,或应按照国际习惯法处理。[①]

最后,就历史性权利的法律地位而言,有一种观点认为,历史性权利属于国际习惯法,因为其符合国际习惯法的构成要件。[②] 持这种观点的学者认为历史性权利包含在海域划界领域的国际习惯法中,是海域划界时所应考虑的因素,而历史性权利的成立并不需要其他国家的承认,只要其他国家不反对使得该权利和平而长期地行使即可。也有学者更加强调历史性权利的例外性特征,并且提出要限制历史性权利的主张,以确保海域划界的一般国际法规则不被侵蚀。[③] 持这种观点的学者认为历史性权利不是国际习惯法,所以相对于一般国际法规则而言,历史性权利主张的成立需要其他国家对于该权利的某种形式的承认。

此外,就历史性权利与 UNCLOS 的关系而言,有学者认为,虽然 UNCLOS 中的相关规定过于抽象模糊,但通过对 UNCLOS 特别是序言的整体性解释,基本可以确定历史性权利已经被纳入国际海洋法之中。[④] 同时,也有部分国际法学者认为两者之间互相排斥,甚至认为历史性权利已被 UNCLOS 相关制度所取代。他们认为在 UNCLOS 签订之后,历史性权利的效力已经逐渐丧失。UNCLOS 作为"海洋宪章",具有极强的权威性,解决与其相关的国际海洋争端时应严格依照 UNCLOS 的规定。[⑤]

关于南海断续线的法律性质的认识是明确南海断续线内水域法律地位的重要条件。南海断续线的法律性质与南海断续线内水域的法律地位是两个并不相同但又不可分割的概念。通常情况下,只有在认定了南海诸岛领土的主权归属后,才能够进一步界定南海断续线内水域的法律地位,这也是

---

① 刘晨虹:《驳"历史性权利属一般海洋法规则之例外"说》,《江苏大学学报(社会科学版)》2018 年第 1 期,第 38—45 页。

② Maurice Bourquin. *Les Baies Historique*. Melanges Georges Sauser-Hall,1952,pp.42 - 43.

③ Fitzmaurice. The Law and Procedure of the International Court of Justice. *General Principles and Sources of Law*,Vol.30,1953,p.27.

④ Gupta S. Historic Fishing Rights in Foreign Exclusive Maritime Zones:Preserved or Proscribed by UNCLOS? *The Korean Journal of International and Comparative Law*,No.2,Vol.7,2019,pp.226 - 248.

⑤ Beckman R. C.,Bernard L. Disputed Areas in the South China Sea:Prospects for Arbitration or Advisory Opinion. Third International Workshop,The South China Sea:Cooperation for Regional Security and Development,2011,pp.3 - 5.

"陆地支配海洋"理论的必然体现。国际社会针对中国南海断续线的性质存在多种学说和观点,主要包括以下四种类型,即历史性权利说、历史性水域说、海上疆域线说和岛屿归属线说。① 在这四类学说中,历史性权利说和历史性水域说强调的是根据中国在南海享有的历史性权利从而形成南海断续线内水域的法律地位;另两类学说旨在重申南海断续线本身的法律地位,同时以此作为说明南海断续线性质的基础。

通过综合考量影响南海断续线内水域法律地位的各类国内外理论因素,可以看出,目前国内众多学者关于南海断续线的学说虽然有着一定的分歧,但绝大多数学者都是比较认同南海断续线内水域历史性权利的存在。但与之相反的是,国际层面上,不少专家学者比较偏向于否定南海断续线内水域历史性权利的存在,对于南海断续线的合理性和合法性同样存在质疑。笔者认为,中国政府对于南海断续线内水域法律地位的主张是历史性权利和依 UNCLOS 享有的海洋权利的叠加。一是南海断续线内水域并非全是内水和领海。根据《领海及毗连区法》,只有南海诸岛直线基线外 12 海里水域才被认定为中国的领海。中国自始至终未将南海断续线内水域全部划定为中国领海。二是南海断续线不具有正式划界的性质,未排除南海周边国家原有的历史权益。对于在南海断续线内水域合法自由航行的外国船舶,中国政府并不禁止。三是南海断续线内水域不是公海。南海断续线划定的意义在于明确和强化海域管辖范围,中国除了对南海诸岛享有不可置疑的主权,同时还享有 UNCLOS 规定的专属经济区和大陆架权利,不能因为美国等个别国家的反对而歪曲事实,减损中国在南海的历史性权利。

三、南海断续线内水域历史性权利的实践认知

尽管 UNCLOS 和《领海与毗连区公约》并没有明确历史性权利的内涵,但已通过历史性所有权、历史性水域以及传统捕鱼权等概念,从侧面肯定了历史性权利的存在。在不少国际司法实践中,同样将历史性权利的构成要件、性质以及适用方式等充分展现。

---

① 金永明:《中国南海断续线的性质及线内水域的法律地位》,《中国法学》2012 年第 6 期,第 36—48 页。

（一）历史性权利的国家立法与实践

历史性权利在相关国际条约中虽没有得到规范性表达，但在诸多国家立法中均有所规定（见表 2-13）。①

表 2-13　各国历史性权利的立法或声明（美国提出反对的国家）

区域	国家	主张海域范围	立 法 及 时 间
亚洲	中国	Bohai (Pohai) Ba South China Sea	1958 年 9 月 4 日《中华人民共和国政府关于领海的声明》
	泰国	Part of Gulf of Thailand	《1959 年 9 月 22 日法令》
	柬埔寨	Part of Gulf of Thailand	1982 年 7 月 7 日与柬埔寨之间的协定
	越南	Part of Gulf of Thailand Gulf of Tonkin	1982 年 7 月 7 日与柬埔寨之间的协定 1982 年 11 月 12 日《越南社会主义共和国关于领海基线的声明》 2012 年《越南海洋法》（未提及历史性权利）
	斯里兰卡	Palk Bay Palk Strait Gulf of Mannar	1974 年 6 月 28 日《斯里兰卡和印度历史水域划界和相关事宜的协定》《1976 年 9 月 1 日第 22 号海洋区域法》《1977 年 1 月 15 日公告》
	印度	Gulf of Mannar Palk Bay	《1977 年 4 月 26 日第 816 号总统法令》
欧洲	意大利	Gulf of Taranto	《1977 年 4 月 26 日第 816 号法令》
	苏联（俄罗斯）	Peter the Great Bay Laptev, Demitri, Sannikov Straits Northeast Passage/ Northern Sea Route	《1957 年 7 月 20 日法令》《1964 年 7 月 21 日备忘录》《1960 年苏联国家边界保护规定》《1985 年确认北极海域、波罗的海和黑海基线以计算领水、经济区和大陆架宽度的地理坐标目录》

① J. Ashley Roach, *Excessive Maritime Claims* (Fourth Edition), Brill Nijhoff, 2021, pp.47 - 48. 上述国家的历史性权利主张为不完全统计，只列出美国提出反对的国家的历史性权利主张。

（续表）

区域	国家	主张海域范围	立 法 及 时 间
非洲	埃及	Bay of el Arab	1951 年 6 月 4 日大使馆照会 《1990 年 1 月 9 日第 27/90 号法令》（没有提及历史性权利）
	利比亚	Gulf of Sidra	《1973 年 10 月 11 日外交照会》 《2005 年 6 月 20 日第 104 号决议》（放弃历史性权利主张）
	肯尼亚	Ungwana Bay	《1972 年 5 月 16 日领海法》
美洲	巴拿马	Gulf of Panama	《1956 年 1 月 30 日第 9 号法令》
	萨尔瓦多	Gulf of Fonseca	《1946 年宪法修正案》 《1983 年宪法》
	洪都拉斯	Gulf of Fonseca	《1982 年宪法》
	多米尼亚	Samana，Ocoa，Neibab Bays(已获美国认可) Escocesa & Santo Domingo Bays	《1952 年 7 月 13 日第 3342 号法案》 《1967 年 9 月 13 日第 186 号法案》 《1977 年 4 月 1 日第 573 号法案》 《2007 年 5 月 22 日第 66 - 07 号法律》
	加拿大	Hudson Bay Conception Bay	《1906 年 7 月 13 日渔业法修正案》
	阿根廷和乌拉圭	Rio de la Plata	1961 年 1 月 30 日《阿根廷和乌拉圭联合宣言》
	厄瓜多尔和秘鲁	Gulf of Guayaquil	2012 年 11 月 23 日厄瓜多尔和秘鲁签署的《关于国际承认瓜亚基尔湾的联合宣言》
大洋洲	澳大利亚	Anxious，Rivoli，Encounter & Lacepede Bays	《1987 年 3 月 19 日政府公告》 《2006 年 2 月 15 日公告》 《2016 年 3 月 10 日公告》

从表 2-13 可以看出,几乎所有国家都是在 UNCLOS 签署前或者生效前主张的权利,并且在 UNCLOS 生效后一直持续主张权利。通过对世界各国海洋立法的梳理发现,除了上述美国反对历史性权利主张的国家,还有很多国家立法中也有关于历史性权利的规定。例如,巴基斯坦《1976 年领

水及海洋区域法案》第 7 条规定,联邦政府得在政府公报上公布邻接其陆地领土的一定范围的水域为巴基斯坦的历史性水域。巴基斯坦主权及于并一贯及于巴基斯坦历史性水域及其海床、底土和上空。[1] 由此可见,在立法中对历史性权利予以确认是各国的普遍做法,在美国的持续多次抗议和"航行自由行动"的挑战下,只有越南、埃及、利比亚 3 个国家撤销了关于历史性权利的主张。其中,越南的历史性权利主张严重侵害了中国的海洋权益,中国多次发表声明重申中国立场和权利。除了美国和中国反对越南历史性权利的主张,法国、泰国等国家也提出了反对意见。[2]

(二)历史性权利的国际习惯法考察

从上述国家立法与实践梳理可知,历史性权利的主张已经具备一定的国家立法基础,同时在国际司法实践中也得到了明显且有效的表达。根据国际司法判例的内容,可将其分为与历史性权利直接相关的典型案例和与历史性权利间接相关的典型案例。[3] 例如在 1951 年"英挪渔业案"、1977 年"突尼斯 vs.利比亚大陆架划界案"、1986 年"萨尔瓦多 vs.洪都拉斯陆地、岛屿、海洋边界争端案"等与历史性权利直接相关的国际司法判例中都阐释了历史性权利及其构成要件,重申历史性权利的国际法律效力,为历史性权利制度的产生和发展提供了判例法基础。而在 1909 年"北大西洋渔业仲裁案"、1928 年"帕尔马斯岛仲裁案"、2007 年"尼加拉瓜 vs.洪都拉斯加勒比海领土和海洋争端案"等与历史性权利间接相关的国际司法判例虽然没有对历史性权利予以直接明确或承认,但仍然通过海洋划界争端、大陆架划界或者其他历史性海湾的确认,间接地对历史性权利的发展起到了一定的推动作用,也为历史性权利逐步演变成国际习惯法而奠定了国际司法实践基础。

从法律确信的角度而言,如果其他国家特别是对相关海域具有某种关联利益的国家,通过公开发表声明或是在与沿海国签订的双边协议中明确承认了沿海国管辖权的效力,可以视为积极地承认。但是现实中,有海洋争

---

[1] 张海文、李红云:《世界海洋法译丛(亚洲卷)》,青岛出版社 2017 年版,第 166 页。

[2] J. Ashley Roach, *Excessive Maritime Claims* (Fourth Edition), Brill Nijhoff, 2021.美国曾在 1987 年和 1982 年提出抗议,法国于 1983 年提出抗议,泰国于 1985 年提出抗议。

[3] 高志宏:《"历史性权利"的文本解读及实践考察》,《学术界》2018 年第 12 期,第 148—160 页。

端的国家很难达成一致,因此判断国际社会的默认对于一国历史性权利的确认也至关重要。在"英挪渔业案"中,英国表示对挪威的划界行为毫不知情,但法院并不认可英国的说法,因为英国对该海域同样具有重大利益,法国尚且注意到挪威的行为,英国不可能毫无察觉,[①]因此法院认为英国对挪威的划界方法采取了默认的态度。可以说,其他国家明知一国主张权利而长期地不反对也可以构成消极默认,那么,如果他国曾经进行过反对,是否就排除了沿海国的历史性权利? 有国际法学者认为仅有一国的有效反对并不足以阻止历史性权利的产生。例如,国际法学家奥本海认为,习惯本身就是一项普遍同意的事项,而不是需要全体同意的事项。[②] 英国国际法学家菲兹莫里斯特认为,根据地理、历史等特殊情况,一些国家的承认比其他国家的承认更重要,一个对该海域同样享有重大利益的国家的承认足以使历史性权利成立,相对应地,一个没有相关利益的国家的反对可能不会对历史性权利主张产生任何影响。[③]

在中国对南海断续线内水域主张历史性权利的几十年里,南海周边国家对中国在南海断续线内的权利采取明示或者默示的承认,同时南海断续线被公示于中国地图、标识于世界各国的官方地图中几十年,南海断续线已符合国际习惯法的要求。

四、中国主张南海断续线内水域享有历史性权利的必要性

作为中国在南海主张海洋权益的重要依据,南海断续线早已成为中国对南海诸岛享有主权的特殊标志。其重要意义不仅在于对实体权利的确认,而且对日后与南海周边国家进行海洋划界奠定了地理和国际习惯法基础。

(一)中国海洋权益发展的历史必然

就中国在南海断续线内享有的历史性权利的渊源来说,中国渔民在

---

① 徐栋:《英挪渔业案中的历史性权利研究及对中国实践的启示》,《中国海商法研究》2013 年第 1 期,第 71—77 页。

② 管彤彤:《论持续反对原则与国际习惯的关系》,《东南大学学报(哲学社会科学版)》2019 年第 21 期,第 5—10 页。

③ Fitzmaurice. The Law and Procedure of the International Court of Justice,1951—1954. *General Principles and Sources of Law*,Vol.30,1953,p.27.

东沙、西沙、南沙群岛附近水域捕鱼的记载最早可以追溯至秦汉时期,从公元 3 世纪起,中国就在南海开展了航海活动,开辟了通过南海驶向世界的海上丝绸之路;晋代的《博物志·异人》记载了在南海水上生活的族群;宋代《宋会要》中也有关于中国海上交通航线经过南海诸岛的石塘(今中沙群岛)的记录,郑和的海上航行活动也曾途经南海;元代《真腊风土记》中则记载了中国与真腊(今柬埔寨)的海上交通航线,这一航线就经过了七洋洲(今西沙群岛);明代的《海道真经》指明了南海诸岛的航线;清代的《海岛逸志》和《瀛寰志略》记载了中国经七洋洲向南洋的海上航线。[①] 中国居住在沿海的居民在南海诸岛已经开始捕捞和渔业活动,且人数不断增加,同时渔民还在岛屿上开垦荒地、种植树木进行生产生活。英国海军部测绘局发行的《中国航海志》也提及了中国渔民的作业。其中《南海航道更路经》更是被中国列为国家级非物质文化遗产,成为中国南海历史性权利的有力证明。

《南海航道更路经》又称《更路簿》,记载的是海南民间以文字或口头相传的南海航行线路,是中国历代南海渔民在南海海域及诸岛礁生产、生活实践经验的总结。《更路簿》中记载的中国渔民用海南方言为南海诸岛礁所取的独特地名,也被称为南海诸岛琼人俗名,成为当时官方认可的名称。除了命名之外,《更路簿》也记载了中国对南海的经营和开发行为、渔民的生产生活情况以及南海航线的开发。在复杂的海域环境和当时尚不成熟的航海技术的背景下,每一条航行线路的开发都是南海渔民以生命为代价总结出来的。《更路簿》作为一部航海指南,充分展现了中国南海渔民世代在南海耕海牧渔的历史。这些丰富的文献记载和遗迹是中国渔民长期利用南海进行捕鱼活动的证明,而中国政府亦从未放弃对南海断续线内岛礁和水域的管理。

根据上述史料记载足以证明中国是最早开发和管理南海诸岛的国家,中国对南海断续线内水域拥有的历史性权利是符合国际习惯法的,世界各国应当对其予以尊重和承认,以维护中国合法海洋权益。

[①] 何志鹏、王艺曌:《对历史性权利与海洋航行自由的国际法反思》,《边界与海洋研究》2018 年第 5 期,第 106—107 页。

（二）巩固国际习惯法地位的有效印证

南海断续线最早出现在中国地图上是在 1935 年出版的《中国南海岛屿图》中。抗日战争胜利后，为防止其他国家侵占中国南海诸岛，中国政府遂向全世界公布南海管辖范围，但遭到了很多外国学者的反对。Daniel J. Dzurek 就认为"断续线不是中国管辖海域的界限，因为它覆盖了大约 80% 的南海海域"。[①] Hasyim Djalal 也认为"断续线无定义、无坐标，因此中国主张权利无法及于断续线内整个海域"。[②] 中国在南海的历史性权利自古有之，虽然中国对断续线的部分位置做出了细微的调整，但是总体走向并无改变，南海断续线内诸岛礁位置亦大体一致。这从正面说明了中国就南海断续线内水域历史性权利主张的长期性、持续性和统一性，为历史性权利提供了有效且正确的国家实践。

中华人民共和国成立后，中国政府积极参与 UNCLOS 的谈判，积极完善国内涉外涉海法律制度，积极履行 UNCLOS 义务。不可否认的是，UNCLOS 对中国参与全球海洋治理产生了诸多积极影响，但是仍有许多不完善甚至有缺陷的地方，这无疑为中国维护海洋权益同时带来了不利影响。[③] 为有效维护中国海洋权益，中国在 UNCLOS 设定的国际海洋法律制度框架下，以立法的形式多次确认了历史性权利，逐渐巩固了历史性权利作为国际习惯法的地位，以国内立法为中国对南海断续线内水域的历史性权利主张提供了法律确信。

（三）南海诸国利益诉求的平衡之道

各国的权利主张存在着战略空间的重叠，大多数国家在海上航行自由的权利主张和通过国际法促进世界秩序的权利限制方面有着共同的国家利益，合作将是国际社会相互依存的世界中保护所有人共同利益的正和博弈。"南海仲裁案"加深了世界各国对中国提出的南海断续线主张的质疑和反对，这实际上不仅割裂了中国与南海的关系，而且也割裂了中国与南海各国

① Liselotte Odgaard. *Maritime Security between China and Southeast Asia*. Ashgate Publishing Press, 2002，p.90.
② Hasyim Djala. Spratly Dispute needs Democratic Settlement. *The Jakarta Post*，January 2，1995，p.5.
③ 杨泽伟：《航行自由的法律边界与制度张力》，《边界与海洋研究》2019 年第 2 期，第 12—14 页。

的关系。中国在南海问题上一直坚持"搁置争议、共同开发、主权在我";中国在南海的周边外交采取"亲、诚、惠、容"政策;中国积极推行"一带一路"倡议,将东南亚作为重点合作区域,这都是其他国家无法比拟的,[①]也表明了中国共同促进南海发展、开放包容的态度。中国主张和平发展,承认南海周边各国在南海断续线内水域历史上就存在的既有权利,这正是中国止戈、解决南海争端的最佳选择。

---

① 张志洲:《南海问题上的话语博弈与中国国际话语权》,《探索与争鸣》2020 年第 7 期,第 130—131 页。

第三章
美国航行自由政策解读

航行自由制度的发展历程始终围绕着一个核心，即海洋自由思想。人类对海洋自由的观念在历史上曾有过"闭海论"和"海洋自由论"的博弈。格劳秀斯认为："海洋自由本身的性质为自由航行，这项权利平等地属于所有国家。"① 塞尔登则提出"海洋并不存在所有权，但存在共有状态，海洋可能成为沿海国家的专属财产，封闭状态的海域并不会影响他国合理的通行自由和海洋权利"。② 海洋"绝对自由"的侧重点和出发点为贸易的顺畅和空间的包容，而"封闭自由"旨在对邻近海域建立管辖，从所控制的海域中获取海洋利益。③ 航行自由实际上便是这两种思想争论的平衡。

作为一项古老的法律原则，海洋自由的源起和发展交织着错综复杂的海洋权益纷争。从人类第一次向大海望去，强大的海上霸权国家不再拘泥于对海上贸易的餍足，开始强调绝对的通航以及航运不受沿海国控制的豁免权，特别是美国等重视军工促进经济发展的大国开始意识到军事力量在海洋领域的话语权，航行自由逐渐被认定为领域上的竞争和经济上的角逐，不再是真正意义上的航行自由。在这种思想环境的影响下，作为经济强国的美国孕育出航行自由政策，开始以国内海洋战略和创设国际法规则维护本国航行自由利益。

---

① KROON D. The Freedom of the Sea：Groseus，The Law of the Sea and Island Building. *International Lawyer*，2020，p.56.

② 曲亚图：《海洋命运共同体视阈下航行自由制度的演进》，《贵州省党校学报》2021 年第 2 期，第 114—120 页。

③ 朱剑：《"自由海洋"vs."封闭海洋"：分歧与妥协》，《学术探索》2019 年第 6 期，第 28—38 页。

第一节　美国航行自由政策的源起
及其历史演进

一、美国航行自由政策的源起

1775 年,处于欧洲君主专制统治下的北美殖民地爆发了反抗英国殖民统治的独立战争。1776 年《独立宣言》诞生,宣布美利坚合众国成立。建国初期的美国不管是商业贸易还是海上力量都无法与英国、法国、德国等欧洲国家匹敌。为了保证战时的中立地位和商业贸易的畅通,美国制定《1776年条约计划》以处理美国与欧洲国家的关系。该计划首次明确提出了海洋自由原则,是美国第一个指导外交关系的文件,具有深厚的历史渊源。从 17 世纪初格劳秀斯提出"海洋自由论"开始,美国就深受其影响,将海洋自由原则与海上贸易自由相联系,将航行自由原则与国家利益相结合。随着美国综合国力的提升,美国的海洋诉求发生转变,并以维护所有人在世界海洋的航行自由权为由与欧洲国家进行了多次战争,意在维护航行自由原则和美国的海上权利。在之后的多次战争谈判中,美国将航行自由原则纳入双边条约乃至国际条约中,并相继与欧洲国家制定了 1778 年《法美友好通商条约》、1794 年《英美友好、贸易和航海条约》、1856 年《巴黎海战宣言》等,在这些条约中,美国追求海洋航行自由的诉求均有所体现。

1914 年,第一次世界大战爆发,美国在战争中表达了中立的态度,但仍遭到英国和德国的侵犯。美英之间围绕 1909 年签署的《伦敦海战法规宣言》展开了激烈的讨论和斗争,由于英国拒不承认该宣言,美国也没有签署,宣言实际上并没有生效,最后以美国让步而告终。美国的失败让威尔逊总统认识到,已有的国际法规则无法切实保障美国的海洋权益,同时英国凭借海上霸主地位无视现有国际法规则,进而对海洋自由造成了严重的阻碍,必须在现有的国际法基础上创设新的国际法规则以建立新的国际海洋秩序。

1915 年,作为托马斯·伍德罗·威尔逊总统的智囊人物爱德华·M.豪斯上校提出了"海洋自由计划",内容涉及战争违禁品与自由货物、中立国商船的权利以及军舰的权利和限制,①试图通过国家联盟的形式赋予"海洋自由原则"以国际法上的意义,豪斯上校提出的海洋自由的构想成为威尔逊政府制定海洋政策的重要思想来源。②

1918年,时任美国总统的威尔逊提出了十四点和平原则,又称"十四点计划",意在重塑战后世界秩序,以此作为和平谈判的基础,强烈表达了维护领土完整和政治独立的决心。威尔逊认为,海洋自由是平等和合作的必要条件。③"十四点计划"中的第2条强调,无论战时还是和平时期,公海航行绝对自由。经过多轮谈判,美国和欧洲各国并没有达成一致,欧洲各国对该计划的保留与威尔逊提出的无条件接受海洋自由原则的主张背道而驰,这让威尔逊总统进一步认识到,单纯的主张海洋自由原则无法真正实现美国的利益诉求,当下的海洋自由思想无法与美国的国家利益和国际角色相匹配,只有强大的海军和海上霸主地位的优势才能使美国与英国抗衡从而构建新的国际秩序。于是,威尔逊政府开始转变中立国身份,其海洋自由思想也逐渐由最初追求和平的理想主义向海洋霸权的现实主义转变。

国外有学者认为,威尔逊海洋自由思想对20世纪的美国外交政策产生了深远影响,④并对其创新性给予了高度评价。⑤ 国内有学者认为,威尔逊的海洋自由思想是为了追求海上霸权。⑥ 实际上,威尔逊的海洋自由思想兼具推动世界和平的理想主义和为美国国家利益服务的现实主义双重属性,是最初以推动和平的海洋自由思想向后期谋求海洋霸权的海洋自由思想的转变。因此,海洋自由与海洋霸权是同时存在于威尔逊的海洋自由思想中,并共同服务和服从于美国国家利益需要和争夺世界领导地位的战略

---

① Charles Seymour. *Intimate Papers of Colonel House: Behind the Political Curtain 1912—1915*. Boston and New York: Houghton Mifflin Company press, 1926, p.406.

② 曲升:《论威尔逊政府的海洋自由构想》,《烟台大学学报(哲学社会科学版)》2015年第5期,第110—119页。

③ James T. Watkins. Relating to the Foreign Relations of the United States. *The Journal of Modern History*, 1943, pp.70-71.

④ Frank Ninkovich. *The Wilsonian Century: US Foreign Policy since 1900*. University of Chicago press, 1991.

⑤ J. M. Kenworthy & George Young. *The Freedom of the Seas*. Leopold Classic Library Press, 1982, pp.141-142.

⑥ 白先军:《海洋霸权:美国的全球海洋战略》,江苏人民出版社2014年版。

目的。① 由于威尔逊的海洋自由思想并没有纳入美国当时的外交政策，从而使其海洋自由思想因英德的抵制以及其他操作性问题而无法付诸实践。虽然威尔逊初期的海洋自由思想无法实现，但是可以肯定的是，威尔逊总统提出的"十四点计划"为之后美国创设国际法规则以主张航行自由奠定了基础，并一直影响着美国后续政府航行自由政策的制定。时至拜登政府的航行自由政策，不论是以国际法主张海洋自由还是以海洋霸权主张海洋自由，都可以在威尔逊的海洋自由思想中找到源头。②

二、美国航行自由政策的历史演进

美国在国际法规则制定和实施的过程中长期以来一直处于矛盾的角色，并发挥着重要且微妙的作用。美国作为国际法的积极创设者，敦促世界各国遵守的同时又因其自身利益的考量而破坏国际海洋秩序。③ 因此，有学者认为，美国历来的海洋自由政策皆视当下的国家利益而定，从未考虑全球海洋利益以及其他国家正当的海洋权益。④

（一）罗斯福政府对威尔逊海洋自由思想的延续

1931 年，美国再一次卷入战火。与第一次世界大战不同的是，美国已不再是寻求各国承认的弱国，综合国力已经位居世界第一。威尔逊的海洋自由思想不再适应美国的国际地位。1933 年，富兰克林·罗斯福继任美国第 32 任总统，作为威尔逊的忠实拥护者，罗斯福上任后实施了一系列新政，其中"炉边谈话"为推动新政并在美国每次遭遇重大事件时发挥了重要作用。"炉边谈话"是罗斯福总统利用大众传播手段与民众沟通的重要方式，罗斯福当政期间共进行了 30 次"炉边谈话"。在 1949 年第十三次"炉边谈话"中，罗斯福总统重申了美国传统的海上航行自由主张和海洋自由对美国

---

① 曲升:《从海洋自由到海洋霸权：威尔逊海洋政策构想的转变》,《世界历史》2017 年第 3 期,第 4—16 页。
② 曲升:《论威尔逊政府的海洋自由构想》,《烟台大学学报(哲学社会科学版)》2015 年第 5 期,第 110—119 页。
③ 曲升:《美国的海洋自由观及其对 1856 年〈巴黎宣言〉的反应》,《世界历史》2019 年第 4 期,第 2—15 页。
④ 曲升:《美国海洋自由政策的利益逻辑、历史传统和发展趋势》,《渤海大学学报》2016 年第 4 期,第 41—45 页。

的重大意义。①

1941 年，美英签署《大西洋宪章》（又称《丘吉尔罗斯福联合宣言》），《大西洋宪章》提出了八点原则，表达了以和平保证所有人能够在公海上不受阻碍地自由航行的愿望。《大西洋宪章》展示出的海洋自由观体现了美国捍卫海洋自由的传统，成为 20 世纪 70 年代"航行自由计划"出台的思想基础和政策依据。② 罗斯福政府的海洋自由政策在延续威尔逊海洋自由思想和集体安全观的基础上做出了重大发展，摒弃中立主义并开始谋求控制海洋。正如威尔逊所意识到海洋霸权对控制海洋的绝对优势一样，罗斯福也认识到海上军事力量对控制海洋的重要性，再加上受马汉海权论——"谁控制海洋，谁就控制了世界"的影响，罗斯福从强调商船的航行自由转向海上战略安全，同时将美国的国际角色定位为"国际领袖"以维护美国的海权大国地位，进而利用海洋自由原则和海上军事力量获得海洋的主导权与控制权。在威尔逊提出的集体安全观的基础上，罗斯福政府倡导集体安全和普遍安全的重要性，提倡构建一个国家联盟共同实现海洋自由，以确立美国国际领导地位。在美国的不断推动下，1942 年，中、美、英、苏等 26 个国家共同发布了《联合国家宣言》，首次使用"联合国"这一名称。1945 年，《联合国宪章》正式通过并生效，联合国正式成立，美国成为联合国常任理事国之一。至此，罗斯福政府实现了美国航行自由观在国际角色定位、利益内涵界定和具体政策实践的转变。③

（二）杜鲁门政府航行自由政策的突破

随着美国海洋霸主地位的确立和海洋利益的扩张，近海管辖权已经无法满足美国要求全球海洋开放和军事力量投送的诉求，于是美国开始谋求领海之外的管辖权和海洋资源。1945 年，杜鲁门总统发布《杜鲁门公告》，④意在对大陆架资源主张权利，对领海外渔业资源养护、捕捞等主张管辖权，

---

① ［美］富兰克林·德·罗斯福：《罗斯福选集》，关在汉译，商务印书馆 1982 年版，第 317—318 页。
② 曲升：《美国"航行自由计划"初探》，《美国研究》2013 年第 1 期，第 102—116 页。
③ 曲升：《富兰克林·罗斯福政府对美国海洋自由观的重塑及其历史影响》，《世界历史》2022 年第 1 期，第 105—122 页。
④ 《杜鲁门公告》，即《第 2667 号公告——关于大陆架底土和海床中自然资源的美国政策》和《第 2668 号公告——关于在公海某些海域之沿海沿岸渔业的美国政策》。

虽然在公告中明确不影响公海航行自由,但公告的内容明显与美国历史上主张的传统公海航行自由原则不符。《杜鲁门公告》为世界各国扩张海洋权益开了先河,有的国家效仿美国甚至采取更激进的方式,例如墨西哥、[①]阿根廷、巴拿马等国家纷纷主张大陆架主权,而南斯拉夫、智利、厄尔多瓜、秘鲁等国家先后宣布主张 200 海里的主权和管辖权,[②]从而引发了世界范围的海洋圈地运动。

对于《杜鲁门公告》的评价,美国学者褒贬不一。有学者认为,《杜鲁门公告》是为美国政治利益量身定做的法律原则,[③]但大部分学者和美国政界对《杜鲁门公告》持否定的态度。有学者认为,公告并没有有效维护美国的航行自由权;[④]有学者认为,公告是对海洋自由的严重挑战。[⑤] 美国国务院官员威尔伯特·M.查普曼认为,公告加剧了海洋自由的冲突;[⑥]美国国务院法律顾问赫尔曼·费勒格认为,公告引发了其他国家海洋权利的扩张。[⑦]有中国学者认为,《杜鲁门公告》的发布实际上对美国国际海洋法话语权的构建产生了深远影响;[⑧]"捍卫海洋自由原则"被确立为美国遏止"蓝色圈地运动"和参与国际海洋法编纂进程的根本立场和政策目标。[⑨]

(三)卡特政府"航行自由计划"(FON 计划)的诞生

在 UNCLOS 诞生之前,全世界尚未确立专属经济区制度,美国所主张的航行自由仍然以各国 3 海里领海以外的公海为基础。《杜鲁门公告》的单方面发布搅动了世界各国早以蠢蠢欲动扩张 3 海里领海管辖权的野心。一

---

① William L. Clayton. The Acting Secretary of State. *The American Republics*, Vol.11, 1969, p.1054.

② United Nations. *Laws and Regulations on the Regime of the High Seas* (Volume I). Codification Division of the Office of Legal Affairs of the Secretariat of the United Nations Press, 1996, p.96.

③ Lawrence Juda. *International Law and Ocean Use Management: The Evolution of Ocean Governance*. Routledge Press, 1996, pp.96 - 97.

④ [美] 罗伯特·基欧汉、约瑟夫·奈:《权利与相互依赖》,门洪华译,北京大学出版社 2012 年版,第 275—287 页。

⑤ R. P. Anand. *Concepts of Freedom of the Seas: A Historical Perspective*. Island Press, 1993, p.78.

⑥ Wilbert M. Chapman. Government Printing Office. *The United Nations*, Vol.2, 1977, pp.888 - 889.

⑦ Office of the Legal Adviser. Government Printing Office. *Economic and Political Matters*, Vol.1, 1954, pp.1720 - 1726.

⑧ 吴少杰、董大亮:《1945 年美国〈杜鲁门公告〉探析》,《太平洋学报》2015 年第 9 期,第 98—106 页。

⑨ 曲升:《战后"蓝色圈地运动"的滥觞:"杜鲁门公告"的单方面宣布及其影响》,《中国社会科学院研究生院学报》2020 年第 4 期,第 117—132 页。

些国家甚至提出 200 海里的领海管辖海域,遭到美国的强烈反对,于是,在美国再一次积极地推动下,1958 年在日内瓦召开了第一次联合国海洋法会议。美国在会议上明确提出,沿海国渔业权利的实现并不需要扩大领海。[①]由于各国提案均没有被通过,一直到 1960 年召开的第二次联合国海洋法会议,仍然没有解决领海宽度问题。在美苏海洋法谈判的推动下,1973 年第三次联合国海洋法会议召开,包括智利、秘鲁等国家在内的拉美国家积极主张 200 海里的领海宽度,而澳大利亚、加拿大等国家则主张 200 海里外大陆架的主权权利。美国坚持 12 海里的领海宽度并且接受了 200 海里专属经济区,但是仍然坚持国际海峡的航行自由权。

1977 年,正值海洋法谈判进入胶着的状态,卡特总统上台。为了维护美国的航行自由利益,应对海洋法谈判中的问题,美国国家安全委员会成立航行自由和安全利益工作小组,制定了抗议草案以应对美国不认同的单方面海洋主张,并利用海军行使美国权利。1979 年,"航行与飞越政策和计划"出台,并成为美国航行自由利益和航行自由政策的权威声明。计划提出,针对过度海洋主张要采取外交抗议和军舰的航行自由行动表明美国的权利,[②]其中,外交抗议主要由国务院负责,军事宣示则由国防部实施。"航行与飞越政策和计划"作为抗议政策的一部分,虽然遭到了其他沿海国的反对,但是美国这种宣示性的行动打破了谈判的僵局,高调地表达了美国不妥协的态度,并在一定程度上给谈判参与国施加了压力,成为美国后续航行自由政策的范本并延续至今。

(四) 里根政府"航行自由计划"的完善

1981 年,里根总统上台,发布"美国行使海上航行和飞越权利计划",表明将继续行使航行与飞越权利,反对"过度海洋主张"。[③] 1982 年,第三次联合国海洋法会议最后一期会议最终促成了 UNCLOS 文本的诞生,由于关

---

① United Nations Conference on the Law of the Sea. *Official Records*, Vol. 3, First Committee, A/CONF. 13/39, pp. 25 - 27; Arthur H. Dean. The Law of the Sea. *Department of State Bulletin*, Vol. 38, 1958, pp. 574 - 581.

② Memorandum from Zbigniew Brzezinski regarding Navigational Freedom and U.S. Security Interests inregard to Law of the Sea (LOS) Negotiating Policies, CK3100491108 - 9, DDRS.

③ United States Program for the Exercise of Navigation and Overflight Rights at Sea. December 13, 1982, PD01688, DNSA.

于国际海底区域问题的条款没有达到美国的预期目标,美国最终没有加入
UNCLOS,但是在其国家安全决定指令第 43 号文件中表明,UNCLOS 中关
于航行、飞越的条款与美国利益一致。[①] 由此可以看出,UNCLOS 规定的航
行和飞越条款,美国是认同的,这也是为什么至今美国仍然声称其"航行自
由行动"符合 UNCLOS 的规定。

卡特政府时期的"航行与飞越政策和计划"属于应急计划,并非美国长
期的国家海洋政策。由于里根政府没有签署 UNCLOS,如何有效反对"过
度的海洋主张"、维护美国的航行权利成为当时美国政府首要考虑的问题。
里根执政时期,美国奉行"由于美国在国际事务中的突出地位,美国不得不
积极保护自己的权利不受沿海国家的非法侵犯"的原则,明确美国将行使和
维护其通航自由以及飞越权,以符合 UNCLOS 所反映的利益平衡的方式。
此时的美国政府重新定义了航行自由的目标,并将航行自由问题上升为重
要抓手。在国家安全决策指令第 72 号文件中,美国公布了行使海上航行和
飞越权利的计划,详细罗列了"过度海洋主张"的六类情况。[②] 之后,1983 年
里根总统基于新的航行自由目标发表"美国海洋政策声明",对"航行自由行
动"再度予以重述。在该声明中,里根政府称"美国接受航行和飞越等有关
海洋传统利用权利平衡的原则,并将据此采取行动,绝不会默许任何限制航
行和飞越的行动以及权利滥用的单边行为"。[③] 1988 年 12 月,里根总统发
布公告,宣布美国的领海宽度从 3 海里扩张到 12 海里。至此,美国的"航行
自由行动"正式围绕上述六类"过度海洋主张"展开。

(五)布什政府与克林顿政府"航行自由计划"的发展

至乔治·赫伯特·沃克·布什政府时期,美国希望以 UNCLOS 作为
加强管理、组织和实施"航行自由行动"的合法依据,同时依靠"航行自由计
划"为"航行自由行动"的指导。为此,1990 年,布什政府出台了国家安全指
令第 49 号文件(NSD-49),开宗明义地阐述了"航行自由计划"的现实原因

---

① United States Law of the Sea Policy. July 9, 1982, PD01646, DNSA.
② GR Ballester. *The Right of Innocent Passage of Warships: A Debated Issue*. Revista de Derecho Puertorriqueno, 2014, pp.54-87.
③ Ronald Reagan. *Statement on United States Oceans Policy*. Public Papers of the Presidents of the United States, 1983.

和利益宗旨,即"保持美国军事力量全球机动的畅通。在国际海洋法规则的框架内,美国合法、和平地主张航行自由权的法律立场"。① NSD－49 号文件是美国政府对 UNCLOS 及其航行自由政策走向的表态,其中"航行自由行动"的目的、国务院和国防部的职能分工,尤其是"军事宣示行动"的程序步骤规定得非常详尽,是美国迄今为止与"航行自由行动"最为直接相关且比较完整的政策文件,为美国在海洋航行自由争端中扮演"最终仲裁者"的角色打下了基础。

克林顿政府时期的美国继续对"航行自由行动"加以量化,具体表现在 1995 年美国政府相继出台的国家安全委员会第 32 号文件,以及为进行军事演习而颁布的含有海事法律框架和相关接战规则的国家安全委员会第 33 号文件。两者分别就"航行自由"和"重大军事行动和演习"议题规定了行动细节,文件的专题重点,即"自由航行方案"旨在巩固美国在全球海上航行的权利,特别是在战略水道(例如马六甲海峡、霍尔木兹海峡等)内有争议的"瓶颈",并因此被视为美国支持的双边和多边军事努力的重要组成部分,以促进无论是联盟国还是其他国家对航行自由的一致承认。② 此外,克林顿政府时期的美国航行自由政策更呈现出目标范围"区域化"态势,在 1995 年中菲爆发的"美济礁事件"中,克林顿总统表示:"所有船只和飞机在南海享有的无障碍航行对于包括美国在内的整个亚太地区的和平与繁荣至关重要,美国对南海问题不持立场,但在南海海域凡是不符合 UNCLOS 的海洋主张或非法限制,美国都将重点关注并予以制裁"。这份关于南海问题的官方政策是美国"南海政策"的雏形,体现出美国对航行自由的态度由"中立"向"介入"的转变初现端倪,并为后来奥巴马政府公开干涉南海问题埋下伏笔。从美国政府这一表态可以看出,美国航行自由政策的重心开始向四大洲转移,特别是向亚洲太平洋地区倾斜。

小布什政府延续了布什政府和克林顿政府时期的"航行自由计划",并于 2003 年发布了"美国航行自由计划和敏感区域报告",2004 年发布海洋安全政策,强调了海洋安全的重要性,2005 年再次发布"美国行使海上航行

---

① The White House. National Security Directive 49,http://fas.org/irp/offdocs/nsd49.pdf.
② Dale Stephens. The Legal Efficacy of Freedom of Navigation Assertions. *International Law Studies*,Vol.80,2006,pp.87－89.

和飞越权利计划"，明确"航行自由行动"的方向。

（六）奥巴马政府航行自由政策的倾斜

2009 年，奥巴马政府上台后，美国航行自由政策在延续克林顿政府时期的区域化特点基础上，一改以往对凡属"过度海洋主张"的国家类别化、概括化的打击，呈现出目标性更强的特点，其主要针对范围便是南海海域。此时的美国航行自由政策具体表现为"转向亚洲"计划。在随后的东盟地区论坛上，美国宣布"重返"东南亚，并且加入《东南亚友好合作条约》，旨在借此介入南海问题的争端解决。随着中国的海上军事力量迅速发展、海洋资源开采技术的提升，让美国误以为中国的崛起要与之争夺海上霸主地位，美国开始进一步转移航行自由政策的重心。2010 年，奥巴马政府将"转向亚洲"计划升级为"亚太再平衡"战略，宣布自由利用亚洲共享海域。相较于美国前期的东亚战略，"亚太再平衡"航行自由战略转移行动表现出"空间南移"的明显特征，美国航行自由政策的关切目光从第一次世界大战时期的太平洋地带转向"印太"地区，并重点关注南海。2011 年，美国在南海问题上的国际地位凸显后，美国"航行自由行动"针对中国的目标范围扩大至 4—5项，实施频率和范围均明显扩大，形成了以中国为目标国的美国航行自由政策新动向。

（七）特朗普政府航行自由政策的激进

有着海洋强国之称的美国之所以对其他国家的海上军事能力以及有关海洋权益的主张都十分警觉，这不只是因为美国对航行利益的看重，更是其对全球战略地位的保持。奥巴马政府时期的美国航行自由政策调整推动了美国同东南亚地区间持续合作架构的重建，是美国与地缘重要且复杂地区的战略关系达到巅峰的时期。然而，自 2017 年特朗普上台后，特朗普政府开始改变传统战略方式，降低对东南亚的关注度，选择加强对南海海域的军事行动介入，美军的南海巡航频率远超奥巴马政府时期，美国航行自由政策的针对性达到前所未有的高度。

2017 年 12 月，美国政府公布了特朗普任职以来的首份《美国国家安全战略报告》，进一步指明印太战略的重要意义，即统筹印度洋和太平洋，进行安全合作以维护印太地区的自由、开放。① 可以看出,特朗普政府时期的美国航行自由政策更加重视军事行动,不断强化在"印太"的军事力量,并与部分亚洲国家例如日本、韩国以及东南亚地区国家建立了长期的军事联系合作。

为大幅增加军事"航行自由行动"的频率,特朗普政府没有延续美国航行自由政策的固定形式——"一事一请"制度,而是将"航行自由行动"审批权限予以下放,只需特朗普总统的一次性审批,美军便可实施年度性巡航,使得其军事行动愈加常态化、例行化和长期化。除了频率高的特点外,特朗普政府时期的"航行自由行动"还呈现出行动样式更加激进的特点。

（八）拜登政府航行自由政策的导向

2021 年,美国新任总统拜登上台后,美国"航行自由行动"依旧趋紧。受疫情带来的压力以及特朗普政府在外交领域政策的影响,新任政府亟须修复美国与其他国家的伙伴关系。在新政府执政初期,"罗斯福"号航母打击群于总统就职典礼后第三天便进入中国南海海域,表示美国维护南海"航行自由"的决心。但是从航母的航行范围可以看出,拜登政府一改特朗普时期将"航行自由"行动纯化为军事威慑的特点,降低了"航行自由"行动的威胁性和攻击性。

从美国 2021 年度"航行自由行动年度报告"的统计数据来看,2020 年10 月—2021 年 9 月,美国"航行自由"行动涉及 26 个国家和地区且达到 37次,相比 2020 年度②的 28 次,数量上有大幅度上升。可见,拜登政府的"航行自由"行动有趋紧的倾向。虽然拜登政府继续保持"航行自由行动",但在重振国家关系、减少国际合作成本等方面的政策有所调整,并不像特朗普时期激进,与各国关系也有所缓和。2022 年美国《航行自由行动年度报告》尚未出台,但从军事战略角度加以研究可以发现,美国决定与印度尼西亚启动"战略对话"关系,携手捍卫"南海航行自由",这是奥巴马政府"亚太再平衡"战略的重返,是对特朗普时期"印太战略"的延续和调整;与此同时,美国与

---

① 《美国国家安全战略报告》,https://wendang. xuehi. cn/doc/g3bfgrz4czh7qgbhcy9hcm07z933r7km - 6. html,最后访问日期:2023 年 2 月 25 日。
② 2019 年 10 月—2020 年 9 月。

日、印、澳建立的军事战略合作机制也不容忽视,特别是美澳的核潜艇合作可能成为缓和的航行自由政策下的严峻形势。

从美国在中国管辖海域开展的多次"航行自由行动"事件可以看出,自小布什就任美国总统以来,美国海军的"航行自由行动"逐年升级并呈现出多样化态势,奥巴马时期对中国提出的"过度海洋主张"的反对明显增加,到特朗普时期,美国针对中国的"航行自由行动"不管是次数还是反对的主张都达到了顶峰。从美国航行自由政策的演变过程可以看出,美国国际地位的确立和巩固以及航行自由政策的制定和变化均是以世界重大历史事件为契机,同时伴随着国际政治格局和国家利益诉求的变化而发展,以其创设的"国际法规则"和对现有的国际法规则的解释,包装其在全世界范围实施的"航行自由行动"。

第二节 美国航行自由政策的实施
——"航行自由计划"

一、美国"航行自由计划"的执行情况

自 1979 年美国政府发布"航行与飞越政策和计划"以来,美国在 40 余年间以外交抗议和军事宣示的手段,在全世界范围内进行了上百次针对"过度海洋主张"的"航行自由行动"(详见表 3-1),涉及 60 余个国家和地区。[①]

表 3-1 1990 年 10 月—2021 年 9 月美国"航行自由行动"涉及的地域情况

年度	总数	亚洲	非洲	欧洲	美洲
1991	13	2	5	1	5
1992	22	8	9	0	5
1993	17	8	5	1	3
1994	14	6	5	1	2

[①] J. Ashley Roach. *Excessive Maritime Claims* (Fourth Edition). Brill Nijhoff, 2021, p.20.

（续表）

年度	总数	亚洲	非洲	欧洲	美洲
1995	12	9	3	0	0
1996	14	12	2	0	0
1997	21	12	6	2	1
1998	27	13	8	3	3
1999	26	12	7	3	4
2000	15	9	2	1	3
2001—2003	22	12	3	3	4
2004	7	5	0	0	2
2005	6	5	0	0	1
2006	5	5	0	0	0
2007	8	8	0	0	0
2008	9	9	0	0	0
2009	11	8	2	0	1
2010	12	11	1	0	0
2011	15	12	0	0	3
2012	12	12	0	0	0
2013	12	11	1	0	0
2014	19	12	1	0	6
2015	13	10	1	0	2
2016	22	15	1	4	2
2017	22	13	2	5	2
2018	26	18	2	3	3

（续表）

年度	总数	亚洲	非洲	欧洲	美洲
2019	22	15	1	2	4
2020	19①	10	1	0	7
2021	26	16	1	2	7

资料来源：根据美国历年《航行自由行动年度财政报告》整理，每一年度均为上一年10月至当年9月的航行自由情况。

1990年10月—2021年9月，美国"航行自由计划"的实施呈现出以下变化趋势。

第一，在"航行自由计划"执行的第一个10年，即1991—2000年，美国的"航行自由行动"比较分散，主要在四大洲进行，除1991年外，主要集中于亚洲和非洲，20世纪末期，美国在全球的"航行自由行动"涉及国家和地区数量骤增，可能与克林顿政府开始实行"参与和拓展战略"②有关。

第二，在"航行自由计划"执行的第二个10年，即2000—2010年，美国"航行自由行动"的分散式程度开始下降，所涉地区和国家数量总体上呈下降趋势，主要集中于亚洲地区。造成这一现象的主要原因可能有两个：一是美国正处于域外战争中，无暇顾及其他国家的"过度海洋主张"；二是美国"重返亚太"的战略需要，航行自由政策开始有针对性地指向某一区域。由于美国对南海的关注，亚洲国家和地区特别是东南亚国家和地区因其特殊地缘而成为美国对"过度海洋主张"挑战的主要对象。

第三，在"航行自由计划"执行的第三个10年，即2011—2020年，美国"航行自由行动"的分散趋势有所回升，在2018年（特朗普政府时期）达到顶峰。除2017和2020年，其他年份的亚洲国家和地区的占比在目标总数的70%以上，2012年（奥巴马政府时期）则完全集中于亚洲，2020年所涉亚洲国家和地区数量大幅度减少，美洲国家数量激增，而且从四大洲扩展到大洋洲国家。

---

① 包括大洋洲1个。
② "参与和拓展战略"是指全面参与全球事务、拓展伙伴关系和全球影响力。

第四，自 2021 年起，"航行自由计划"进入第四个 10 年，也是拜登政府执政的第一年，相比于 2020 年整体数量的回落，2021 年度的总体数量达到上一个 10 年的峰值，亚洲所涉国家和地区的数量大幅度提升，同时美洲所涉国家数量仍然保持和上一年度一致。可见拜登政府的航行自由政策并没有缩减的势头。

综上所述，从美国实施"航行自由计划"以来，亚洲地区一直是美国"航行自由行动"的重点区域，非洲地区所涉国家逐渐减少，2004—2015 年，美国并没有对欧洲国家采取任何"航行自由行动"，并且所涉国家数量较少。美洲所涉国家数量时多时少，在 2020—2021 年达到峰值。就上述统计数据可以看出，美国实施的"航行自由行动"并非像美国所说"不针对特定地区和特定国家"，而是具有非常强的针对性，并且发展出其独有的特点。

二、美国"航行自由计划"的执行特点

从美国在全球实施的"航行自由行动"的分析看，美国"航行自由计划"的执行凸显了以下特点。

第一，时间上具有持久性和及时性。美国"航行自由行动"自 1991 年开展至今已持续 30 余年，在反应速度上，基于特朗普政府时期对美国"航行自由行动"申请制度的更改，可以看出，美国"航行自由行动"的开展更加常规，也更加准时，呈现出及时性的特征。

第二，空间上具有全球性和针对性。美国"航行自由行动"的空间分布呈现出由全球性分散逐步向亚洲地区集中的特点。从表 3 - 1 的数据可以看出，美国"航行自由行动"在全球范围内都有分布，但针对欧洲地区的开展次数最少，2000 年以来，在非洲和中东的分布也有所减少，而亚洲地区一直是美国"航行自由行动"关注的重点区域，特别是南海周边国家和地区。

第三，挑战事项上具有广泛性和趋同性。美国"航行自由行动"打击的"过度海洋主张"的类型十分广泛，包括"国家安全指令第 49 号"文件中列举的六类"过度海洋主张"及其细化内容。但自 2010 年以来，经常被美国"航行自由行动"挑战的事项主要有沿海国"对 12 海里之外拥有管辖权的主张"，例如安全区、防空识别区、过境通行限制等；"对外国军舰在领海的'无害通过'要求事先通知或许可，或在推进方式、运载物质等方面设置歧视性

规定的主张"以及"过度的直线基线主张"等。

第四,执行方式上并行推进外交抗议和军事行动。美国"航行自由行动"的执行方式包括外交抗议和军事行动。前者是与沿海国家代表的协商;后者是在遭遇"过度海洋主张"的海域进行的行动主张。在美国"航行自由行动"的实施过程中,外交抗议与军事行动并行推进,1991 年至今,美国"航行自由行动"约实施了 100 多次外交抗议和数百次的军事行动。

第五,功能上兼具法律性和政策性。美国"航行自由行动"的实施依据源于美国国内法律和政策,其本质是落实美国法律和政策目标的工具,但其采取的军事宣示行动的方式体现出忽略一般国际法规则的态度,使得"航行自由行动"的开展逐渐偏离国际法治化轨道,"去法律化"日益凸显,开始向"政策化"倾斜。[①]

三、美国"航行自由计划"的执行效果

（一）世界范围内施加政治和军事压力效果甚微

美国"航行自由行动"在一定程度上督促个别国家修改与 UNCLOS 不符的海洋主张。例如,UNCLOS 规定国家的领海宽度为按照 UNCLOS 确定的基线量起不超过 12 海里的范围,尼加拉瓜作为 UNCLOS 的缔约国,却宣布本国的领海宽度为 200 海里,这显然有违国际法规则,于是在 2015 和 2016 年,美国海军多次在尼加拉瓜开展"航行自由行动",以打击其过度的直线基线主张。尼加拉瓜于 2018 年撤销了原有的领海基线,重新将领海界限划定在 12 海里以内。但总体而言,大部分国家的海洋政策与海洋立法并没有因为美国的挑战而改变,例如,马来西亚仍继续坚持"核动力舰船经过领海需要事先批准";菲律宾也坚持所谓的"过度群岛主张";越南出于国家利益的全面考量,仅于 2012 年将"外国军舰通过领海需要提前批准"改为"外国军舰通过领海需要提前通知"。

可以看出,个别国家虽然修改了原来的海洋主张,但原因在于这一主张在根本上与 UNCLOS 相违背,即其本身不具有合法性。对于符合 UNCLOS 要求,仅被美国定义为"过度的海洋主张",并未达到迫使对象国收回"过度

[①] 吕方园:《过度"航行自由"国家责任的逻辑证成——中国应对美国"航行自由"主张的策略选择》,《社会科学》2021 年第 6 期,第 110—120 页。

海洋主张"的预期效果。综上,美国"航行自由计划"虽有效果,但相比于其遭受的反对与质疑,实际成效甚微。作为被挑战对象的国家海洋主张并未因此而产生本质变化,数量也未因此而大幅减少,这也就不难理解为何美国"航行自由计划"的打击国和打击事项不断增加,但是部分国家仍然反复出现在美国"航行自由行动年度财政报告"中了。

(二)在一定程度上冲击现有的国际海洋秩序

美国"航行自由行动"的大幅开展使国家间的战略互疑不断加深,海洋安全问题尤其是非传统安全问题成为当前国际海洋秩序演变的基本逻辑范畴之一。[1]军事抗议是美国"航行自由行动"挑战"过度海洋主张"的主要方式,开展具体行动的军舰和航空器则是美国派往"过度主张"国家的"警察"。这种未经主权国家同意而在其主权管辖领域内所展开的"警察行动"具有一定威胁性,是对海洋安全的严重威胁,无疑给国际海洋秩序带来了一定冲击。同时,美国"航行自由行动"体现出美国在 UNCLOS 框架外继续践行"领海—公海"二元海洋秩序的意图,与当代多元化海洋秩序的构建相违背。

(三)在区域范围内破坏海洋地缘政治格局

美国"航行自由行动"始终保持着对亚太地区的战略关注和投入,在亚太地区以海洋利益诉求拉拢盟友,同时共同遏制其他国家海洋利益的发展,导致亚太地区国家关系波动。[2]美国提出的重返东南亚政策将美国"航行自由行动"的深切目光投向东南亚国家;随后,日本等美国盟友国家持续跟进,深度介入中南半岛的地缘政治斗争,缅甸成为地缘政治的角逐场,无法从中脱身。通过对表 3-1 的分析可知,美国"航行自由行动"针对的国别性愈加明显,南海作为其重点打击海域,已渐渐成为新一轮全球海洋政治权利斗争的热点地区。以美国为代表的国家对中国在南海断续线内享有的历史性权

[1] 马得懿:《美国"航行自由行动"的逻辑实质与应对策略》,《人民论坛·学术前沿》2019 年第 1 期,第60—69 页。

[2] B. Vaughn, E. Chanlettavery. Emerging Trends in the Security Architecture in Asia: Bilateral and Multilateral Ties Among the United States, Japan, Australia and India, Library of Congress. *Congressional Research Service*, CRS Report for Congress, RL34312, 2008.

利予以公开批评,否认中国南海诸岛的法律地位,支持菲律宾与中国就海洋权益争端进行裁决,导致南海周边国家同中国的外交关系一度跌入谷底,严重影响南海区域国家间的友好外交关系,极大破坏了南海地缘政治格局。

四、美国"航行自由计划"的动因和实质

（一）美国"航行自由计划"的动因

1. 捍卫"世界大国"地位的现实需求

航行自由之争是大国博弈的表现形式,美国的历任统治者都希望在全球陆地或海洋中,美国的军事力量能以最快的速度到达,以维持其在海、陆、空三大领域的霸权地位。马汉的"海权论"对美国的海洋战略影响深远,马汉将对海洋的控制看作是成为世界强权的关键,这让奉行格劳秀斯"绝对海洋自由"理念的美国把海权视为用实力获取利益的精神指导。在美国的认知中,构建一个开放的世界经济贸易体系是维持美国霸权主义的重要方式,而推动经济贸易全球化的重要因素又是海洋空间的开放,那么,保证自由的航行也就意味着美国在全球经济的正常运转,这也是巩固美国世界海洋霸权地位的坚固基石。为进一步谋取海洋利益,美国形成了较为全面的全球性海洋扩张战略,并积极倡导建立"领海—公海"的美国式海洋体系,这些都为美国向世界强国的崛起奠定了基础。

随着海洋科学技术的发展,部分沿海国随之崛起,各国对海洋利益的诉求直接冲击美国传统的海洋利益,海洋资源的开发利用也成为美国争夺海洋利益的重点领域。1945年《杜鲁门公告》兴起了新形势下的蓝色"圈地"运动,加上1973年联合国海洋法会议中海域划分制度的通过,美国所倡导的二元海洋秩序受到了极大的破坏和冲击,美国的航行和飞越自由将受到沿海国主权管辖权的限制。海洋自由的发展让美国在享受自由通航的同时也意识到了海洋开放带来的威胁。因此,美国开始计划"航行自由行动",将其作为美国谋求更广泛海洋利益的工具,从而实现海洋强国、世界强国的地位。"航行自由行动"逐渐成为美国霸权战略的核心和重构国际海洋秩序的重要手段。

作为全球海洋自由航行的既得利益者,海洋贸易体系多年来一直置于美国主导之下,而亚洲地区的崛起则对美国"霸权梦"产生了极大威胁。表面上看,亚洲地区在海洋领域的探索与发展会带来海洋自然资源的争夺,但从更

深层次的角度看,亚洲地区在海洋领域的崛起是对航道控制和制海权的争夺,是对美国海上军事力量快速建设的制约。为确保美国在亚洲和全球地区的主导地位,美国不仅需要遏制亚洲地区在海洋领域的壮大,而且需要其他同盟国支持其主导的航行自由体系,而"航行自由行动"正是可以兼顾二者的措施,被美国看作世界和平与国际安全的重要基础和具有重要战略价值的国际法原则。正因为如此,美国航行自由政策针对的国别性愈加明显,特别是南海战略地位的重要性——连接两洋三大洲最便捷的水道和全球最繁忙的重要航运通道之一,使得南海渐渐成为新一轮全球海洋政治权利斗争的热点地区和美国航行自由政策的重点打击对象。美国要对全世界海洋网络的要点——南海航道加以控制,实现在南海的航行和飞越自由,以维护美国在南海重要的地缘经济与政治利益,这是美国捍卫其强国地位的必然选择。

2. 海洋战略与外交政策的必然体现

美国航行自由是一项策划已久、由一系列方针和行动战略构成、不断拓展延伸的对外政策。美国航行自由政策与其不同时期的扩张战略、外交关系和海洋战略密不可分,表现出法律与政治之间密不可分的关系。美国航行自由政策实质上是美国外交战略在海洋领域的体现,是美国海洋战略的深化和落实。自建国以来,美国为施行国家海洋战略颁发的各种法律规范、法律文件都是为了应对不断变化的海洋形势,推行美国的航行自由政策,助力美国在航行自由的理解中享有话语权,并占有主导地位。

第一次世界大战前,美国国内孤立主义盛行,推行中立政策,此时的美国对海洋利益扩张的诉求并不明显;第二次世界大战时,为确保"大西洋航线"战略的部署,成功构建大西洋护航体系,以稳定美国的海洋战略态势,美国对航行自由原则进行了具有绝对化、自由主义色彩的扩大解释。面对海上贸易发展和寻找航行自由原则支持者的迫切需要,在国际秩序趋于稳定后的 1979 年,美国国内的航行自由政策显露雏形,但政策初期较为缓和,打击范围较小,原因在于美国的"海洋外交"需要获得更多国家与地区的认可。伴随着美国"世界强国"地位的确立,其在外交问题上占据了主导地位,对海洋资源的开发与利用以及海洋科技的发展成为美国外交政策转变的重要考量因素,"航行自由行动"也随着上述战略的扩大而增加了打击范围,伴随着国际海洋形势的变化而不断切换重心。

随着亚太地区的区域发展,东亚峰会、东盟＋1、东盟＋3、东北亚自贸区等多边合作正在逐渐缩小美国对亚洲地区的影响,这无疑是对美国的地区主义外交和海洋战略的冲击。[①] 因此,美国航行自由政策将"火力"转向亚洲。2019年,美国的《国家战略研究报告》提出,中国海军的强大崛起或将与美国海军力量相匹敌,中国在海上贸易、专属经济区的开发保护、海洋上空与海底利用以及海防和近海岛屿方面的战略发展势必会影响美国的海洋战略利益,[②]因此南海作为亚洲地区至关重要的海洋战略地位,美国航行自由更为迫切地需要以此为抓手。为促进与南海周边国家的外交关系发展,以"抱团"应对南海问题,美国的航行自由战略开始具象为"南海政策",与中美外交关系和海洋战略关系的布局一脉相承。

3. 国家根本利益的有效保障

国家利益的实现主要依靠对外政策的实施,航行自由政策则充分体现了美国的国家利益。

从经济利益看,美国"航行自由行动"是维护美国自由贸易、促进美国经济发展的重要手段。如前所述,美国对航行自由的追求源于对贸易便利的需要,而海域和国际海峡的通行自由直接关系世界航运道路的通畅,特别是一些重点海域或国际海峡,例如南海、马六甲海峡等在美国的经济贸易中起到了举足轻重的作用。

从政治利益看,海洋具有联结世界各国利益的天然特质,具有见证和彰显海洋地缘政治格局变迁的属性。[③] 随着美国世界领导地位的确立,"航行自由行动"不再仅服务于经济利益的维护,转而进一步为政治利益和外交利益的需要作后盾。对于菲律宾、马来西亚等美国重要的投资国,"航行自由行动"在争议海域的开展对美国的贸易投资国起到了"保护"和"支持"的作用。因此,"航行自由行动"在一定程度上达到了遏制他国、控制区域乃至掌控全球局势的政治目的,原有的地缘政治格局和国际海洋秩序被打破。

---

① 周琪:《从反恐战争到"太平洋总统"——近十年美国亚太战略调整的内在驱动力》,《人民论坛·学术前沿》2012年第17期,第14—25页。
② 韩献栋、王二峰:《认知偏差、威胁建构与美国对中国海洋战略的政策反应》,《太平洋学报》2020年第12期,第47—49页。
③ 马得懿:《美国"航行自由行动"的逻辑实质与应对策略》,《人民论坛·学术前沿》2019年第1期,第60—69页。

从安全利益看,美国对国家海权的认识和理解较早,从海洋大国转变为海洋强国的历程中,海上军事力量的提升对美国在世界的领导地位的确立功不可没,这也让美国认识到海军在巩固国家地位、保障海上利益、维护国家安全方面的重要性。一些海域因其地理位置的战略性,对美国军事力量在全球的联结具有重要的意义和价值。"航行自由行动"通过在这些战略性海域的实施成为美国维护该地区军事利益的重要一环,旨在通过确保海军力量畅通无阻,发挥"海上机动性",为美国在全球范围内的军事行动提供方便。如果没有航行自由,美国的军事力量在全球的投射将会严重受阻。

(二) 美国"航行自由计划"的实质

1. 创设国际法规则,意图形成国际习惯法

美国维护航行自由的一个重要政策目标,就是将美国对航行自由规则的单方面解释和适用转化为国际通用的法律标准。[①] 美国"航行自由行动"针对的"过度海洋主张",是否"过度"的判断标准并非国际社会的国际法,而是美国所主张的国际法。美国在 UNCLOS 所确立的航行规则之外另起炉灶,借用"航行自由计划"宣传美国对航行自由海洋问题的单边解释,试图让世界各国接受美国重新定义的"航行自由规则",并在此之下否定沿海国的部分管辖权,通过军舰巡航等方式向其他国家强加美国对海洋法规则的解释,并通过不断的"航行自由行动"对美国解释的海洋法规则予以强化和固化,以表明美国所倡导的海洋规则具有国际法基础,从而创设对美国海洋利益有利的"国际法规则"。

此外,美国"航行自由行动"还有一项重要作用——避免"过度海洋主张"成为国家实践。其原因在于,一旦其他国家在 UNCLOS 模糊范围内形成的合理海洋主张成为国家实践,美国所创设的"国际法规则"便无计可施。美国曾在《关于美国海洋政策的声明》以及历年"航行自由报告"中指出:"美国实施'航行自由计划'的法律依据之一便是对'过度海洋主张'的默许会促使新的习惯国际法的产生。"[②]美国认为,部分国家的海洋主张在 UNCLOS

---

① 杨力:《对航行自由问题的法律和政策思考》,《边界与海洋研究》2020 年第 4 期,第 44—54 页。

② U.S. Department of Defense. Annual Freedom of Navigation Report Fiscal Year 2020, 10 March, 2021. https://www.defense.gov.

中没有明确的法律规定，不能直接认定为合法主张。为避免构成对这些海洋主张的默许，从而防止"过度海洋主张"被国际法所接受，美国以"航行自由行动"作为反对意见的表达，这也是美国"航行自由行动"分为外交抗议和军事行动的原因。换言之，美国以包含外交抗议和军事行动两种手段的"航行自由行动"促使沿海国撤回或者放弃"过度海洋主张"，表明美国不承认、不默许抗议所针对的行为的合法性，归根结底旨在维护以美国为核心的国际海洋秩序和以美国为主导的国际法规则。

2. 彰显军事实力，体现维护地区"稳定"的意愿

多年来，美国为"航行自由行动"披上了"世界超级警察"的外衣，坚信其有理由、有义务要求沿海国恪守 UNCLOS 并监查沿海国的执行效果，在采取军事抗议的同时，实则向沿海国施加军事压力，彰显军事实力。一是以军事实力的炫耀向中国等战略国家发出"无声警告"；二是暗示部分国家向美国靠拢；三是借此向地区盟友与伙伴展示美国强大的军事力量，为地区同盟服下"定心丸"。纵观美国"航行自由行动"的开展情况可以看出，美国历次"航行自由行动"的实施背后都有庞大的航母打击群的驱逐舰、战略性核潜艇等作为保障。

除了彰显军事实力，美国还充分体现出维护地区"稳定"的意愿。有着"世界警察"角色设定的美国，声称"航行自由行动"是介入地区海洋实务的正当性手段，目的是维护地区和平与稳定。例如，自"南海仲裁案"的"裁决"作出后，美国多次强调要求中国停止在南海所谓的"挑衅行为"，并派出军舰擅闯南海海域，开展"航行自由行动"，以此"保护"南海区域的安全。此举对菲律宾来说明确表达了美国的支持，为在南海与中国有争议的国家"撑腰"，向南海各国表达对中国"过度海洋主张"的反对。表面上维护南海和平稳定，实则拉拢南海各国对抗中国。

3. 维护军事的全球机动性，提供军事投送的工具

航行自由被国际社会所普遍接受至今，始终被认为是一项国际法规则的原因在于保障船舶在海洋水道上无障碍连续通过的权利。航行自由强调的是海洋作为通道的功能，但不能涵盖各国通过海上航行而实现的其他目的。美国的大部分全球性安全利益与商业利益都有赖于国际运输自由和全球军事机动自由，例如美国地面部队对海军、空军的支援和作战补给；美国

军队的战略部署不受干扰和妨碍；促进和保护美国海军、空军在世界海洋不受阻碍的行动；在危机时刻美国军队足以对不同海域情况进行应急规划；利用海军舰艇、潜水器或航空器等海洋装备进入他国领海或专属经济区内收集重要情报等。为确保上述目的的实现，美国将贸易畅通和高效利用海洋功用放置一边，转向为军事行动"开道"。

2017—2020 年，先后发生了"杜威"号、"约翰·麦凯恩"号、"安提坦"号、"希金斯"号和"拉森"号等事件，美国国防部长卡特称："拉森"号只是进行了一次根据国际法开展的"航行自由行动"，是对美国不同意的海洋主张提出质疑的一种手段，它是合法、无害地通过，没有任何战争意图。① 实际上，透过美国军事宣示行动的表象来看，美国航行自由的本质绝非单纯为了对"过度海洋主张"进行抗议。美国高举抗议"过度海洋主张"的旗帜，多次违反国际法进入他国领海，或在他国专属经济区开展军事测量活动以收集军事情报；或于专属经济区上空进行军事监测活动等，对他国海洋安全造成威胁。美国"航行自由行动"实质上是为维持美国的全球海域和空域的利益而对沿海国权利施加限制所采取的行动，是美国实现军舰在海洋畅通无阻、维护军事的全球机动性和军事投送的重要途径。

4. 增强同盟机制可信性，巩固既存同盟体系

为使美国推崇的"航行自由规则"获得更多支持，美国积极拉拢同盟国，并在不同区域内构建"同盟—伙伴关系网络"。然而由于联合紧密程度的差异、国家利益的不同、综合实力的交杂以及经济发展水平的不一致，美国与其盟国间的关系也因"航行自由行动"的实施而逐渐微妙。美国的同盟体系包含核心盟友、重要盟友、一般盟友和战略合作伙伴四个层次。② 其中，核心盟友的成员有英国、澳大利亚等；重要盟友包括日本、韩国等；一般盟友包括泰国和菲律宾等；战略合作伙伴主要指尚未与美国结成正式军事同盟的国家，例如印度、马来西亚等。③

---

① 任重、李珍等：《美议员逼防长解释巡航细节"无害通过是否承认中国主权"》,《环球时报》2015 年 11 月 13 日。

② 高文博：《美国构建对华新同盟体系》,国家高端智库华南理工大学公共政策研究院(IPP)官方微信平台,https://mp.weixin.qq.com/s/I-LsU35wPh8fQVHjvY3mlw,最后访问日期：2022 年 8 月 14 日。

③ ［美］普拉森·帕拉梅瓦朗：《解析美国亚太战略合作伙伴关系：起源、发展及前景》,《南洋资料译丛》2016 年第 1 期,第 51—67 页。

对于核心盟友关系,美国的合作范围包括深层次的情报军事交流、积极开展重点海域的联合军演,以实现共同的军事利益追求,例如,增强远程投放能力、为未来的航母编队积累经验等以实现关系的高度黏合;对于重要的盟友关系,利用"航行自由行动"进一步增强同盟关系的发展。以日本为例,日本通过积极声援美国在南海的"航行自由行动"以维持美日关系,从而推动在经贸领域、外交领域等其他领域的美日政策合作,以期获得实际利益回馈。而与美国同盟关系等级较弱的国家因在内外政策和意识形态上与美国存在分歧,对美国航行自由的观点和而不同。此类国家并非完全配合美国的"航行自由行动",其中对美国依存度越高、与海洋利益诉求的关联越大以及地理位置相关性越强的国家,对美国"航行自由行动"的回应越积极主动。

对于存在较大分歧的国家,美国一般通过"航行自由行动"打击海洋主张,从而实现以军事威胁向美国靠拢的效果,或通过"航行自由行动"对与反对国有海洋权益争端的国家提供支持(例如,在"菲律宾南海仲裁案"中支持"仲裁裁决",并以"裁决"为依据到争议海域开展"航行自由行动"以维护所谓"区域稳定")、提供海上军事存在建设等方式挖掘与这些国家进行军事、安全合作的潜力,意图打击美国"航行自由行动"的反对国,以实现国家地位的巩固和外交上的拉拢。值得注意的是,美国也在其同盟国家周边海域开展"航行自由行动",旨在以行动证明"航行自由行动"并非针对某一特定国家,同时表明美国政府正在重申美国的全球领袖地位。可见,美国十分依靠"航行自由行动"来增强美国同盟机制的可信性。

第三节　美国航行自由政策的实施基础

一、传统的海洋自由思想

格劳秀斯时期的传统海洋自由原则被各国默认为共同准则。第一次世界大战后,美国称霸世界的野心随着自身实力的增强而逐渐显露,传统的"海洋自由"原则成为其争霸海洋的理论基础。此时,美国所倡导的海洋自由原则仍以"中立贸易权利"为重点。第二次世界大战后,美国成为海洋强国,开始更加注重海洋在经济、军事和国家安全层面的利益。此时的美国逐渐淡化中立贸易权利的主张,并以航行自由代之。

在美国航行自由政策的制定与转变过程中,许多著名人物的海洋思想也产生了重要作用。美国海军历史学家、海军战略理论家马汉曾结合对海军史、海上战争史以及海洋区域战略的研究,阐述海权的重要性及其影响,其中心思想是强调通过海上力量对海洋的控制。马汉的理论问世后在美国国内产生巨大影响,为美国制定全球海洋战略奠定了理论基础,在海权论的影响下,美国积极践行海洋自由思想,掌控了多条重要海上通道,美国海军也走上了大规模海外扩张的道路。美国开始意识到海洋自由的重要性,并对海洋自由原则的理解开始绝对化、扩张化。美国著名地缘战略学家、国际关系学者尼古拉斯·斯皮克曼的"边缘地带学说"也深深影响了美国海洋自由思想的发展。斯皮克曼在《世界政治中的美国战略:美国与权力平衡》一书中指出,美国日后需要与日本联手维持亚洲的权力平衡,特别是制约中国的发展。① 基于此,美国积极推行控制欧亚大陆边缘地带的政策,与多个国家签署了安全性条约。美国航行自由政策中的"重返亚洲计划""亚太再平衡战略"等政策思想都蕴涵着这一理念。美国第 65 任海军部长莱曼在海上控制权的基础上进一步强调美国海军畅通无阻地利用海洋的重要性以及美国海军的威慑、应对危机等作用。② 这不仅促使美国进一步增加对海洋绝对自由的渴望,而且使美国意识到海上军事力量建设的重要性及其对海洋自由思想落地的反作用。可以看出,美国的海洋自由思想在传统的"绝对自由"原则上进一步扩大,形成控制海洋、布局海洋、发展海上军事力量确保海洋自由的全方位方案。

二、UNCLOS 和美国创设的"国际法规则"

在第三次海洋法会议中,UNCLOS 将航行自由置于公海自由原则的首位,赋予各国广泛的自由航行权,同时为各国利用海洋留下了一定的解释空间,有待缔约国进一步实践。虽然海洋自由原则在 UNCLOS 中得以补充和发展,但 UNCLOS 关于航行自由的规定仍较为模糊,导致各国对航行自

---

① [美]尼古拉斯·斯皮克曼:《世界政治中的美国战略:美国与权力平衡》,王珊、郭鑫雨译,上海人民出版社 2018 年版,第 447 页。
② 李双建、于保华:《美国海洋战略研究》,时事出版社 2016 年版,第 26—30 页。

由的具体内涵作出了不同意义的解读,因此产生了部分剩余权利。美国正是在剩余权利上主张"国际法没有禁止即可行",使得剩余权利和 UNCLOS 的法律空白成为美国"航行自由行动"的"合法"外衣。

多年来,美国一直对外坚称其"航行自由行动"是符合 UNCLOS 以及国际习惯法的行为,那么就有必要厘清美国主张是依据 UNCLOS 的哪些规则和国际习惯法。尽管美国至今仍未批准 UNCLOS,但其接受 UNCLOS 除了国际海底区域之外的海洋规则,也正是因为 UNCLOS 关于国际海底区域的规定不符合美国的利益诉求,美国才没有加入 UNCLOS。因此,美国始终以 UNCLOS 作为海上活动的基本规范,结合传统的海洋自由思想和国际习惯法,长期开展并形成规模的"航行自由行动"。在美国看来,早在 1988 年遭遇"黑海事件"时,美苏两国就已达成一致,即 UNCLOS 的航行与飞越自由条款不过是国际习惯法的反映,[①] 在所有国家间达成了海洋利用的利益平衡。可见,美国仍以 UNCLOS 及国际习惯法作为其开展"航行自由行动"的理论基础。

但是,应当注意的是,传统的海洋自由原则提出时,世界海洋范围并未划分,海洋自由多指公海上不受其他国家约束的航行自由。而 UNCLOS 设立了海域划分制度,赋予不同海域相应的法律地位和国家权利义务。航行自由条款尽管继承了传统的航行自由原则,但是不同海域范围的航行自由权利不同,不能等同于传统的公海航行自由原则。在沿海国专属经济区的航行自由尽管比照公海航行自由适用,也不能等同于公海的航行自由。美国将传统的航行自由原则照搬到 UNCLOS 的解释中,刻意忽视 UNCLOS 划分海域制度的意图,违背 UNCLOS 和平利用海洋的精神,在不加入 UNCLOS 的情况下,又错误解释 UNCLOS 条款本意,实则向其他国家强加美国解释的 UNCLOS 规则。此外,美国非常重视国际习惯法的作用,通过多年不间断的"航行自由行动"表达对其他国家"不符合"UNCLOS 规定的"过度海洋主张"的明示反对,意在阻止其他国家的"过度海洋主张"形成国际习惯法,同时证明"航行自由行动"是符合国际习惯法的行为,试图创设国际法规则,为美国"航行自由行动"助力。从这个角度看,美国的"航

---

① J. Ashley Roach, *Excessive Maritime Claims* (Fourth Edition), Brill Nijhoff, 2021, p.753.

行自由行动"多年来也一直遭到其他国家的反对,尚不构成国际习惯法的基础。

三、国内海洋政策与立法的指导

美国与很多海洋国家不同,并没有单一的文件制定全面的海洋政策,而是在过去的半个世纪里不断演变。1983 年,里根总统发表了一份《关于美国海洋政策的声明》,成为美国海洋行动的指导性文件。维护航行自由成为美国海洋政策的重要利益诉求之一。在里根政府之后,航行自由成为历届政府制定海洋政策充分考虑的因素。

从地理因素上看,美国具有明显的海洋地理优势,东西两侧都有大洋保护,近海地区岛屿较少,独占两洋之利。正因为有着先天的海洋地理条件,美国的海上贸易及军事力量更渴求全球水路的畅通。1776 年,美国首次公开明确表述其海洋自由的立场,并在会议上通过了"条约计划",提出了航行自由以及货物自由等基本原则。1978 年,美国商务部发布《20 世纪 70 年代的美国海洋政策:现状与问题》,并指出:"美国海洋政策的框架包含在无数的法规中,这些法规授权联邦政府部门和机构针对随时出现的海洋问题制定计划。"1791 年,《美国联邦宪法第九修正案》将捕鱼自由规定为美国公民普遍享有的公共权利,首次从海洋资源角度将航行自由权利上升至国家高度。2000 年,美国颁布《海洋法案》,成立专门委员会为全面协调国家海洋政策提出建议。2004 年,布什总统发布了第 13366 号行政命令,成立了海洋政策委员会,发布"美国海洋行动计划"。2010 年,奥巴马总统发布第 13547 号行政命令,制定国家海洋委员会以监督海洋、海岸、五大湖政策的执行情况。2018 年,特朗普总统发布第 13840 号海洋政策行政命令,以促进美国的经济、安全和环境利益。这些总统行政命令都旨在维持美国的海上贸易畅通及航行自由。

从美国的历史发展看,在 20 世纪的两次世界大战之前,欧洲列强为了夺取海外殖民地的资源而长期交战时,美国已经凭借本国雄厚的基础完成了两次工业革命,逐渐取代了英国的海上霸主地位。欧洲国家不断的海上崛起至衰落,让美国意识到海洋对于国家发展的重要作用,再加上麦金德、马汉、斯皮克曼等人海洋思想的影响,航行自由逐渐融入美国的海洋政策中。1941年，美国政府与英国政府签署联合宣言，即《丘吉尔罗斯福联合宣言》，其中有关"公海航行自由""机会均等"等内容有利于美国战后势力范围的争夺，确保其世界"领导地位"的取得。美国认为，在西太平洋确立海军优势的关键之一就是控制马尼拉湾，甚至在第二次世界大战前，美国就已秘密采取了"彩虹系列计划"（又称"美国二战彩虹计划"），以保证美国在太平洋上的一系列战略基地自由通航。苏联解体后，美国成为唯一的超级大国，其对海洋的控制并未松懈。为进一步适应冷战后的发展需要，美国国内海洋政策将目光投向近岸海域和他国的沿海管辖海域，以维系其对海洋的绝对控制和绝对优势的需求。正如美国大西洋司令部总司令递交的一份关于自由航行的大西洋舰队海军部队计划提到："美国感到关切的是许多国家开始主张远远超过传统主张的管辖范围，航行自由政策是为了警告各国，美国不会容忍对海上过境造成不利影响的主张。"

从美国的国家战略利益上看，独立战争以及第一次世界大战和第二次世界大战的爆发使美国深刻认识到国家安全与海洋休戚相关，海洋安全格局的构建成为美国海洋政策的重要内容，也是美国航行自由政策的价值追求之一。1908年，美国海军力量跃升至世界第二，美国海洋政策的重点转向海上安全的维护和海上力量的布局。奥巴马政府出台了首个《国家安全战略报告》，美国海军和海岸警卫队也联合签署了《21世纪海上力量合作战略》。继奥巴马政府之后，公布《国家安全战略报告》成为每任美国总统的法定职责。2022年10月12日，美国白宫发布了最新的《国家安全战略报告》，强调美国的战略核心目标是团结盟友伙伴在所有战争领域——陆地、空中、海上、网络和太空进行前所未有的合作，从而对中国形成"综合威慑"。可以看出，美国将国家安全的维护方式偏重于倚靠海上军事力量，海岸警卫队的作用也开始日益凸显。

随着美国国家战略东移，"航行自由行动"的重心也随之向太平洋地区转移，海上军事力量的部署成为之后历任政府海洋政策的重点。基于"海空一体战"的思维，美国开始加强在各个海洋区域的军事力量部署，为确保美国关岛基地的绝对战略地位，美国将大部分核潜艇部队转移至太平洋地区；亚太地区的军事部署也十分严密，实现了美海军战队无障碍随时穿越马六甲海峡的目标，美国海军在亚太地区的控制范围得到极大扩展。为加强对海上战略通道的控制,美国在澳大利亚的军事存在进一步加大,而"航行自由行动"的共同开展则是美国与澳大利亚形成共同海洋利益的重要方式。为此,美国多次与澳大利亚共同开展海上联合军演,巩固双方在航行自由问题上的共识,以助推美国海上军事力量的部署。出于美国海洋战略乃至全球战略的需要,印度洋地区的海洋控制也显得尤为重要。而要实现这一目标,美国就需要改变印度洋地区的地缘政治格局。在这一思想指导下,美国以"航行自由行动"拉拢南海周边国家,并进行军事合作,包括共同宣示航行自由、建立战略伙伴关系等。例如,美国试图通过"航行自由行动"的威慑及共同利益点加强渗透和控制印度尼西亚,双方甚至多次共同开展南海"航行自由行动"。① 此外,美国还利用印度洋地区的海洋权益争议重塑区域地缘格局,以实现美国在相关海域的绝对军事力量。例如,针对印度尼西亚与中国的岛屿权属争端,美国大肆宣扬将与印度尼西亚"共同捍卫南海的航行自由",②而这不过也是美国"航行自由行动"助推美国国内海洋战略目标实现的方式之一。作为世界上主要的海洋大国,美国正为其海洋政策寻求国际社会的广泛、普遍的支持。不仅制定《海军作战法指挥官手册》指导本国海上力量执行"航行自由计划",而且还积极争取其他类似海洋利益的国家采取这项政策。《海军作战法指挥官手册》作为影响其他国家使用世界海洋的具有积极性和建设性的工具,成为美国衡量各国海洋主张是否与 UNCLOS 相一致的重要参考。

四、海军策士与智库团队的协助

在美国"航行自由行动"的实施过程中,海军策士的论证及意见至关重要。针对美国"航行自由行动"中军事行动的合法性及其实施效果,美国海军策士曾展开过深度讨论,从国家军事安全需要的角度出发,利用现实主义国际关系理论充分论证了维持和强化"航行自由计划"的必要性,为"航行自由行动"的开展提供了"合法"外衣及理论基础。在具体行动的公共辩论中,海军策士的激烈争论从多角度为特定行动的合法性、合理性提供了思路,以

---

① 徐立凡:《美国印尼大搞"南海航行自由",其实非常无厘头》,《新京报》2021 年 8 月 5 日。
② 金进龙:《外媒:美国与印度尼西亚启动"战略对话"》,https://baijiahao.baidu.com/s?id=1707130671210379663&wfr=spider&for=pc,最后访问日期:2022 年 8 月 15 日。

便美国政府权衡利弊,从而制定详细行动方案。[1] 在行动实施后,海军策士还对行动的进展密切跟踪、建言献策,帮助美国"航行自由行动"及时纠错或转型升级。在是否需要实施"航行自由行动"以打击中国在南沙群岛的岛礁建造活动的筹议中,美国海军策士分别阐述了支持与反对的理由,[2]最终,在估量得失后,美国政府采取了支持的意见,并作出在渚碧礁附近水域实施"航行自由行动"的决议。在 2015 年 10 月 27 日由"拉森号"开展的行动中,海军策士指出此次行动需要进一步澄清细节,否则将产生适得其反的效果,[3]于是美国政府听取意见,在接下来的系列行动中披露了行动细节。[4]由此可见,海军策士的"风险提示"在"航行自由行动"的决策中发挥着重要作用。

　　除了海军策士的出谋划策外,智库团队的协助也是美国"航行自由行动"的重要支撑。美国智库是提供军事、外交问题的理论、方法的政策研究和咨询机构,近年来,由专家组成的"思想库"在美国"航行自由行动"的决策中日益发挥重要作用。例如,美国智库战略与国际研究中心(CSIS)曾为美国"航行自由行动"提供卫星图片,发布报告声称中国在南海岛礁部署战斗机和导弹,进一步渲染"中国威胁论";[5]国际与战略研究中心的研究员在"菲律宾仲裁案"结束后,建议美国海军定期、平静和不过分张扬地在南海实施"航行自由行动",以此行使和捍卫国际法赋予的航行自由权利;[6]新美国安全中心(CNAS)还曾专门发布研究报告论证东南亚国家在南海海域"航行自由行动"中的地位,指出美国应重新审视对待东南亚地区的态度,获取其对美国"航行自由行动"的支持。[7] 在此基础上,美国重启"亚太再平衡"

① Ronald O'Rourke. Maritime Territorial and Exclusive Economic Zone (EEZ) Disputes Involving China: Issues for Congress. *Congressional Research Service*, 2018, pp.49-50.
② 余东晖:《美国应对南海政策失败的建议》,http://aoc.ouc.edu.cn/2018/0731/c9824a207443/page.htm,最后访问日期:2022 年 8 月 15 日。
③ 任重、李珍等:《麦凯恩逼防长解释巡航:是否承认中国南海主权》,《环球时报》2015 年 11 月 13 日。
④ 张烨:《特朗普上台后美国在南海"航行自由"行动的变化与应对》,《太平洋学报》2018 年第 9 期,第 94—100 页。
⑤《美智库又炒作中国在西沙部署歼 11,妄称岛礁已军事化》,http://mil.news.sina.com.cn/china/2017-04-08/doc-ifyeceza1498332.shtml,最后访问日期:2022 年 1 月 14 日。
⑥ 任梅子:《美智库专家不满美军方拖延南海"航行"怂恿"恢复行动"》,https://world.huanqiu.com/article/9CaKrnJXR8O,最后访问日期:2022 年 8 月 15 日。
⑦ Sam Hananel. *A New U.S. Strategy to Meet the China Challenge*. Foreign Policy and Security, 2019.

战略,以"航行自由行动"拉拢东南亚国家。简言之,美国智库从理论指导、提供方案、人才支持和教化公众四个方面为"航行自由行动"实施提供支撑。同时,其对于特定国家、特定区域的专门、细致地研究也为美国"航行自由行动"的具体开展提供了地缘政治战略指导。

五、美国海上和空中作战力量的保障

对于素有"世界警察"形象的美国而言,海上和空中作战和执法力量是其全球航行自由的有效保障。因此,我们不能忽略以军事行动为主要打击方式的"航行自由行动"实施背后的力量——美国海军、海警、海上装备等海空作战力量。

(一)海上装备的保障

美国海军的规模庞大、装备先进,且吨位是目前世界范围内最高的,这些"硬件"使得美国海军力量的总体实力超过其他国家。有着"全球最强海军"称号的美国海军下设七个舰队,包含海军和海军陆战队两个独立军种,以及数量庞大的驱逐舰、核潜艇、巡洋舰以及两栖攻击舰。其中,两栖攻击舰的性能十分优越,以其为核心组建的"远征打击群"可以实现在航母不出动情况下的海外武力投送。在舰艇的发展上,美国始终以航空母舰为重点发展的主站装备。目前,世界上最先进的航空母舰便是美国的福特级航母,曾多次现身于美国"航行自由行动"中。美国的其他舰种作为"航行自由行动"的重要实施主体,几乎在每一次的军事宣示活动中能看见其身影。例如,"拉森号""本福德号"等驱逐舰就曾多次在南海海域开展"航行自由行动";"卡尔·文森号"核动力航空母舰也是"航行自由行动"中的"活跃舰";2022年4月,美国海军在南海海域开展的"航行自由行动"中,"罗斯福号"航母和"马金岛号"两栖攻击舰出航,为"航行自由行动"的实施效果充分加持。除此之外,"里根号""麦凯恩号""马斯汀号""拉塞尔号""麦克坎贝尔号""拉斐尔佩拉尔塔号"等军舰都是美国开展"航行自由行动"的主力。

(二)海上作战力量的保障

美国海军是美国武装力量的一个分支,负责执行所有与海军有关的事务，保证海洋自由是其职能范围中的重要职责。美国海军不仅以其高性能的军舰为"航行自由行动"的开展提供支持，而且其远超世界水平的军舰总数、战机数量、战略思想以及优秀的作战能力也保证了美国"航行自由行动"在世界上各个海域都能畅通无阻地实施。美国海洋政策的指导思想中有许多影响重大的理论都是美国海军优秀人物提出的，例如，美国海军前部长莱曼提出的对海上军事力量建设的指导思想仍受到重视。再如，前文所述的美国海军策士结合美国海洋军事战略的理论与实践，对"航行自由行动"作出的评价与讨论都是美国"航行自由行动"重要的理论来源。除了美国海军的理论指导，具备优秀作战能力的海军不仅在海上部署和快速响应方面训练有素，而且海军科技战略也是其发展重点。美国海军目前在电磁机动作战、网络空间构建、自主与无人系统、远征与非常规作战等方面均有所涉猎。在作战人员能力方面，美国也制定了更高的标准和要求。除此之外，美国海军的后勤保障体系、作战环境信息保障都比较先进。

（三）海岸警卫队的佐助

美国海岸警卫队系由国会授权，可以在和平时期扮演执法角色的武装力量，战时受海军部领导，是美国在陆、海、空及陆战队以外的第五个武装力量。海岸警卫队主要负责国土防卫、沿海水域和航道的执法、海事法律执行等事务，且其工作范围包括美国声称的"国际水域"，因此与美国"航行自由行动"所维护的利益及其实施范围在一定程度上有所重叠。作为维护美国本土安全的关键力量，海岸警卫队直接服务于总统批准的针对海上安全的国家战略，其本身即是对美国"航行自由行动"的战略支持。在服务美国"航行自由行动"的具体实施上，海岸警卫队主要从以下两个方面为美国"航行自由行动"提供了坚实的基础。

一是海岸警卫队在世界范围内的广泛活动，包括同其他国家的海上执法机构开展的广泛合作以及共同参加的军事事务。美国海岸警卫队与日本海上保卫厅以及东南亚许多国家的海警机构都开展了积极合作，而这些海上安全合作除了出于维护海上安全的需要外，还有一个重要作用便是拉拢盟友、打破地缘政治格局，为美国"航行自由行动"所践行的"绝对航行自由"思想寻求支持或共同开展"航行自由行动"，以形成区域内的海上军事力量抗衡。例如,在美国海岸警卫队与东盟国家的海警合作中,美国从资金资助、军事力量供给等多个方面表现出对东盟海上军事力量的支持,以拉拢东盟国家形成南海的军事力量抗衡。2021年8月31日,美国海岸警卫队还与日本海上自卫队共同在东海海域开展协同训练,①宣示航行自由,这不仅体现出美国海岸警卫队在"印太地区"充当"第二海军"接替"航行自由行动"的实施,而且体现出美国与其同盟国以"航行自由"为由在相关海域的军事威慑,为"航行自由行动"的顺畅开展做准备。

二是配合美国航行自由政策或辅助美国海军实施具体"航行自由行动"。2021年,美国海岸警卫队曾向我国东海出动,配合美国海军实施了"航行自由活动"。② 在新冠疫情时期,美国海岸警卫队更是对"航行自由行动"的具体实施提供了充分帮助。在美国海军中至少有26艘军舰受疫情影响,航母群中仅有2艘位于东亚的航母可以执行任务,③整体出动能力因疫情影响而下降,美国海岸警卫队积极赴相关水域为美国海军开展"航行自由行动"助阵。2022年,美国海军警备司令部还称:"美海岸警卫队计划增加在西太平洋地区的兵力部署,未来可能代替美国海军执行'航行自由'行动。"④可见,美国海岸警卫队为"航行自由行动"常态化、固定化的开展提供了较大助力。

总而言之,自美国建国以来,美国为实施航行自由政策颁发的各种法律规范、政策文件都是为了应对不断变化的海洋形势推行美国的海洋政策,助力美国在"航行自由行动"中享有话语权,并占有主导地位。从美国国内海洋法律与政策支撑的发展历史可以看出,美国在维护海洋自由特别是航行自由方面的国家利益具有长期性和全球性。虽然不同时期的美国航行自由政策有所偏重,但"航行自由行动"的终极目标始终与美国海洋政策的价值追求相契合,作为践行美国海洋政策的多样化手段之一,其通过"航行自由行动"达成了对沿海国海洋主张的限制,消除了潜在威胁,实现了美国海洋利益最大化。

---

① 郭媛丹:《嚣张!美海警舰演练接受自卫队补给后穿航台湾海峡》,《环球时报》2021年9月1日。
② 黄晋一:《美舰又穿台湾海峡挑衅,解放军东海演练"对海突击"》,http://www.cankaoxiaoxi.com/tw/20210829/2452446.shtml,最后访问日期:2022年8月16日。
③ Jon Gambrellj. 2 US Navy Warships in Mideast Hit by Coronavirus Outbreaks. *AP News*, 2021.
④ 郭镇豪:《美海岸警卫队想"千里飞兵西太"替代美海军搅乱南海》,《环球时报》2019年10月24日。

第四章

美国"航行自由行动"对各国的影响及各国应对

美国"航行自由"理念由来已久,在不同的历史时期下往往被赋予不同的内涵和行动指向。出于对其自身国家战略和海洋政策的考量等因素,美国将"航行自由"理念具体化、实践化表现为"航行自由行动",并试图以国际习惯法的外衣,促使其"航行自由行动"更加"合理化、正当化",但其实施并未有效改变沿海国的"过度海洋权利主张",反而引发了一些国际冲突性事件,[①]对相关国家的海洋权益造成不同程度的影响,包括国家安全、领土完整、外交发展,以及经贸领域合作等方面,由此导致各国积极采取行动做出应对。其中,既包含持积极支持态度的日本、英国和澳大利亚,也有如俄罗斯、缅甸等坚决反对的国家,以及冲突与合作并存类型的菲律宾、越南和印度等国。但整体来看,各国针对美国"航行自由行动"采取不同反应与应对的主导性因素,与各国的海洋地缘位置、自身的海洋利益诉求、与美国的相互依存程度等相关。在国际法逐渐深入发展的语境下,深入洞察美国"航行自由行动"的内涵意义,厘清其对各国的积极和消极影响,总结各国的具体应对措施,对中国维护国家海洋安全具有重要意义。

---

① 余敏友、冯洁菡:《美国"航行自由计划"的国际法批判》,《边界与海洋研究》2020 年第 5 期,第 6—31 页。

第一节　美国"航行自由行动"挑战的
各国"过度海洋主张"

"过度海洋主张"和"国际水域"一样,是美国实施"航行自由计划"时提出的词汇,并一直沿用至今。所谓"过度的海洋主张"是美国认为沿海国提出和 UNCLOS 规定不一致且违反国际法的海洋主张。有学者认为,在第二次世界大战后,已经有超过 85 个沿海国家提出了各种海洋主张,影响其他国家使用海洋的权利。美国"航行自由行动"挑战的"过度海洋主张"分为三类:不符合 UNCLOS 海域划分制度的主张;不符合 UNCLOS 航行与飞越限制的主张;其他海洋主张。

一、不符合 UNCLOS 海域划分制度的主张

一是不被承认的历史海湾、历史性水域和历史性权利主张;二是不适当的基线主张;三是超过 12 海里的领海宽度;四是超过 12 海里的限制与非资源相关的公海航行和飞越自由的主张;五是毗连区与 UNCLOS 第 33 条不符合的主张;六是不符合 UNCLOS 第五部分的专属经济区主张;七是不符合 UNCLOS 第六部分的大陆架主张;八是不符合 UNCLOS 第四部分的群岛主张。

二、不符合 UNCLOS 航行与飞越限制的主张

一是限制船舶无害通过领海的主张;二是要求军舰通过领海事先通知或者批准的主张或对此类船舶有歧视性要求的主张;三是和 UNCLOS 反映的国际习惯法不一致的不允许过境通行的主张,未经事先通知或批准的包括潜艇的水下通行、军用飞机的飞越、军舰和海军辅助船的通行等;四是不允许符合 UNCLOS 规定的通过群岛海道的主张,包括未经事先通知或批准的国际航行海道的正常通过等;五是 UNCLOS 的"和平目的"排除符合《联合国宪章》规定的军事活动的主张。

三、其他海洋主张

主要包括军事调查、水文测量、军事海洋学、海洋资源的勘探开发、根据 UNCLOS 第 204—206 条的环境监测和评估、与水下文化遗产相关的活动、在专属经济区需要经沿海国同意的海洋科学研究、限制海底电缆的铺设和维护、用于国际航行的海峡的强制引航,等等。[①]

美国历年的《航行自由报告》均明确列出上一年度美国"航行自由行动"挑战的国家和海域。从 2018 年起,报告中增加了挑战的"过度海洋主张"涉及的当事国国内法律、法规或声明。2019—2021 年,报告均表明美国"航行自由行动"挑战的"过度海洋主张"国包括盟友、伙伴和竞争对手。在 2021 年报告中更公开表示,美国正关注 155 个国家和地区的海洋主张,可见,美国实施的"航行自由行动"涉及海域范围广、国家数量多、海洋主张复杂,并且开始重点挑战对象国的国内立法,势必会对国际关系、国际秩序,乃至国际法治产生重大影响。

第二节　美国"航行自由行动"
对各国的影响

美国海上军事力量的存在不仅对各主权国家的安全造成消极影响,而且也破坏了地区海域的和平,有违世界和平与发展的共同愿望与宗旨。美国"航行自由行动"在一定程度上体现了美国海上战略部署的影响。近几年,美国"航行自由行动"的重心不断向印太地区、亚太地区倾斜;美军多次提出"两个 60％"计划,即将 60％ 的海军军舰部署到太平洋地区、把本土外 60％ 的空军力量部署到亚太地区。为此,美军的兵力部署结构进一步优化,具体体现在以下两个方面:一是增强美国海军在印太地区联合军演的力度;二是提升美军在印太地区的军事装备水平。此外,美国"航行自由行动"还着重强调"前沿存在",强化军事基地的作用,这些明显具有制衡作用和战

---

① J. Ashley Roach, *Excessive Maritime Claims* (Fourth Edition), Brill Nijhoff, 2021, pp.25 - 26.

略包围意图的举动,使得海洋区域内国际安全以及军事上的互信缺失,[①]导致区域内猜疑和顾虑的上升。

除了印太地区,东盟地区的地缘政治也深受美国"航行自由行动"的困扰。东盟提倡的"大国平衡外交"思想为美国航行自由政策的调整提供了机遇,美国借此在南海加强"航行自由行动"的开展,宣传"中国威胁论",以海上巡舰的方式介入南海事务的处理。美国"航行自由行动"本就是美国行使"世界警察"职能的工具,在东盟提出"大国平衡外交"思想的契机下,美国又顺势发展出新角色——东盟地区的"安全保证人",并对东盟内的不同国家制定了不同政策。东盟各国所追求的是各国之间的平等合作,目的是防止大国以其强大的经济实力、军事实力等压制东盟国家,这是促进合作的一种手段,而非为了挑起竞争和对立。而美国在东盟地区依据传统国家关系采取的选择性外交政策加剧了东盟周边国家间安全关系与经济关系的不同步性,导致东盟地区不平衡发展的现象加重。同时,美国强势干扰的做法与越南、菲律宾等国高强度扩张既得利益的举措交相互长,在一定程度上助长了越南、菲律宾等国谋求过度海洋主张的期望。中国提出的"搁置争议、共同开发"的主张被忽视,南海周边地区的紧张程度创历史新高,东盟地区构想的和平与平等的政策也受到挑战。

在外交合作中,美国"航行自由行动"产生的消极影响遍布全球。第一,美国在南海积极开展"航行自由行动",否认中国对南海断续线内水域及岛礁享有的合法权利,将中国建设岛礁的行为军事化,导致周边国家例如菲律宾、越南等同中国的外交关系受损,影响南海区域国家间的友好合作关系。第二,美国以"航行自由行动"保持对亚太地区的战略关注和投入,在海洋利益诉求上控制日韩,共同遏制俄罗斯海洋利益的发展,导致俄日关系波动。[②] 第三,东盟国家间的关系因美国"航行自由行动"在南海的实施而逐渐微妙。东南亚位于印太海域,有众多海上通道,此处形成的地缘政治格局由半岛国家和群岛国家组成,地区经济体内交杂着综合实力较强的国家与

① 李双建、于保华:《美国海洋战略研究》,时事出版社 2016 年版,第 248—249 页。
② Emma Chanlett-Avery & Bruce Vaughn. Emerging Trends in the Security Architecture in Asia: Bilateral and Multilateral Ties Among the United States, Japan, Australia and India. *Political Science*, 2008.

不发达地区。作为小国集团的东盟可分为美国的传统盟友、与美国和而不同的国家以及美国的对立者三类。针对不同类型的国家,美国在航行自由政策方面也有所不同,对第一、二类国家采取巩固和拉拢的态度,提供海上军事存在建设的支持;对第三类国家则采取积极接触的行动,甚至还存在多次以"航行自由行动"打击其海洋主张的现象,以军事炫耀使其向美国靠拢。美国航行自由政策的调整和部分军事政策的实施为一些国家提供了谋求海洋利益的机会,同时也使另一些国家面临两难的困境,特别是积极寻求亚太地区的地缘政治合作的国家。例如,美国提出的重返东南亚政策,将美国"航行自由行动"的目光投向东南亚国家,随后,日本等美国盟友持续跟进,深度介入中南半岛的地缘政治斗争,缅甸成为地缘政治的角逐场。尽管缅甸对美国以军事宣示展现航行自由的行为持反对态度,却也无法从中脱身。第四,美国"航行自由行动"的开展对印度洋周边国家关系的改善十分不利。从美国历年的"航行自由报告"中可以看出,印度也是其打击的重点对象之一。美国自 2007 年开始不断调整印度洋政策,并于 2010 年将印度洋上升至美国战略计划的优先位置。印度实力的增强让美国意识到印度能够在印度洋上大展手脚,因此,美国希望与印度建立坚固的联盟并为之努力,以宣扬航行自由理念来加深印度对中国力量的平衡,使本就复杂的中印关系更加微妙。

在经济合作上,由于美国"航行自由行动"对国家安全和地缘政治产生的一系列影响,海上区域间的经济合作也受到波动。美国"航行自由行动"的目的之一在于通过海上互联互通掌握重要海域的航行自由主导权。为此,美国军舰频繁现身南海等具有重要战略意义的海域。在美国"航行自由行动"的影响下,各国之间的互信机制逐渐瓦解,国际贸易冲突不断升级,不仅区域全面经济伙伴关系(RCEP)受到负面影响,而且各国间的经贸战略空间也因信任崩塌而受到极大挤压。世界贸易和投资便利化水平下降,全球供应链和国际竞争平衡遭到破坏,整个国际经济秩序也随着美军舰艇在海上的自由航行而波澜起伏。

随着国际经贸格局的变迁,美国提供全球性国际贸易公共产品的能力和意愿不断下降,逐渐转向提供成本较低的区域性公共产品,导致全球领域内海上公共产品的提供存在部分空白。一些小国无法享受到优势的资源,各国资源配置效率降低,信息不对称的情况增加。在美国的介入下,东盟国家还出现了竞争性供给的现象,海上安全防务方面的供给冲突明显,霸权主导供给的现象突出。美国"航行自由行动"的强行进入更导致东北亚地区海上安全合作、南海地区海上安全合作和海洋开发合作陷入困境。[①] 美军以外部力量介入海洋合作与治理的博弈,特别是在南海问题上以单边推行的航行自由政策推进"集团式对抗",致使日本、英国、澳大利亚、印度、加拿大等越来越多域外国家介入,南海渐渐成为新一轮全球海洋政治权力斗争的热点地区,航道安全、渔业资源保护等区域海洋治理公共产品长期"供应不足"的问题暴露无遗。[②] 无论是发展中的大国、不发达国家,还是发达国家都深陷其中,造成经济、科技等多维度的发展桎梏。

第三节　美国"航行自由行动"的
各国应对

当前,美国"航行自由行动"对全球的影响正在逐渐加深,主权国家一方面要面对来自美国"航行自由行动"的挑衅与压力;另一方面,还要因共同利益诉求等原因而接受美国的示好与拉拢。因此,各国对美国"航行自由行动"的反应因各国立法与诉求的不同而存在差异。

一、主动撤销型

通过查阅相关数据资料发现,针对美国历年"航行自由报告"中的"过度海洋主张"挑战,部分国家面对美国的挑衅行为选择了妥协与配合,如表4-1所述,部分国家在"历史性水域""过度的直线基线""过度的领海宽度主张""毗连区内的安全管辖事项""群岛基线"以及"对群岛海道正常通行的限制"等事项上选择了妥协,并撤销了本国的原有主张。

---

① 李国选、严双伍:《区域公共产品供给视阈下的东北亚海上安全合作困境》,《教学与研究》2018年第7期,第59—67页。
② 吴士存:《南海,可成海洋命运共同体"试验田"》,《环球时报》2021年9月14日,第14版。

表 4-1 撤销美国挑战的"过度海洋主张"的国家①

"过度海洋主张"	撤销主张的国家	撤销主张的时间
历史性水域的主张	埃及——阿拉伯湾	1990 年
	利比亚——西德拉湾	2005 年
	越南-柬埔寨——北部湾	2012 年
过度的直线基线	德国	—
	孟加拉国	2015 年
过度的领海宽度主张②	阿尔巴尼亚	1990 年
	阿根廷	1991 年
	安哥拉	1992 年
	贝宁	1993 年
	巴西	1993 年
	喀麦隆	1985 年提出,2000 年生效
毗连区内的安全管辖事项	纳米比亚	1991 年
	巴布亚新几内亚	—
	智利	—
	叙利亚	2003 年
	尼加拉瓜	2002 年
	越南	2012 年
群岛基线	佛得角	—
	菲律宾	2009 年

① 数据资料统计来源:J. Ashley Roach, *Excessive Maritime Claims* (Fourth Edition), Brill Nijhoff, 2021.
② Excessive Territorial Sea Claims Rolled Back,https://brill.figshare.com/articles/online_resource/Tables_and_Appendices_in_Material_Supplementary_to_Excessive_Maritime_Claims_Fourth_Edition/12931364.

（续表）

"过度海洋主张"	撤销主张的国家	撤销主张的时间
对群岛海道正常通行的限制	特立尼达	1987 年
	多巴哥	1987 年

注：由于资料有限，部分国家撤销主张的时间缺失。

第一，在历史性水域主张方面，影响性较大的主要包括埃及的阿拉伯湾、利比亚的西德拉湾，以及越南和柬埔寨对北部湾的利益诉求。1951 年，埃及的一项法令规定，埃及的内陆水域包括"埃及王国海岸海湾的所有水域"，但没有提及阿拉伯湾。同年，美国和英国对该主张提出了抗议，其中，英国声称："没有一个历史性海湾是位于埃及的。"而埃及在 1990 年颁布了一项关于沿其海岸的直线基线坐标的法令，但在该法令中没有提到这一历史性的要求，说明其已从国内立法中对该项历史性水域的主张进行了撤销；利比亚于 1973 年通过外交部发布了一份报告，"声称西德拉湾是利比亚的内水"，但随即该项主张便遭到了美国的抗议，"拒绝承认利比亚对西德拉湾构成内水的主张"，并对利比亚"禁止在海湾地区航行"的主张进行抗议。2005 年，利比亚通过颁布整个利比亚海岸的直线基线制度，包括环绕西德拉湾的直线基线制度的方式，放弃了这一历史悠久的水域主张。[1] 1982 年，越南声称北部湾中的一部分是其历史性水域，但 1982 年 12 月，美国对该主张提出抗议，认为越南的主张是没有根据的。其中，美国国务院地理学家办公室指出，对与多个州接壤的海湾的少数案例研究表明，至少与海湾接壤的国家必须都同意该海湾是一个"历史性海湾"，但同样与北部湾接壤的中国并没有将该海湾认定为越南的"历史性海湾"，故认为越南对该片历史性水域的主权值得怀疑。[2] 随即，越南通过国内立法的方式对该项主张进行了撤回。

第二，在过度的直线基线主张方面，撤销该项主张的国家较少，主要涉及德国、孟加拉国，以及因其他压力而被迫无法修改其直线基线的越南。

---

① Decision No.104，June 20，2005，article 1，UN，LOS Bull.，No.59，at 15 - 19(2006).
② J. Ashley Roach. *Excessive Maritime Claims* (Fourth Edition). Brill Nijhoff，2021，p.77.

2012 年 6 月 21 日颁布的《越南海洋法》已经撤销了其他过度的海洋主张，但由于其他压力而无法修改其直线基线这一主张；[①]孟加拉国则是根据其 2015 年 11 月 4 日的公告，用横跨恒河河口和沿其他海岸线的三个部分低水位线取代了 1974 年的直线基线，以此撤销原主张。

第三，在过度的领海宽度主张方面，撤销该项主张的国家数量较多。截至 2019 年 12 月，只有多哥共和国（UNCLOS 的缔约国）仍旧主张超过 12 海里的领海。美国对多哥的该项主张提出抗议，比利时和法国也明确表示，不承认超过 12 海里的领海主权要求。

第四，在毗连区内的安全管辖事项方面，有部分国家撤销该项主张。1990 年 5 月，巴布亚新几内亚宣布将在布干维尔周围建立一个 50 英里的禁区，以粉碎岛上的叛乱和试图分裂的企图。而澳大利亚抗议说，这样超出领海范围的区域是违法的，使得巴布亚新几内亚最终撤回了这一主张。[②]类似情形也发生在智利的国家立法上，其在 1986 年修订民法典，意图在其海域中设置一个 24 英里长的相邻区域，并特别讨论了在该区域内行使安全管辖权的想法，但因为该想法与 UNCLOS 规定不契合而被拒绝。1963 年，叙利亚在《关于阿拉伯叙利亚共和国领海的第 304 号法令》第 13 条中，主张设置一个毗邻 35 英里领海、6 英里相邻的区域，但在 1989 年 11 月 21 日遭到了美国的强烈抗议，最终叙利亚于 2003 年 11 月 8 日撤回了该主张。

第五，在群岛基线方面，撤销主张的国家主要有佛得角和菲律宾。1977 年，佛得角通过国内立法的方式建立了 14 个基点来划定群岛基线。美国于 1980 年以测量技术不准确为由提出抗议。佛得角于 1994 年颁布了新法令，撤销了群岛基线的主张；[③]面对菲律宾制定的群岛基线制度，美国同样以不符合 UNCLOS 规定而予以抗议，促使菲律宾于 2009 年修订了其群岛直线基线的法令，使其符合 UNCLOS 第 47 条的规定。

第六，在群岛海道正常通行的限制方面，有个别国家撤销主张。1987 年，特立尼达和多巴哥澄清了关于不承认群岛海道通过权的立法，菲律宾也

① J. Ashley Roach. *Excessive Maritime Claims* (Fourth Edition). Brill Nijhoff, 2021, p.120.

② J. Ashley Roach. *Excessive Maritime Claims* (Fourth Edition). Brill Nijhoff, 2021, p.152.

③ Law No.6o/rv/g2 Delimiting the Maritime Areas of the Republic of Cape Verde, 1994.

同样表示如果涉及该项主张的立法,将会对其进行修改,以符合 UNCLOS 规定。[①]

综上所述,通过对上述撤销主张的国家进行分析,不难得出以下几点结论:一是大部分撤销主张的国家采取国内立法的方式对被挑战主张进行撤销,少部分国家则直接采取美国要求或主张的做法替代其原有主张。二是美国虽非 UNCLOS 缔约国,却在其"航行自由行动"中总以不符合 UNCLOS 规定为由对其他国家的海洋主张进行挑战。三是多数撤销主张的国家与美国之间存在利益共同点并有求于美国,或者在国家综合国力和军事实力上低于并畏惧美国,这些国家大多属于发展中国家或较为落后的国家。

二、积极支持型

对美国"航行自由行动"表示配合和支持的国家,基于不同原因,也可以划分为两大类:一是以越南为主的南海周边声索国企图通过美国涉入,借助美国军事力量维护其主张的岛礁主权既得利益,进而从中国手中夺取更多的海洋权益。二是包括日本、澳大利亚、英国在内的域外大国。在第二次世界大战后,世界格局发生巨大变化,西方国家在国际社会上的综合影响力得到了显著提升,尤其在政治、经济以及社会发展上所获得的国际支配力得到了迅速提高。在美国将南海作为"航行自由行动"的重点打击对象后,日本、澳大利亚、英国以及法国等域外大国认为,南海"航行自由行动"的开展可以在一定程度上达到遏制中国对南海的管控力,削弱中国的国际影响力,同时域外大国可以借由美国对中国的南海主张进行打击,维护并扩大本国在南海的既得利益,因此部分域外国家积极支持和配合美国在南海的"航行自由行动"。

(一)日本

南海和印度洋都是重要的海上运输线,也是日本亚洲战略的重要区域所在。与此同时,美国"亚太再平衡战略"和"印太战略"也在此部署,而日本

---

① J. Ashley Roach. *Excessive Maritime Claims* (Fourth Edition). Brill Nijhoff,2021,p.438.

作为美国布局亚太战略的关键棋子,同时也是该地区最迎合美国政策的国家之一。[①] 日本借"航行自由"之势拉拢美国,通过加紧与美国的战略联盟来缓解美国"航行自由行动"带来的负面影响。由于日本本土对海洋的需求紧迫,其赖以生存的海上交通线的畅通与安全显得尤为重要。日本在南海虽不存在主权要求,但南海作为战略通道的意义也引起日本的高度重视,南海航线成为日本眼中影响其经济发展和国家安全的"生死攸关"之线。[②] 为此,日本选择以美日同盟的方式借助美国对海上交通线的控制,同时利用美国"航行自由行动"对中国的影响介入南海权益之争,以实现对其他国家海洋主张的制衡,扭转日本海上优势逐渐减少的不利趋势,意图坐享"渔翁之利"。

从日本对美国"航行自由行动"的回应方式来看,其主要通过国内立法的形式做出回应,制定了《在领海等区域外国船舶航行法》《禁止特定船舶入港特别措施法》《专属经济区和大陆架法》等国内法律,吸收美国航行自由思想并应用于本国发展。例如,日本在其《海洋基本计划》中提出积极收集和监视有关海洋资源开发利用的情报、研究专属经济区制度中损害日本海洋权益的对策和进一步推进200海里外大陆架工作等建议。[③] 为深化日本的海洋战略,日本还强化落实"日美澳印"四国的安全对话,将集体自卫权解禁以配合美国的外交战略实施,并在此基础上多次同美国开展海上军事合作。2016年9月,日本应美国之邀,与美国开始在南海频繁开展"航行自由活动"。2021年8月,日本海上自卫队还与美军、澳军共同在印太地区开展大规模联合军事演练活动;同年10月,日本甚至紧随美国脚步派出军舰到南海与美军舰艇联合行动。

虽然日本对美国"航行自由行动"持支持态度,但其对美依赖程度远低于其他国家。日本海洋战略的实现固然需要航行自由,特别是美国"航行自由行动"的助力,但日本希望这一作用是锦上添花而非缺之不可。因此,为提升日本的国际地位,将美国"航行自由行动"的结果转化为最大价值,日本

[①] Noboru Yamagguchi. A Japanese Perspective on U.S. Rebalancing toward the Asia-Pacific Region. *Asia Policy*, Vol.15, 2013, pp.7-12.

[②] Euan Graham. *Japan's Sea Lane Security 1940—2004: A matter of Life and Death*. Routledge Press, 2006.

[③] 廉德瑰、金永明:《日本海洋战略研究》,时事出版社2016年版,第42—56页。

还在海上公共产品的供给能力提升方面做出努力。例如,日本设置了海上保安厅机构,在跨国犯罪、海洋环境保全等方面与国外机构进行协调合作,以合作解决纠纷。同时,日本还参与维护国际和平与海洋安全事务,在海上安全保障方面协助美国等国打击海上恐怖活动。日本国会先后通过了《恐怖事件对策特别措施法》《阻止海上恐怖事件实施补给支援活动特别措施法》《与支援活动有关的执行计划》《应对海盗法案》等。

为进一步落实上述国内法,日本还派出军舰实施海上警备活动,并与他国开展支援合作,为他国军舰补给油料或向他国派遣自卫队、提供军事力量支持等。2002年,日本曾多次派出补给舰向在印度洋开展行动的美国军舰实施洋上给油活动,日本此举确实在一定程度上提升了国际社会打击恐怖活动和其他非法活动的效率,但其中也难免持续向海外派遣军力、呼应美国"航行自由行动"之嫌。在确保海上交通安全方面,日本还在其《海洋基本计划》中指出,要推进维持与管理马六甲海峡航行支援设施,与各国合作清除不符合国际标准的船舶。除此之外,日本还拟在 UNCLOS 框架之下,运用国际公约和合作机制在海洋争端解决、海洋环境保护、海洋资源管理等方面加强国际联系,以期在国际海洋舞台做出日本贡献,拥有一定的话语权。

（二）英国

面对美国以南海为重点打击对象而实施的"航行自由行动",英国一度被冠以"模棱两可"的态度。一方面,英国基于脱欧影响及国家战略重心的转移,使其对南海发展趋势和问题尤为关注,但对中美之间就南海争端尚未做出基本表态。另一方面,英国又通过其他各种形式对美国在南海的"航行自由行动"予以实际支持,却对其自身是否加入美国"航行自由行动"的实践不做任何表态。究其原因,英国意在保证其在南海的基本利益诉求而不愿彻底在南海问题上与中国"交恶"。①

英国历来重视航行自由制度,认为航行自由直接关系英国的政治安全、经济繁荣以及国家海权建设,因此,英国同美国对航行自由的解读较为一致,认为外国船舶在进入他国领海时只应满足"无害通过"的条件即可,而不

---

① 胡杰:《英国对南海"航行自由"问题的立场:认知、影响与中国的应对》,《太平洋学报》2022年第2期,第40—50页。

必得到被进入国的事先批准,并以此为由在南海对中国的海洋主张进行挑战。英国希望美国在南海的"航行自由行动"得以顺利实施,以便其同样可以在南海航行自由畅通无阻。此外,英国还通过官方承认的方式支持美国宣扬的过度海洋主张。英国政府于 2020 年 9 月对南海断续线的合法性公开表示质疑,认为其并不符合 UNCLOS 中规定的历史性权利的构成要件,要求中国应当对"军舰(军用船舶)在领海的无害通过须获事先批准"的主张进行修改,以契合 UNCLOS 中的航行自由精神。与美国及其他南海周边声索国不同的是,英国在南海的主要争议并非对岛礁主权的判定,而是对南海海上通行权的关注。英国始终将中国在南海的岛礁建设行为视为违反 UNCLOS 规定和无视 UNCLOS 精神的举动,将中国在南海的正当海洋权益主张看作对外海权的"无端扩张"。

英国作为传统海洋强国,其对美国的支持无异于会为美国招来更多国家的支持与参与,也将会扩大美国"航行自由行动"在南海的国际影响力,加快南海问题国际法的演变,从侧面增大了中国解决南海问题的难度。且英国的支持方式和力度比日本、澳大利亚以及法国等更为有力。

（三）澳大利亚

澳大利亚作为美国在亚太地区的同盟国之一,对美国的"航行自由行动"予以赞同和支持,但呈现出以声明援助为主、行动上较为克制的特点。自 2013 年"印太"内涵被正式记录在澳大利亚的官方文件中后,澳大利亚在印太区域的总体战略布局和战略重心也在逐渐地形成当中,澳大利亚亦充分认识到地缘环境变化对地缘政治的影响程度,且再次体现出增强同盟国关系的意图,以多边合作和双边合作作为维持其与大国之间的平衡状态,以及与南海周边国家的良好互动的桥梁。溯源历史,澳大利亚与美国之间的军事同盟早有记载,在第二次世界大战期间,美国对澳大利亚给予军事保护,使得澳大利亚在一定程度上免受日本的战争侵袭,由此使得美澳之间的合作愈发频繁,双方信任程度也大大增强,与美结交逐渐成为澳大利亚的一项基本对外政策。而在第二次世界大战结束至冷战结束前期,澳大利亚几乎对美国在亚太地区实施的全部军事行动予以配合,并不断增强本国的海军力量以巩固海防。澳大利亚此举被认为有两方面原因:一是以发展海洋经济为主,保证海上贸易通道置于较为安全稳定的环境;二是希望可以借助美国的力量达到遏制中国崛起的目的,抗衡中国的"政治扩张"。①

一直以来,澳大利亚都将与美国的外交关系体现在国际双边条约和本国立法中,尤为重视对美国的外交政策。《澳新美同盟条约》作为澳大利亚的外交政策风向标,也为澳美始终保持的同盟关系奠定了较为稳固的规范基础。此外,澳大利亚对美国有着一种难以割舍的莫名情怀,几乎将其与美国的同盟关系渗入各领域中。1997 年澳大利亚官方发布的《外交白皮书》再次明确指出,巩固并加强与美国的同盟关系是维护本国国家安全、促进经济发展和社会进步的重要因素;还将美国在国际事务中发挥的国际作用评为世界第一,除美国外,世界上再没有另一个国家有着如美国般的国际影响力。上述种种,均为澳大利亚支持美国的"航行自由行动"给出理由。

在美国的全球战略布局中,澳美同盟是美国谋划亚太地区利益的关键助力。基于此,澳大利亚积极参与美国的亚太事务,为美国干预亚太事务提出不少政策性建议,并逐步开展以美国为主导的联合军事演习活动,以便遏制中国在南海争端中的影响力。2011 年 7 月,以美国为主导,澳大利亚和日本作为参与者,在文莱附近海域开展了第一次联合军事演习活动,试图构建在南海海域内的联合军事防务同盟圈。在每年一两次的澳美"2+2"对话机制中,南海是一定会被提及的海域,南海问题也牵涉其中。澳大利亚对美国在南海的"航行自由行动"也早已是不加遮掩地公开支持。2015 年,美国驱逐舰未经中国批准便进入中国南海岛礁 12 海里;2016 年,美国"柯蒂斯·威尔伯"号驱逐舰未经批准擅闯中国西沙群岛中建岛 12 海里,澳大利亚政府均表示对上述行动予以支持,表明澳大利亚将继续与其他盟友国家就南海航行自由问题持续开展合作交流。②

实际上,澳大利亚一方面对美国在南海实施的"航行自由行动"表示支持;另一方面,又始终未对中国做出强硬行动。究其原因,澳大利亚政府困于中美两个大国之间,原本坚决站在美方队伍,却因同盟国承诺资源降低等问题而陷入两难境地。近年来,澳大利亚也在不断加强与东南亚国家的双边和多边安全合作,与中国在行动上也未完全形成对立。

---

① 薛桂芳:《澳大利亚海洋战略研究》,时事出版社 2016 年版,第 38—39 页。
② 任远喆:《"印太"视角下澳大利亚南海政策的调整》,《太平洋学报》2020 年第 6 期,第 43—58 页。

三、坚决反对型

尽管有国家积极配合美国"航行自由行动",以撤销原有的海洋主张或者以外交途径和实际行动表示支持来回应美国,但是仍有部分国家坚持原来的海洋主张。

（一）俄罗斯

俄罗斯对美国"航行自由行动"始终保持着强烈的排斥反对态度,且采取了法律和实践的双重应对。俄罗斯与美国的利益交叉点主要表现在北极东北航道的定性上。俄罗斯立场坚定地表明,北极东北航道属于其国内航道,并对该航道的航行制定了一系列的法律规范,包括从喀拉海峡到白令海峡之间的航段。俄罗斯有关北方航道所适用的现行法律规定包括《2012 年关于北方海航道水域商业航运的俄罗斯联邦特别法修正案》(简称《修正案》)和 2013 年颁布的《北方海航道水域航行规则》。在《修正案》中,北方航道被界定为包括俄联邦内水、领海、毗连区和专属经济区以内的北部海峡,俄罗斯对此享有管辖权。为进一步明确主权权利,俄罗斯在北方航道规定了引航制度和许可证制度,并通过国内立法加以巩固,实施严格的管控措施。反观美国,其以自创的"国际水域"为理论基础,指出北方航道应作为国际水道共管,并认为俄罗斯所主张的历史性权利和直线基线制度缺乏相应的国际法依据。[①]

对于美国的反对,俄罗斯从历史性水域、冰封海域的法律规定予以回应。俄罗斯以"历史性水域说"为依据,指出早在苏联时期北极水域就已被赋予内水地位。1960 年苏联《边疆法》也公开宣布了苏联对北极海域享有历史性权利;直至 2020 年,俄罗斯在其北极战略文件明确指出:"任何试图改变北方航道主权性质的行为都是对俄罗斯国家主权的威胁和调整。"俄罗斯对这一历史性水域的主张长期且持续,而且 UNCLOS 第 234 条对船舶在冰封区域内的航行增设了"适当顾及"义务,俄罗斯的监督和领航符合UNCLOS 规定。面对俄罗斯的坚定立场,美国数次在俄罗斯北部海峡开展

---

① 高飞、王志彬:《俄美北极东北航道航行自由争端分析及中国因应》,《西伯利亚研究》2021 年第 5 期,第 41—59 页。

"航行自由行动",以促使俄罗斯将其开放为国际海峡,供他国军舰过境通行或无害通过。然而,俄罗斯并未妥协,且试图构建有关北极航道航行制度的法律体系。

针对美国的"航行自由行动",俄罗斯采取了软硬兼施的对策。一方面,注重与美国的对话磋商,给予战略性外交沟通;另一方面,以海上军事力量积极展开行动。

第一,在对话外交方面,美俄海军在海上冲突问题上已经形成了一套相对有效的沟通机制。早在 1972 年,当时的苏联为应对与美军力量的相遇,减少误判,双方签署《关于防止公海及其上空意外事故的协定》,明确海上相遇时双方的行为准则。1983 年,苏联颁布《领海、内海与港口的外国军舰航行与停靠规则》,对军舰的无害通过权予以限制,规定外国船舶舰艇只能在国际航道或者国际水域内无害通行。这一规定成为美军针对苏联开展"航行自由行动"的导火索,拉开了美苏就军舰是否在黑海享有无害通过权而开展外交斗争的序幕。由此,美军在黑海开始了有计划、不间断的"航行自由行动",并以法律辩论加以辅助。苏联也不甘示弱,以外交抗议和辩论予以回击。① 1988 年,美苏爆发著名的"黑海碰撞事件"。在这一撞击与对峙中,美国和苏联之间就 UNCLOS 第 22 条产生争议。美苏进行多次磋商,最终以双方签署《防止危险军事行动协议》和《关于防止危险性军事行动的联合声明》告终,②美苏达成了军舰在沿海国领海航行规则的共识。经历"黑海碰撞事件"后,美国针对俄罗斯开展"航行自由行动"的频次开始缓和,黑海的航行秩序得以恢复。1991 年,俄罗斯通过《北方海航道航行条例》,以法律形式确认了北极航道的法律地位,再一次引发了北极航道航行自由的争议。

第二,在海上军事力量的回应上,俄罗斯强有力的正面对抗实际是其海洋发展战略的体现,美俄之间的航行自由之争实际上是军事力量之争的体现。俄罗斯海军已有 300 余年的历史,俄罗斯历代政府无一不重视海上军

---

① 马得懿:《俄罗斯应对美国"航行自由行动"对策的得失及其国际法解析》,《国际论坛》2018 年第 5 期,第 47—48 页。

② 祁昊天:《规则执行与冲突管控——美国航行自由行动解析》,《亚太安全与海洋研究》2016 年第 1 期,第 15—34 页。

事力量的发展。美国海军对俄罗斯海军也有较高的关注度,美国海军情报局还曾就俄罗斯海军历史脉络的研究发布报告。在 1997 年以前,俄罗斯的海洋战略重心单一,全部注意力都集中于海上军事存在的发展,为俄罗斯应对美国"航行自由行动"奠定了坚实的基础。1997 年后,俄罗斯总统重启俄罗斯海洋战略,提出海军力量、海洋产业和海洋研究并重的思想,但在重启期内,俄罗斯仍对海军进行了重点改革。普京总统任职后,俄罗斯形成了强国战略,这一战略的实现有赖于远洋海军建设的加强。2000 年年底,俄罗斯制定了未来 20 年内海军的长远发展战略,自苏联解体后首次进行了大规模军事装备更新。① 由于俄罗斯海军力量的不断壮大,俄罗斯海陆空防御体系逐渐完善,并以实际行动回击美国的"航行自由行动"。2016 年 4 月,美军驱逐舰进入波罗的海,对此,俄军派出两架战机抵近并于上空低飞盘旋,最近时双方距离仅 9 米,美军称俄罗斯此次的反击为"模拟攻击"。②2018 年以来,黑海和亚速海的安全局势再次成为美国关注的焦点,在这一年时间里,美军共部署 6 艘军舰在黑海地区执行任务,俄罗斯方面则动用电子和技术侦察力量对美军舰进行严密的跟踪监视。俄罗斯甚至直接效仿美国"航行自由行动",一连几天公然在美国东海岸附近海域自由航行,以"俄罗斯式航行自由行动"向美国展示了何为真正的"航行自由行动"。

除了美国单独在黑海海域开展"航行自由行动"外,美军表示还会持续与盟友共同维护地区利益、稳定海洋局势。为此,美军前往乌克兰进行"例行访问",美国海军负责人将美军即将在俄罗斯北部沿海地区实施"航行自由活动"的意图公之于众,并表示美军在北极水域地带采取"航行自由行动"将更为积极,时间也将更持久。2020 年 11 月,美军驱逐舰进入俄罗斯远东重要基地海参崴的彼得大帝湾,而彼得大帝湾是俄罗斯明确划定的内海,美军直接侵入纵深 2 公里之内的俄罗斯领海,被一直监视它的俄军"维诺格拉多夫海军上将号"反潜舰拦截,俄舰警告"可能使用冲撞"手段把美舰赶出领海,美舰最终改变航线驶向公海。③

---

① 肖辉忠、韩冬涛等:《俄罗斯海洋战略研究》,时事出版社 2016 年版,第 153—159 页。
② 北斗燃力点:《强势回击,俄军机"剃头"般地飞掠美军舰,伤害不大侮辱性极强》,https://new.qq.com/rain/a/20210205A06CN100.html,最后访问日期:2022 年 9 月 21 日。
③ 《美军驱逐舰闯入俄罗斯领海,俄军舰发出冲撞警告》,https://baijiahao.baidu.com/s?id=1684320259445392940&wfr=spider&for=pc,最后访问日期:2022 年 9 月 21 日。

除上述措施外,俄罗斯还在能源开发等方面加强与黑海地区国家、亚洲国家、北极地区国家和太平洋国家的战略合作,充分发挥黑海的战略空间作用,平息美国"航行自由行动"的舆论影响。俄罗斯通过加快与中国、韩国、日本等亚洲国家之间能源合作的进程加紧俄罗斯亚太一体化的步伐,降低美国"航行自由行动"对美国亚太再平衡战略的积极作用。在航道问题上,俄罗斯与各国以及国际海事组织、北极理事会等国际组织合作开启了航道制度改革开放的新时代,允许部分外国船只在北方航道单独通行,打破了美国"航行自由行动"的舆论制高点。为进一步管理和开放北方航道,俄罗斯还与中国加强了在北极领域的合作,解决北方航道的管辖权及航行制度问题。然而,根据"黑海碰撞事件"的经验总结来看,美国很有可能再次针对俄罗斯较为单一的具体举措抢占行动的优势话语权。

综上,俄罗斯整体海洋战略目标过于关注海军利益,对美国"航行自由行动"的回应同美国"航行自由行动"的实施有着异曲同工之妙,均是以军事力量为主、外交手段为辅。以军事力量为主是因外交手段虽具有平和、降低冲突和风险的特质,却难以更好地保障其"航行自由行动"的实施,而军事力量恰恰可以弥补其缺憾。因此,在应对美国"航行自由行动"上,俄罗斯会进行更为长久性和战略性的规划。

(二)马来西亚

在美国"航行自由行动"打击的南海周边国家中,虽有如越南般紧紧跟随美国步伐的国家,也有马来西亚、缅甸、老挝等持反对态度亦呈消极状态的部分东南亚国家。这些国家对南海岛礁主权争端和划界问题的发展现状表示担忧,认为南海相关事项应当在南海海域内由周边声索国团结一致协商解决,而非将美国这类域外大国牵涉其中。① 这些反对国对美国的军事安全需要和经济利益往来较低;反之,却与中国的对外经济贸易往来较为密

---

① 马来西亚外长:《"南海行为准则"通过后,希望美国尊重它》,https://baijiahao.baidu.com/s?id=1641068513834439230&wfr=spider&for=pc,2019 - 08 - 06,最后访问日期:2023 年 2 月 28 日;Carlyle A. Thayer. ASEAN'S Code of Conduct in the South China Sea: A Litmus Test for Community—Building? The Asia—Pacific Journal, Vol.10, Issue 34, Number 4, Aug.19, 2012, p.10; "Myanmar's Statement on the Award of the Arbitral Tribunal on the South China Sea under Annexure VII of UN—CLOS", 2016, p.1, http://www.mofa.gov.mm/wp—content/uploads/2016/07/Press—Releases.pdf.

切,对中国提出的"一带一路"倡议有着充分信任,对与中国的合作愿望远超美国,对美国插手南海事务的行为也曾公开表示不满。

马来西亚作为奉行独立自主、中立、不结盟外交政策的国家,积极与东南亚国家和域外国家开展双边或者多边合作。自美国出台"重返亚太"战略后,马来西亚开始重视与美国的军事双边关系,还曾多次与美国在南海地区进行军事演习,但马来西亚对美国"航行自由行动"的立场并非"一边倒",与美国在军事问题上始终保持着良好的交流与合作,同时继续巩固和中国等域外国家的传统友谊。马来西亚的海洋政策是经济利益与安全利益并重,虽然与中国在领土划界方面也存有争议,但解决问题的态度温和且务实,未曾因主权问题直接与中国对峙,反而明确表示美国的军事做法是想要拉拢东南亚国家操控南海局势,这种"外来的干预不受欢迎",和平协商的谈判才是最优解,而如何解决是当事国之间要考虑的事情,无关的第三方不应插足。① 在马来西亚任东盟轮值主席国时,为促进东盟国家的团结合作,马来西亚更直接地刺破了美国"航行自由行动"的面纱,表示"东盟可以自行解决南海问题,不希望美国将东盟个别国家作为代言人用以针对其他国家",直言"美国挑衅"加剧了地区紧张局势,并呼吁东南亚国家向中国靠拢,公开表示对美国想要通过军事力量达到拉拢东南亚国家以控制南海局势的行为予以反对,不欲将马来西亚卷入中美争端中。②

面对美国"航行自由行动"带来的经济合作空间压缩的不利影响,马来西亚选择淡化并搁置主权争议,维持友好关系并加强双边合作。不同于菲律宾以国际法庭"维权"、以军队占领争议岛屿,也不像越南在国际社会宣示主权、以海上军事存在相威胁,马来西亚始终保持低调,没有被卷入军备竞赛中,而是不断朝着良性互动发展。马来西亚采取全方位外交的态度,在与域内国家保持良好关系的同时也十分注重与域外大国之间的联系,这必然与美国"航行自由行动"所蕴含的"结盟""单边主义"等思想相悖。在日趋紧张的南海局势下,马来西亚无法从美国"航行自由行动"的"轰炸"下全身而退,在确保既得利益的同时,马来西亚明确表示不会因南海问题损害中马之

---

① 陈丙先:《马来西亚官方对南海争端的立场分析》,《南洋问题研究》2013 年第 3 期,第 87—91、96 页。
② 《马来西亚前总理马哈蒂尔呼吁东盟向中国靠拢,责备美国挑衅》,https://view.inews.qq.com/a/20220830A09LJT00,最后访问日期:2022 年 9 月 21 日。

间的友好关系,中马在南海享有一致的利益。① 因此,在应对美国"航行自由行动"上,马来西亚推行平衡策略,采取了温和的拒绝态度。

(三)缅甸

美国针对缅甸的"过度海洋主张"的打击事项集中于"外国军舰进入本国领海时应经事先许可或批准""过度的直线基线""安全区的设置"和"过度的领海主张"等,截至 2021 年,美国已经针对上述事项进行了超过 15 次的挑战。自 1982 年开始,美国对缅甸的"过度海洋主张"提出质疑,称这些主张违反了国际法,并以外交手段抗议,美国海军还在 1985、1989、1994、1996、1997 年对缅甸进行了作战宣言。2000 年,美国国务院再次抗议缅甸过度的直线基线主张。

在"过度的直线基线"上,缅甸外交部于 1968 年 11 月发表了一份关于缅甸采用直线基线制度的声明。1977 年,缅甸颁布《领海与海洋区域法》"附件",确立了跨越马尔塔班湾的长达 222 海里的直线基线,成为世界上最长的直线基线。2008 年 12 月,缅甸修订《领海与海洋区域法》,并没有改变马塔班湾的直线基线。在美国"航行自由行动"的挑战和外交抗议的双重压力下,缅甸不仅没有改变其国内立法,弱化其"过度海洋主张",而且在民族主义的激励下进一步强化了国内法对海洋主张的法律支撑。②

四、冲突与合作并存型

随着美国战略重心的东移,美国"航行自由行动"针对的南海国家自然有所调整。部分东南亚国家对待美国"航行自由行动"的态度也随着国际形势和国际海洋利益诉求的变化而发生转移,其中尤以菲律宾、印度尼西亚、越南、印度等国家与美国"航行自由行动"之间既存在对抗,又存在合作。

---

① 白云怡、谢文婷:《马来西亚驻华大使努西尔万:南海紧张升级,马来西亚不会跟风美国》,https://baijiahao.baidu.com/s?id=1678757354543679691&wfr=spider&for=pc,最后访问日期:2022 年 9 月 21 日。
② 曲升:《美国海军"策士"对"航行自由计划"正当性的论证及其影响》,《中国海洋大学学报(社会科学版)》2021 年第 2 期,第 1—14 页。

（一）菲律宾

菲律宾对待美国航行自由政策的立场最特殊，其态度飘忽不定，时好时坏。究其根本，菲律宾对美国航行自由政策的投机态度源于菲律宾海洋战略重心的转移所导致的对美国"航行自由行动"依赖程度的变化。19世纪末，美国一改以往盛行的孤立主义政策，开始向海洋进军，菲律宾也因此置于美国的殖民统治之下。随着菲律宾独立，其海权意识也随之被唤醒，意识到海上力量建设的重要性。然而，菲律宾对美国的依赖程度之高使得菲律宾对美国产生了既依赖又想摆脱控制的矛盾心理。拉莫斯执政时期，菲律宾经济融合度达到了历史最高点，周边海域的安全以及国际贸易大通道的顺畅也日益重要。"美济礁事件"让菲律宾愈发觉察到海上的严峻挑战，促使菲律宾将防务重心转移至南海。菲律宾意识到海上防务任务的完成需要借助美国的军事力量，美军的军事存在对保持东南亚力量平衡起到了关键性作用。因此，早期的菲律宾积极支持美国的"航行自由行动"，借此制约海权竞争对手的海洋主张，并策划"南海仲裁案"，使美国借非法"裁决"进一步打压中国。

1979—1981年，美国对菲律宾持续开展"航行自由行动"，但在签署UNCLOS时，菲律宾仍坚持原有主张，在批准UNCLOS后继续限制外国军舰无害通过群岛水域的权利。① 至2019年，美国已多次在菲律宾宣示航行自由，但是菲律宾仍颁布了多项法案明确海洋主张，实际上也是对美国"航行自由行动"的默示抗议。同时，面对双方战略诉求的不同，尽管在海洋主张上菲律宾与美国有异，但是菲律宾仍在很大程度上需要美国的支持。2013—2015年，菲律宾与美国大规模展开"肩并肩"年度联合军演，其规模和参与军人数较以往大幅增加，演习地点也越来越靠近南海争议海域，② 显示出美菲联盟的迅速扩大。

但是和平解决国际争端仍然是国际社会的共同追求，2016年7月，菲

---

① Root & Joshua L. The Freedom of Navigation Program：Assessing 35 Years of Effort. *Syracuse Journal of International Law and Commerce*，2016，pp.329 - 335.

② Philippine Troops Start "Exercise Balikatan" amid China Tensions. http://www.manilatimes.net/index. php/news/breaking-news/44799；Biggest Balikatan war exercises kick offhttps://www.manilatimes.net/2022/03/28/news/biggest-balikatan-exercises-kick-off/1837925；Philippines，U.S.Launch Military Drills Amid South China Sea Tensions，https://www.usnews.com/news/world/articles/2021 - 04 - 12/2023 - 02 - 28.

律宾时任总统暗示菲律宾愿意恢复与中国的双边对话。为展现出菲律宾独立于美国"航行自由行动"的决心，菲律宾官方甚至发表声明宣示不会再参与其他国家在南海举行的联合军事演习；①菲律宾国防部长还称，美国海军在南海开展的军事演习活动将会给中国带来负面影响，菲律宾为此应保持中立，不应参与其中。② 曾为美国进入本国提供便利的《访问部队协定》于2020 年 2 月由菲律宾宣布暂时解除，而这一文件的终止标志着菲律宾与美国"航行自由行动"的疏离。

（二）印度尼西亚

印度尼西亚作为东盟最大的经济体和国家，在南海航行自由问题上保持着中立地位的"调停者"角色。1957 年，印度尼西亚宣布群岛地位，同时单方面声明群岛内所有水域均为内水。随后，1960 年《印度尼西亚领水法4/1960》以法律形式确立了上述内容。在军舰无害通过权方面，印度尼西亚在《外国船舶在印度尼西亚水域内无害通过的政府条例 8/1962》第 8 条中界定了"无害"的内涵，即不损害印度尼西亚的国防、一般安全和和平。而对于科学调查船、军舰等船舶，若其未经事先通知且未按指定的航线航行，也应被认定为有害船舶予以驱逐。直至 1986 年批准 UNCLOS 时，印度尼西亚仍遵守着上述法律规定。美国为解决印度尼西亚国内法与 UNCLOS 间的不一致问题多次与其进行谈判，而后，印度尼西亚向国际海事组织提交了关于指定群岛海道的提案，但其中并未包括国际通行的所有正常路线。在2005—2010 年，这是印度尼西亚被质疑的唯一过度主张，尽管自美国"航行自由行动"开始以来，印度尼西亚多次对其本国法律进行修改，印度尼西亚始终未改变其海洋主张。

随着印度尼西亚与中国海洋划界争议的出现，印度尼西亚也开始采用对冲策略拉拢域外国家，这在一定程度上导致了印度尼西亚南海政策立场的不确定性。1980 年，印度尼西亚将本国的专属经济区范围扩大至 200 海

---

① 李东尧：《菲律宾总统将派特使来华释放什么信号？》，https://www.guancha.cn/Neighbors/2016_07_25_368714.shtml，最后访问日期：2022 年 9 月 21 日。
② 赵挪亚：《菲防长：总统杜特尔特下令菲律宾不得参加外国在南海军演》，https://baijiahao.baidu.com/s?id=1674074532854690634&wfr=spider&for=pc，最后访问日期：2022 年 9 月 21 日。

里,并颁布了《印度尼西亚专属经济区政府宣言》,以法律手段确定海上权利,从而导致印度尼西亚主张管辖海域与中国主张管辖海域发生重叠。为得到美国的军事援助,印度尼西亚炮制了南海纠纷以配合美国的"航行自由行动",借助美国的军事威胁试图在南海向中国施压。可见,印度尼西亚不同于其他国家对美国的纯粹跟随,而是在美国"航行自由行动"基础上采取动态平衡的策略,引入域外大国力量促使各国势力相互制约,实现区域的多维平衡。[①]

(三)越南

越南选择参与美国"航行自由行动"有两个层面的原因。一方面,从国内实际情况出发,越南国内存在的战争遗留问题至今仍未解决,越南想要以对美国行动的拥护换取美国对越南国内问题的帮助。另一方面,在国际海洋战略层面,越南作为沿海国家,拥有海岸线,越南海洋战略的目标是成为海洋强国,而这一目标的实现离不开对南海资源管辖权的夺取。因此,南海局势的变化发展与越南海洋利益的获得息息相关,二者的联系越发紧密。与其他国家相比,越南对美国"航行自由行动"表现出更多的关注。此外,越南还因南海岛礁的主权纠纷多次与中国发生激烈冲突。为占据主动地位并借此获得美军在军事装备方面的技术和设备支持,增强自身海军队伍建设,越南对美国"航行自由行动"采取了"追随"的态度,不仅自身积极支持美国的"航行自由行动",而且配合美国到处宣扬航行自由理念。对于美国"航行自由行动"针对中国所主张的历史性水域以及直线基线,越南多次公开表示不承认中国在断续线内所主张的任何权利;同时,越南还颁布《越南海洋法》对中国实际控制的中建岛的法律地位进行重新定义,认为中建岛不符合UNCLOS中有关岛礁的构成要件的规定,以压缩中国在南海的主权范围。

2016年10月,美军舰"迪凯特号"在南海实施了"航行自由行动",而越南在这一事件中充当了"解说者"的角色。越南以UNCLOS为法律基础,声称各国都应在UNCLOS的规定下行事,南海的航行自由权应当得到尊重与遵守。这一声明不仅表达了对美军此次行动的肯定,而且为此次行动

---

① 吴士存:《纵论南沙争端》,海南出版社2005年版,第174—175页。

冠以 UNCLOS 之名。[1] 2018 年 1 月，越南就南海航行自由的相关问题接受了美国国防部部长的访问，表达了对美国在中国南海开展"航行自由行动"的肯定。[2] 越南总理亲自在印度发表演讲，强调航行自由保护对印度乃至东南亚地区的重要性，助力美国"航行自由行动"的实施。[3]

从现实情况来看，美国不承认越南提出的南沙群岛部分岛礁主张，认为越南的行为是将南沙群岛军事化的表现，多次对越南领海"无害通过"的事先通知制度提出质疑。越南虽然不反对美国的"航行自由行动"，但也并非完全认同美国的"航行自由"，其通过颁布《越南社会主义共和国关于领海、毗连区、专属经济区和大陆架的声明》《越南海洋法》《越南对于黄沙和长沙群岛的主权》等国内法律文件强调南海领土主张的合法性。可见，越南与美国之间虽然存在战略关系，但越南仍坚持与本国利益相关的海洋主张，且两者之间并不互信。

（四）印度

印度的航行自由理念与美国所倡导的绝对航行自由思想十分契合。20世纪 80 年代，印度的国家实力增强，对印度洋其他国家的态度随之发生转变。印度以往所打造的"印度洋和平区"如今成为遏制其海权发展的制度性障碍，印度海洋战略的传统思想由此开始转向印度版门罗主义思想，印度开始通过外交和武力干预的方式瓜分印度洋的海洋利益。[4] 到了 21 世纪，印度提出海军执行各项任务均离不开任何条件下都能使用海洋的自由。于是，印度也开始奉行绝对的航行自由，秉持"拓展的邻居"观念对其海洋战略加以规划，海军的行动逻辑转变为"海洋天定命运"。印度就此将视线转向结盟交友，以大国的力量干预印度洋的海洋利益平衡。而此时，同样奉行"无条件下畅通无阻的海洋"的美国"航行自由行动"自然成为印度的首选，两者根本思想上的同源注定了印度对美国"航行自由行动"的追随。

---

① 陈相秒：《警惕南海问题成美越安全合作的新抓手》，http://world.people.com.cn/n1/2018/0204/c1002-29804705.html，最后访问日期：2022 年 9 月 21 日。

② 冯学涛：《美防长马蒂斯访越解读》，http://www.nanhai.org.cn/review_c/257.html，最后访问日期：2022 年 9 月 21 日。

③ 聂鲁彬：《印度在总理出席东亚峰会前强调南海"航行自由"》，https://world.huanqiu.com/article/9CaKrnJRBY9，最后访问日期：2022 年 9 月 21 日。

④ 宋德星：《印度海洋战略研究》，时事出版社 2016 年版，第 273—309 页。

在美国海洋战略、经济策略和政治发展中,印度作为东南亚地缘位置较为重要的国家,其"陆间海"的特殊地理构造使其战略地位重要性凸显,成为美国拉拢的重要对象。从美国近年来"航行自由行动报告"中可以看出,美国"航行自由行动"对印度"过度海洋主张"的打击主要集中于影响甚微的方面,数量较少且方式较为缓和,体现出美国在航行自由方面对印度的示好。而印度出于自身海洋利益的需要也逐渐发展为美国的新兴伙伴国。2007 年,印度出台"自由使用海洋"战略,将海军作为发展海上力量的重要依靠。而印度航行自由的践行离不开美国"航行自由行动"的支持,其海军建设的装备更需要美国的一臂之力,搭上美国"便车"成为印度的根本战略选择。加之主导印度洋的雄心膨胀以及南海问题的白炽化走向,印度彻底转变为美国"航行自由行动"的配合者,并多次与美军一同在南海开展"航行自由活动"。

尽管印度表明了支持的态度,美国仍然针对印度的"过度海洋主张"在印度专属经济区进行了"航行自由行动"。2021 年 4 月 7 日,美军阿利·伯克级驱逐舰"约翰·保罗·琼斯"号闯入印度专属经济区,在拉克沙德韦普群岛以西约 130 海里处开展"航行自由行动",声称军事演习不必事先征得印度的同意。[1] 美军闯入印度专属经济区的行动引发了印度对拜登时期美印关系的重新思考。对此,印度政府通过外交渠道向美国表达了对这一行动的担忧。[2]

第四节 各国对美国"航行自由行动"差异性回应

基于上述各国应对美国"航行自由行动"的法律和政策的分析,可发现各国回应的差异性具有如下特点。

---

[1] 《美军舰硬闯印度专属经济区,印度网友心塞:这让我感到我们国家是如此之弱》,https://baijiahao.baidu.com/s?id=16965563155207677618.wfr=spider8.for=pc,最后访问日期:2022 年 9 月 20 日。
[2] 边子豪:《印外交部对美舰硬闯专属经济区表达"关切"》,https://baijiahao.baidu.com/s?id=16966374756287788328.wfr=spider8.for=pc,最后访问日期:2022 年 9 月 20 日。

一、回应程度与各国所处的海洋地缘位置息息相关

美国"航行自由行动"的打击对象主要是重点海域的周边国家,美军派遣海上巡舰的海域多为南海等战略海域,处在不同地理位置的国家对美国在不同海域开展的"航行自由行动"的回应也不尽相同。各国所处地理位置与打击海域的相关性越高,回应度越高。越南、菲律宾等沿海国家位于南海周边,与南海息息相关,南海发生的事件往往牵涉上述国家的利益,因此这些国家对美国在南海开展的"航行自由行动"反应敏捷。而缅甸等国家虽然同属东南亚国家,但其地理位置离战略海域较远,发展重心为国内经济而非海洋主权的扩张,因此对美国在南海开展"航行自由行动"的反应较为冷淡。

除南海海域外,美国"航行自由行动"关注的重点海域还包括黄海、东海、黑海等,故日本的地理位置使其无法"高高挂起"。作为一个群岛国家,日本的四周都被海洋所包围,其本土也主要由本州、四国、北海道、九州 4 个较大的岛屿和周边小岛组成。在地理位置上,日本是太平洋中的"洋中岛国",与中国隔海相望,因此,日本与美国在东海、黄海和南海海域开展的"航行自由行动"紧密相连,对美国"航行自由行动"的回应度也较高。

二、反对程度与各国自身海洋利益诉求的关联性较强

一国对美国"航行自由行动"的应对包括强硬回击、强烈反抗、消极抵制、冷漠回应、包容接受和主动合作等方式。反对程度的变化因素之一为一国对自身或自身以外海洋利益的诉求与美国"航行自由行动"的关联度,各国海洋利益诉求的一致性越强,反对程度越低(一致性越弱,反对程度越高)。

俄罗斯与波罗的海邻国存在海洋划界争端,而美国"航行自由行动"对波罗的海三国(爱沙尼亚、拉脱维亚、立陶宛)打击的次数较少,强度也较低,特别是近年来,美国"航行自由行动"的火力主要集中于南海,与俄罗斯的海洋诉求关联性小。随着北极航道的航行自由问题逐渐引起各国关注,俄罗斯周边海域重回美国"航行自由行动"的重点,这与俄罗斯的国家海洋利益相悖,因此俄罗斯对美国"航行自由行动"持强烈的抵制态度,其应对措施也较为激烈。

反观日本,其海洋利益与美国"航行自由行动"的诉求相一致,为阻碍中国实现合法的海洋权益,日本与美国联手实施"航行自由行动",共同打击中国等与其有海洋利益冲突的国家。因此,日本对美国"航行自由行动"的回应更为主动,融入性也更深。

三、回应态度与对美国的依存度关联性较高

各国对美国"航行自由行动"的态度在一定程度上取决于各国对美国存在何种需求以及依赖美国的程度,需求越多、依赖程度越强的国家就越支持美国的"航行自由行动"。美国在《国家安全战略报告》中对不同国家与本国的安全紧密程度做了对比:菲律宾与美国的安全关系紧密;越南、印度尼西亚与美国的安全关系较为密切;缅甸在这一项调查中甚至未被提名。

在经济需求方面,越南、马来西亚对美国的经济需求度较高;菲律宾、印度尼西亚、缅甸对美国的经济需求度相对较低。就菲律宾来说,亲美疏华政策和美国"重返亚太"战略使得菲律宾和美国紧紧依靠,双方建立和保持着长期合作关系。菲律宾与美国构建伙伴关系之后,美国多次给予菲律宾以物质帮助,使菲律宾的经济得以快速发展,因此其在一定时期内离不开美国。此外,由于日本等国与欧盟介入南海问题的频率不断增加且基本认同美国的南海政策,菲律宾在支持美国的南海战略以抗衡中国一事上更加有声援基础。

在与美国的军事活动上,菲律宾接受了美国的大量军事帮助。为了更好保护菲律宾的国家安全和军事力量,两国签订了《马尼拉宣言》,这让菲律宾更加有信心就南海问题与中国抗衡,也更加依赖美国"航行自由行动"。越南也曾接受美国的军事帮助。越南见美国实力增强便向美国迅速靠近,两国关系也进入融洽阶段。美国重返亚太后,越南顺势而上,逐渐加深和美国的国家安全与国防的合作交流。美国领导人也多次访问越南,并对越南实施了武器准许运输的政策。不仅如此,两国还签订了防务合作备忘录,将国家安全和国防建设的合作常态化。在对美国的依赖不断加深的情况下,越南成为美国"航行自由行动"的忠实盟友。

第五章
美国航行自由政策对中国的影响及中国应对

　　1979 年"航行自由计划"的提出标志着美国航行自由政策的正式确立，它在 40 余年的发展与实践中一直存在着调整与改变，但其制定目的却始终不曾发生变化，即作为一项维护美国全球霸权主义的工具，长期服务于美国称霸世界的全球总体战略。此外，"航行自由计划"经过多年的实践已演变成美国在外交和安全领域上一项成熟化、制度化的国家行动计划，具体表现为通过美军舰与军机在其他沿海国的领海、专属经济区及其上空进行航行和飞越行动对沿海国的"过度海洋主张"进行挑战，继而保证美国的军事力量得以在全球范围内输送，最终实现其维护全球海洋霸权的目的。[①]

　　进入 21 世纪，拥有优越地理位置和丰富自然资源的南海逐渐显露出其背后蕴藏的巨大经济利益和重要战略意义，一跃成为推动亚太地区经济增长的重要地区。虽然美国和中国对航行自由政策有着不同的解读，但基于美国在南海可获得的利益累积，南海成为美国航行自由政策的重点实施区域；并且在美国日益加深对南海事务的介入程度之后，南海问题逐步升温，南海的稳定深受美国"航行自由计划"实施的影响。因此，对美国南海政策的转变进行整理与分析，在理论意义上可以为研究美国的海洋霸权主义提供崭新的研究思路与角度，亦可以揭示美国"航行自由计划"的特征与未来发展趋势；在现实意义上则有利于更为准确、清晰并有力地把握美国的南海航行政策和外交政策；此外，美国南海航行自由政策对中国的海洋事业发展

[①] 张烨：《特朗普上台后美国在南海"航行自由"行动的变化与应对》，《太平洋学报》2018 年第 9 期，第 94—100 页。

也有着一定的借鉴意义。中国作为一颗冉冉升起的海洋之星,拥有辽阔海域和各类海洋资源,海洋开发和利用能力的提升亦是近几年中国增强国家综合实力的重中之重。解读美国南海航行自由政策的演变,明确美国南海政策的特点与发展趋势,无疑可为中国的海洋政策提供一些参考。

第一节　美国航行自由政策在南海的演变

一、冷战时期的美国南海政策

美苏冷战期间,世界政治格局发生巨大改变,以美国为首的资本主义集团和以苏联为代表的社会主义阵营展开了在政治、经济、军事以及文化思想领域的全面对抗,彼时的国际社会完全被冷战阴云覆盖,中美关系进入冰冻期,美国逐步展开对中国的直接遏制战略。以朝鲜战争爆发为节点,在此之前,南海尚不在美国的太平洋防线范围之内,说明彼时美国并未将南海置于其外交和安全政策的议程中。但在朝鲜战争爆发后,美国对于亚太地区的态度和行动有了明显改变,而在美国逐步图谋介入南海事务的过程中,《东南亚集体防务条约》起到了重要作用。美国为了实现在亚太地区遏制"共产主义"发展的目的联合其他7国签订该条约,并依据该条约成立了东南亚条约组织。这是一项明显针对中国在南海活动的政策,美国试图否认中国对南海岛礁的领土主权,无视越南、菲律宾等国对中国享有主权的岛礁的侵占行为,这无疑体现了艾森豪威尔政府妄图染指并控制东南亚军事力量的企图。①

一方面,美国在南海直接实施军事行动,与部分东南亚盟国进行联合军事演习;另一方面,在南海主权争端问题上,美国选择默示站队,尤其对越南和菲律宾的南海主权声索提供了背后支持。一直以来,越南和菲律宾都在对南海岛礁主权进行争夺,但因其岛礁主张缺乏国际法依据等原因而寄希望于域外大国的干涉。美的默示允许也为上述国家的主权声索提供了些许底气。但美国作为南海争端第三方的加入,对于南海岛礁主权争端的解决并无现实意义,相反还会增加南海问题的复杂性,使得南海问题由区域化

---

① 张明亮:《从〈东南亚集体防务条约〉看美国的南中国海政策》,《东南亚研究》2004年第6期,第47—50页。

争端逐步演变为国际化争端。

冷战后期，随着中苏关系的日益恶劣，尼克松访华标志着中美关系由紧张转向缓和。在此时代背景的影响下，美国对待中国的南海政策也由直接遏制而一步步演变为消极中立。值此期间，美国一改往日的默示站队做法，强调以和平手段解决南海争端，并不对各方涉及主权问题的合法性做出表示，但较为关注美国在南海的航行自由权利。美国南海政策的消极中立态度主要体现在对南海爆发的战争保持中立不站队的立场：一是在 1974 年中国西沙群岛自卫反击战中，中国在此次自卫反击战中从越南手中夺回了被侵占的金银、甘泉、珊瑚三岛，并重新巩固了对部分南海海域的控制，维护了中国国家领土的完整。美国并未呈现出支持越南的立场，主要作用仅表现在帮助越南海军退出争端岛屿，且美国国务院发言人亦再次发表"不参与西沙海战，应当由有主权的国家自行解决"等中立言论。二是在 1988 年爆发的中越南沙海战中，中国海军成功夺回包括赤瓜礁在内的几个重要岛礁，由此奠定了中国在南海的重要地位，而美国在该战争中亦并未采取任何军事行动援助越南海军，呈现出中立的态度。但这种中立不过是美国为了达到"联华抗苏"目的的应对之举。在当时的国际背景下，美国没有将心思放在南海或亚太地区上，且在美国看来，中国凭借当时的国家实力和海洋开发能力是无法在短期内完全控制南海的，这也是美国实施中立政策的原因之一。

可见，冷战期间美国对南海争端表面呈现出一种"事不关己"的中立态度，但事实上并未将目光从南海转移，所谓的中立不过是美国权衡利弊后的另一对华政策。

二、冷战后至 2008 年的美国南海政策

1991 年苏联解体后，东欧各国发生了巨大改变。横跨了近半个世纪的美苏对抗也由此落下帷幕，冷战阴云逐步消散。随之而来的是美国独霸的局面，美国领导世界发展走向的意图愈发明显，其中包括美国的海洋发展政策。在冷战结束初期，美国对华的南海政策仍保持中立态度，但在 1995 年"美济礁事件"爆发后，菲律宾不断扩大事态，美国的南海政策由冷战后期的消极中立转变为积极中立和倾向干预。借此事件，美国表明其在南海拥有

航行自由和飞越自由的基本海洋权益诉求，要求中国按照 UNCLOS 规定行事，不得脱离国际法框架擅自解决南海争端。在这一时期，美国通过军事力量援助、强化舆论战、派遣舰队访问等方式表明对菲律宾南海主张的支持，充分表明其重返南海乃至亚太区域的立场。① 为了达到牵制中国海上军事力量向远海发展的目的，美国积极展开与其他同盟国的合作：一方面，美国同菲律宾达成合作，将军事演习基地建在菲律宾，和菲律宾合作计划"肩并肩"军事演习，同时与其他南海周边国家组织多次军事演习活动；另一方面，美国又同文莱、马来西亚等中国周边国家签订了关于航行自由、飞越自由的条约，以确保美国"航行自由计划"顺利实施。

在此期间，美国的南海政策可归纳为以下几点：一是美国仍旧主张以和平手段解决南海争端，但透过其在"美济礁事件"中的声明不难看出其对中国的警告和即将介入的态度；二是南海的航行自由是美国最关注的重点海洋利益之一，必要时，美国可为了维护本国的航行自由权进行军事行动；三是重视与部分东盟国家的合作，逐步加强美国在南海地区的政治战略和经济发展战略。

三、奥巴马政府时期的南海政策

2009 年，在奥巴马政府上台后，因美国全球战略调整，美国外交政策的适用对象和重心逐渐由欧洲转移至亚太地区，亚太地区在美国外交和安全战略中的比重得到进一步的提升。亚太地区作为 21 世纪以来美国的重点军事防卫区，是美军海外总部辖区范围最大的区域。② 在此期间，美国的南海政策从幕后搬至幕前，中立政策逐渐向强化转变，政策取向更为积极主动，奥巴马政府介入南海事务的态度转变较大。

在奥巴马的第一任期内，美国的南海政策变化已然初显，呈现出由积极中立转为积极介入的态势，但这种介入以间接介入为主，并逐渐有"选边站"的趋向。2010 年 7 月，时任美国国务卿的希拉里在越南河内就南海问题发表的讲话不仅重申了美国的南海政策，而且增加了新的具体内容，第一次正式表明了美国对南海的态度，认为南海与美国的海洋利益和国家利益息息

---

① 孙晓光、张赫名：《试论冷战结束以来美国的南海政策》，《史学月刊》2019 年第 6 期，第 88—94 页。
② 李双建、于保华等：《美国海洋战略研究》，时事出版社 2016 年版，第 228 页。

相关,美国有权在南海寻求更为广泛的利益,并且要求南海周边各声索国应当按照 UNCLOS 规定主张海洋权益;在演讲过程中,希拉里始终强调美国对南海问题呈中立态度,但对中国南海管辖权主张的合法性问题仍旧体现出介入南海事端的"委婉意图"。[①] 此外,菲律宾、越南在希拉里讲话之后,甚至一度将该讲话内容作为挑衅中国南海主权的依据。2012 年,中菲之间爆发黄岩岛冲突,中国对菲律宾实施经济制裁,并在海南省设立三沙市。美国于 2012 年 8 月发表声明,对中国的上述行为进行公开批评,指责中国行为与中国倡导的合作性外交政策背道而驰,加剧了南海区域的紧张形势。这是自冷战结束以来,美国针对南海问题所发表的第二次官方声明,亦是奥巴马政府对于南海争端的首次表态。在批评中国行为的同时,却对菲律宾、越南对中国的挑衅行为置之不理,奥巴马政府的"选边站"倾向已显露。[②]

在奥巴马的第二任期内,美国的南海政策直接转变为明确的"选边站"。随着美国"亚太再平衡"战略的有序推进,美国政府对南海的关注程度日益加深,介入方式也由间接介入转变为直接干涉。2014 年 12 月 5 日,美国官方发布的一篇研究报告《海洋界限:中国的南海主张》首次对南海主权争端进行了正式表态,对中国的南海主权表示质疑,认为南海"U 形线"的划分过于模糊,与国际法规定并不相符,[③]同时支持菲律宾通过寻求国际海洋法庭仲裁的方式解决与中国的南海岛礁主权争端,并在仲裁结果出来之前,在南海进行"航行自由行动",以此来试探中国对南海的态度。但在仲裁结果出来后,面对中国不接受、不参与、不执行的态度,美国的南海政策又明显降温。

奥巴马执政期间的南海政策可以细化为以下几点:一是通过发表官方声明或领导人演讲等方式在各种公开场合表达对南海问题的"热切关注",加大南海问题的外交关注力度,促使南海问题演变为国际化、多边化争端;二是对于南海周边声索国的主权要求及争端,强调并支持采取法律方式解决;三是不断向越南、菲律宾等南海周边国家提供军事援助,以此加强与其

---

① 王巧荣:《奥巴马执政时期美国的南海政策》,《史学月刊》2019 年第 10 期,第 100—108 页。
② 韦宗友:《解读奥巴马政府的南海政策》,《太平洋学报》2016 年第 2 期,第 27—37 页。
③ Office of Ocean and Polar Affairs Bureau of Oceans and International Environmental and Scientific Affairs U.S. Department of State: Limits in the Seas. *Maritime Claims in the South China Sea*. No. 143, 2014.

他盟国的联系,为美国深度介入南海事务做好铺垫;四是多次无视中国的反对与抗议,在南海执行"航行自由计划",挑衅中国领海主权,对南海问题进行直接干涉。美国作为一个非南海周边国,主动积极地介入南海争端,通过增强与盟友的关系、巩固东盟的多边合作机制等方式,声称为了捍卫包括航行自由权在内的广泛的国家利益,实则达到削弱中国在南海的力量、遏制中国在南海发展的目的。

四、特朗普政府时期的南海政策

2017 年,特朗普政府上台执政之后,始终奉行"美国优先"的理念,并实施了一系列"去奥巴马化"的外交政策。表面上在"美国优先"理念的指导下,经济贸易问题和朝鲜核问题似乎构成特朗普亚太战略的重要组成部分,实际上特朗普政府仍未忽视南海问题。

首先,就美国传统的"航行自由计划"而言,2017—2021 年,美国针对南海实施的"航行自由计划"多达 32 次,[①]其行动频率远远超过奥巴马执政期间的频率,更多地将中国在南海的合法主张和行为视作对美国"航行自由计划"和区域军事力量的挑战,甚至将中国综合国力的逐渐增强视作对美国"全球领导地位"的挑战。[②] 特朗普政府不仅行动频率呈现出较奥巴马执政期间的加强态势,而且在审批方式上也体现出精简的趋向,一改奥巴马时期的"一事一议"方式,实行"年度巡航"计划,以促使美国在南海的"航行自由行动"常规化、制度化以及长期化。

其次,"挂钩政策"的使用将南海问题与其他问题相挂钩。在基辛格看来,"挂钩政策"是指在美国自身综合国力和国际影响力相对下降的情况下,为了达到维护美国国家利益和全球霸主地位的目的,从地缘政治角度和现实国家关系与国际格局的角度出发,与主要竞争对手在双方风险较为聚焦的地方进行全方位、多层次的战略合作。[③] 这也是特朗普作为一名曾经的成功商人的经验之谈。而"挂钩政策"在南海问题上则主要体现为与经贸问

---

① 安寿志、申钟秀:《美国在南海"航行自由行动"的变化情势与相关国际法问题》,《国际法研究》2022 年第 3 期,第 52—71 页。

② 葛汉文:《美国特朗普政府的南海政策:路径、极限与对策思考》,《太平洋学报》2019 年第 5 期,第 73—81 页。

③ 张蕾蕾:《美国特朗普政府南海政策分析》,《国际论坛》2019 年第 1 期,第 88—102 页。

题的挂钩,美国一方面对中国展开一场旷日持久的贸易战;另一方面,又企图以向南海施压的方式迫使中国做出妥协,以此维护美国的国家政治利益和在南海的经济利益诉求。

最后,在发展盟友与开展外交合作上,特朗普政府以"印太战略"来代替奥巴马执政期间倡导的"亚太战略",着重关注与印度之间的国际关系。印度并非南海的主权声索国,但这不代表其在南海并无利益可寻,只是其态度不及其他南海声索国强硬。印度在南海的基本利益诉求可归结为以下两点:一是政治企图。印度同美国一样有着遏制中国发展的目的,印度若想快速发展,成长为一个区域大国,势必要在亚太和东南亚地区的影响力和话语权上超过中国。但就目前中国的发展势头和崛起速度来看,这对印度来说俨然是个不小的难题,印度只能积极寻求利益诉求基本相同的盟友,遏制中国在南海的发展。二是经济利益。印度油气资源较为贫乏,南海的丰富油气资源对其无疑是巨大诱惑。对于美国来说,同样如此,印太战略是对奥巴马时期亚太战略的西向延伸,美国若想建立一个地域更为广阔、联系更为密切的战略伙伴体系以削减中国在亚太和东南亚区域的影响力,并达到对其亚太盟友进行安抚的目的,势必要借助印度的力量。

可见,这一时期美国在南海的"航行自由行动"在次数、频率以及审批程序的简便化程度上呈现出远超奥巴马时期的特点,对南海的重视程度有增无减。

五、拜登政府时期的南海政策

自 2021 年拜登上任美国总统以来,美国的南海政策及下一步对待南海周边声索国的态度和部分行动引起了南海相关国家的广泛关注。相较于奥巴马政府和特朗普政府的南海政策,拜登政府在一定程度上选择了延续亚太战略和印太战略,但时值新冠疫情在全球肆虐之际,中国着力对抗疫情取得重大胜利,为中国各方发展迎来了全球新机遇。而反观美国,国家综合实力逐渐衰落,受国内外众多不稳定因素影响,美国愈发将正在全面崛起的中国视为假想敌,故美国国内各党派在维护美国国家利益的诉求下,在全面打击和遏制中国发展的问题上逐渐达成一致,而南海亦成为拜登政府遏制中国发展的重点区域。

从整体上看,拜登政府与前两任政府在遏制南海发展的总体方针上是大体一致的,不过在具体手段上愈发理性化和规范化,主要体现在军事、外交以及法律层面。[①] 一是在军事层面,体现出全面强硬的遏制态度,持续在南海实施"航行自由计划"和愈加频繁的定期军事演习活动,并不断增强美军在南海的军事力量,持续更新军事基础设施,注重对高端军事技术的投入与研究,将与盟友和伙伴国之间的军事和联合外交行为上升到新高度。自拜登政府上台以来,截至 2022 年 4 月 30 日,美国与盟友和伙伴国在南海上演的联合军事演习活动已超过百场。[②] 在军事投入方面,根据拜登政府于 2022 年 3 月 28 日发布的国防预算报告可知,2023 年的国防预算达到 8 133 亿美元,较 2022 年的 7 961 亿美元,增幅为 2.16%。[③] 此外,拜登政府着力对华塑造军事威慑体系,意图通过增加美军在南海的军事力量来对中国的南海政策和主张以及其他影响美国航行自由利益的活动进行威慑。

二是在外交层面,拜登政府积极致力于恢复并加强与盟友、伙伴国之间的关系,尤其注重对南海声索国的拉拢与安抚。一方面,拜登政府积极拉拢域外国家参与南海问题以表明美国捍卫航行自由的决心,先后拉拢英国、澳大利亚和法国在南海行使所谓的"航行自由权",意图以此类活动表明美国与其他利益相关国坚决维护航行自由的正当性,同时构建美日印澳四边机制以干扰南海问题,加强美日韩同盟关系以进一步制约中国发展。另一方面,拜登政府同样注重对南海声索国的拉拢,尤其对越南、菲律宾、马来西亚等主张南海岛礁主权的国家进行军事扶持与行动安抚。

三是在法律层面,拜登政府意图通过利用一系列国际法规则和 2016 年"南海仲裁案"的"裁决"结果,将中国确定为一个不遵守 UNCLOS 规定的形象,以此影响中国的国际事务。一方面,其屡次借助"南海仲裁案"的"裁决"结果,发表否认中国对南海拥有合法权利的声明和主张,暗示其他南海声索国可以继续通过法律手段对中国的南海主张进行挑战,从法律"正当

---

① 金永明、崔婷:《美国南海政策的演变特征与成效评估(2009—2022)》,《南洋问题研究》2022 年第 2 期,第 101—114 页。

② 贺先青:《拜登政府的南海叙事逻辑、政策意涵与行为选择》,《南洋问题研究》2022 年第 2 期,第 115—132 页。

③ United States Department of Defense Fiscal Year 2023 Budget Request,https://comptroller.defense. gov/Portals/45/Documents/defbudget/FY2023/FY2023_Budget_Request.pdf.

性"的角度论证中国南海主张的"非法性"。另一方面,拜登政府在国际多边论坛和公开场合宣扬中国不遵守 UNCLOS 和其他国际法规则,并呼吁其他南海声索国对中国的南海主张进行反对。①

可见,拜登政府的南海政策主要体现在军事、法律与外交等层面,并希望借助盟友与伙伴国的力量,实现全面遏制中国发展的目的。其理论构想固然完美,却忽略了该项总体战略实施的长期性和拜登政府的执政有限期之间的问题。

第二节　美国航行自由政策在南海的实施

美国在中国管辖海域实施"航行自由行动"汇总见表 5-1。

表 5-1　美国在中国管辖海域实施"航行自由行动"的事件

序号	时　间	事　件
1	2010 年 6 月	"华盛顿"号进入黄海海域
2	2013 年 12 月 5 日	"考彭斯"号进入南海海域
3	2015 年 4 月 23 日	"鲍迪奇"号进入中沙大环礁
4	2015 年 10 月 27 日	"拉森"号驱逐舰进入渚碧礁邻近海域
5	2015 年 12 月 10 日	两架 B-52H 轰炸机进入南海华阳礁上空 2 海里
6	2016 年 1 月 29 日	"柯蒂斯·威尔伯"号驱逐舰进入西沙群岛领海
7	2016 年 3 月 1 日	"约翰·斯坦尼斯"号进入南海海域
8	2016 年 5 月 10 日	"威廉·P.劳伦斯"号驱逐舰进入永暑礁邻近海域
9	2016 年 10 月 21 日	"狄卡特"号驱逐舰进入西沙群岛领海
10	2016 年 12 月 15 日	"鲍迪奇"号(释放两架无人潜航器)进入南海海域

① 贺先青:《拜登政府的南海叙事逻辑、政策意涵与行为选择》,《南洋问题研究》2022 年第 2 期,第 115—132 页。

（续表）

序号	时 间	事 件
11	2017 年 5 月 24 日	"杜威"号驱逐舰进入美济礁邻近海域
12	2017 年 6 月 8 日	B-1B 战略轰炸机飞越南海上空
13	2017 年 7 月 2 日	"斯坦塞姆"号驱逐舰进入西沙群岛领海
14	2017 年 7 月 7 日	两架 B-1B"枪骑兵"战略轰炸机飞越南海上空
15	2017 年 8 月 10 日	"约翰·麦凯恩"号驱逐舰进入美济礁邻近海域
16	2017 年 10 月 10 日	"查菲"号导弹驱逐舰进入西沙群岛内水
17	2018 年 1 月 17 日	"霍珀"号导弹驱逐舰进入黄岩岛 12 海里之内
18	2018 年 2 月 18 日	"卡尔·文森"号进入南海海域巡逻
19	2018 年 3 月 23 日	"马斯廷"号导弹驱逐舰进入美济礁 12 海里之内
20	2018 年 4 月 10 日	"罗斯福"号（包括"桑普森"号、"普雷贝尔"号以及"哈尔西"号护航）进入南海海域
21	2018 年 4 月 23 日	两架 B-52H 战略轰炸机进入南海海域
22	2018 年 5 月 21 日—5 月 31 日	B-52H 战略轰炸机进入南海海域
23	2018 年 5 月 27 日	"希金斯"号导弹驱逐舰和"安提坦"号导弹巡洋舰进入西沙群岛领海并进行演习
24	2018 年 6 月 3 日	"仁慈"号进入南海海域
25	2018 年 7 月 9 日	"马斯汀"号进入南海海域
26	2018 年 8 月 28 日	B-52H 战略轰炸机进入南海海域
27	2018 年 9 月 30 日	"迪凯特"号导弹驱逐舰进入赤瓜礁、南薰礁 12 海里之内
28	2018 年 10 月 10 日	"查菲"号进入西沙群岛领海
29	2018 年 11 月 26 日	"钱斯勒维尔"号导弹巡洋舰进入西沙群岛领海
30	2019 年 1 月 7 日	"麦克坎贝尔"号导弹驱逐舰进入西沙群岛领海

序号	时　　间	事　　件
31	2019 年 2 月 11 日	"斯普鲁恩斯"号导弹驱逐舰及"普雷布尔"号导弹驱逐舰进入南沙群岛仁爱礁和美济礁 12 海里之内
32	2019 年 5 月 6 日	"普雷贝尔"号导弹驱逐舰与"钟云"号导弹驱逐舰进入赤瓜礁、南薰礁 12 海里之内
33	2019 年 5 月 20 日	"普雷贝尔"号导弹驱逐舰进入黄岩岛 12 海里之内
34	2019 年 8 月 28 日	"韦恩·E.麦耶"号驱逐舰进入永暑礁和美济礁 12 海里之内
35	2019 年 9 月 13 日	"韦恩·E.麦耶"号进入西沙群岛
36	2019 年 9 月 23 日	"里根"号航母战斗群进入南海海域
37	2019 年 11 月 20 日	"吉福兹"号濒海战斗舰进入美济礁 12 海里内
38	2020 年 1 月 25 日	"蒙哥马利"号滨海舰在永暑礁和赤瓜礁附近海域航行
39	2020 年 4 月 10 日、4 月 23 日、4 月 28 日、10 月 14 日和 11 月 21 日	"巴里"号进入我国台湾海峡
40	2020 年 4 月 24 日	"拉斐尔佩拉尔塔"号进入黄海海域(山东威海石岛镇东南约 120 公里的海面)
41	2020 年 4 月 29 日	"邦克山"号巡洋舰从南薰礁附近水域内过境
42	2020 年 5 月 13 日	"麦克坎贝尔"号进入东南海峡
43	2020 年 5 月 25 日	"拉斐尔佩拉尔塔"号进入上海以东约 120 海里的东海
44	2020 年 5 月 28 日	"宙斯盾舰穆斯汀"号进入南海西沙群岛附近海域
45	2020 年 5 月 30 日	P‐8A 反潜巡逻机与 EP‐3E 侦察机在南海海域开展侦察行动,为"宙斯盾舰穆斯汀"号提供情报支持
46	2020 年 6 月 2 日	"拉斐尔佩拉尔塔"号进入黄海海域(山东威海石岛镇东南约 86 海里海面)
47	2020 年 6 月 3 日	RC‐135W 侦察机进入南海海域上空

（续表）

序号	时　　间	事　　件
48	2020 年 6 月 4 号	"拉塞尔"号进入东南海峡
49	2020 年 9 月 26 日	EP－3E 和 P－8A 巡逻机距离广东临海仅 47.81 海里
50	2020 年 12 月 22 日	"麦凯恩"号驱逐舰驶入南薰礁、赤瓜礁和鬼喊礁 12 海里内
51	2020 年 12 月 31 日	"约翰·麦凯恩"和"威尔伯"号进入我国台湾海峡
52	2021 年 1 月 23 日—1 月 24 日	"罗斯福"号经由巴士海峡进入南海
53	2021 年 2 月 2 日	"罗斯福"号进入南海海域
54	2021 年 2 月 4 日	"麦凯恩"号进入台湾海峡
55	2021 年 2 月 5 日	"麦凯恩"号进入南海海域
56	2021 年 2 月 9 日	"罗斯福"号和"尼米兹"号进入南海海域
57	2021 年 2 月 17 日	"罗素"号驱逐舰驶过南沙群岛附近
58	2021 年 4 月 3 日	"马斯汀"号进入东海长江口中国领海附近海域
59	2021 年 4 月 4 日	"罗斯福"号和"马金岛"号进入南海海域
60	2021 年 6 月 4 日	"里根"号进入南海海域
61	2021 年 7 月 12 日	"本福德"号进入西沙领海海域
62	2021 年 7 月 14 日	"拉尔夫·约翰逊"号驱逐舰驶入华阳礁和永暑礁 12 海里内
63	2021 年 7 月 28 日	"本福德"号进入台湾海峡
64	2021 年 8 月 27 日	"基德"号、"门罗"号进入我国台湾海峡
65	2021 年 8 月 27 日	"塔尔萨"号进入南海海域
66	2021 年 9 月 6 日	"卡尔·文森"号进入南海海域
67	2021 年 9 月 8 日	"本德福"号驱逐舰驶入美济礁 12 海里内

(续表)

序号	时　间	事　件
68	2021 年 9 月 23 日	"里根"号进入南海海域
69	2021 年 9 月 26 日	"玛丽西尔斯"号进入南海大范围海域
70	2021 年 10 月 24 日	"卡尔·文森"号进入南海海域
71	2022 年 1 月 20 日	"本福德"号导弹驱逐舰进入西沙领海
72	2021 年 10 月 24 日—11 月 3 日	"卡尔·文森"号进入南海海域
73	2021 年 11 月 4 日—11 月 7 日	"卡尔·文森"号进入南海海域
74	2022 年 1 月 14 日	"卡尔·文森"号出现在南沙以西
75	2022 年 1 月 20 日	"本福德"号导弹驱逐舰进入西沙领海
76	2022 年 3 月 22 日以来	"林肯"号航母打击群持续位南海活动
77	2022 年 4 月 22 日以来	"鲍迪奇"号海洋测量船再次前往西沙以西海域作业
78	2022 年 6 月 10 日	美空军一架 RC - 135U 电子侦察机在南沙群岛上空进行抵近侦察
79	2022 年 6 月 25 日	"本福德"号导弹驱逐舰进入南海
80	2022 年 7 月 13 日和 7 月 16 日	"本福德"号导弹驱逐舰进入西沙领海
81	2022 年 7 月 26 日	"里根"号航母打击群再次进入南海
82	2022 年 9 月 4 日	"的黎波里"号两栖攻击舰和"大号角"号进入南海
83	2022 年 9 月 25 日	"的黎波里"号两栖攻击舰再次进入南海
84	2022 年 11 月 4 日	"有效"号海洋监视船在西沙群岛东北海域进行高强度作业
85	2022 年 11 月 14 日	"汉森"号在海南岛以南活动
86	2022 年 11 月 17 日	"忠诚"号在西沙群岛东北部海域进行高强度作业

（续表）

序号	时　　间	事　　件
87	2022 年 11 月 29 日	"钱斯洛斯维尔"号非法闯入中国南沙岛礁周边海域
88	2022 年 12 月 23 日	美海军"马金岛"号两栖攻击舰和"安克雷奇"号两栖船坞运输舰进入南海
89	2023 年 1 月 13 日	"尼米兹"号航母打击群在黄岩岛西北约 200 公里的南海海域活动
90	2023 年 1 月 21 日	"胜利"号海洋监视船进入南海活动
91	2023 年 2 月 9 日	"胜利"号在南沙群岛西北海域高强度活动

注：本表为不完全统计。

　　美国航行自由政策是美国捍卫"世界大国"地位的必然要求，海上军事力量建设是美国的重中之重。随着中国的快速崛起，美国感到过度担忧和紧张，于是将"航行自由行动"集中于中国管辖海域，以遏制中国发展成为动摇美国捍卫世界霸权地位的"有力竞争者"。从表 5－1 可以看出，美国"航行自由行动"对中国的实施情况有以下几个特征。

　　第一，美国"航行自由计划"自 1979 年执行以来，一直致力于在其他沿海国管辖海域进行航行和飞越行动，以对沿海国的"过度海洋主张"进行挑战。自 2000 年开始，美国"航行自由行动"连续并多次挑战中国的海洋主张；2006 年起，中国成为美国"航行自由行动"的持续打击对象，并在一年内多次被美国"航行自由行动"挑战。自 2011 年起，美国逐步在南海针对中国展开一系列"航行自由行动"。

　　第二，美国"航行自由行动"在中国挑战的海域变化幅度逐渐缩小，从最初的围绕南海、东海、黄海和台湾海峡附近海域逐渐转变为集中于南海。其中，南海一直是美国行动的重点区域。自 2017 年起，美国在南海采取行动的频率激增。而南海之所以成为美国"航行自由行动"打击中国的关键区域，主要有以下几个方面原因。

　　首先，从经济利益的角度出发，南海地理位置的特殊性使其拥有重要的战略价值。作为世界上第二繁忙的国际航道，南海连接着太平洋与印度洋，是印度洋通向太平洋的必经之路。在如此重要的海域中,还有着台湾海峡和马六甲海峡两个海上要道。作为重要的海上运输通道,南海对美国世界贸易的开展至关重要。东亚是美国进行投资和贸易出口的重点区域,美国每年从亚太地区进口的重要原料几乎都要经南海航道运回北美,而在这条航线中,美国不可避免地需要经过南沙群岛。因此,确保在南海的畅通无阻一直是美国关心的问题。同时,南沙海域的重大商业价值使代表美国商业巨头利益的政客和游说集团为所谓南海"航行自由"不断向政府施加压力,影响美国航行自由政策的选择。[①]

其次,从政治利益考量,美国认为南海岛礁主权争端的日益加剧、海洋权益竞争的日趋激烈和该地区军事化之迅速是影响南海航行自由的三大因素。[②] 如今,美国不承认南海断续线内水域的法律地位,认为中国对断续线内水域的主张会加剧南海争端,对南海岛礁的建设也会使南海形势愈加复杂化。为阻碍中国进行岛礁建设,美国以"航行自由行动"拉拢有南海海洋利益诉求的国家,以联合开展"航行自由行动"的方式支持与中国有海洋争议的国家,暗中介入南海争端,制造舆论以打压中国,意图迫使中国放弃正当的岛礁建设工作。

再次,从军事利益的需要来看,近年来,美国在南海实施军事演习和军事活动的趋势逐年上升,试图在现有的国际法规则上强加"美国规则",以保障美国军事力量的全球到达、对重要航道的控制以及海洋霸权的稳固。从近 10 年美国"航行自由行动报告"来看,中国、印度、印度尼西亚、马来西亚、伊朗、马尔代夫、阿曼 7 个国家连续成为美国"航行自由行动"打击的对象,如果将这 7 个国家的海域连接起来,正好构成中亚海上交通线,横跨南海和马六甲海峡,这无疑是美国航行自由政策实施的军事战略部署。

因此,对美国在南海的经济利益、政治利益和军事利益的诉求加以分析,就不难理解为何南海会成为美国"航行自由行动"的目标海域。此外,近几年,台湾海峡附近海域开始成为美国"航行自由行动"的关注重点,但受打

---

① 叶强:《南海航行自由:中美在较量什么》,《世界知识》2015 年第 16 期,第 34—36 页。
② 石秋峰、王传剑:《美国强化南海航行自由的逻辑及其批判性分析》,《亚太安全与海洋研究》2018 年第 4 期,第 72—84 页。

击频次与幅度仍低于南海,结合美国"航行自由行动"的趋势可预测,"美国航行自由行动"对我国台湾海峡附近海域的关注度仍将持续。

第三,美国针对中国的"过度海洋主张"的挑战递增。自 2011 年起,针对中国"过度直线基线主张"和"对领海内外国军舰的'无害通过'要求事先许可"开展的美国"航行自由行动"的密度明显增加,美国将这两项主张视作重点打击对象,其针对性和计划性明显加强。其中就"对领海内外国军舰的'无害通过'要求事先许可"这一项,美国在渚碧礁、仁爱礁、华阳礁、永暑礁、南薰礁、赤瓜礁等已经开展了多次"航行自由行动",尤以南薰礁和赤瓜礁次数最多。自 2017 年开始,美国"航行自由行动"针对中国南海的"过度海洋主张"的类型持续增加(见表 5-2),除对"与 UNCLOS 不符的群岛主张"的挑战行动并未在中国出现外,其他类型的"过度海洋主张"均受到一定挑战。同时,行动的展开方式也花样层出,不再局限于军舰的进入,增加了侦察机等军用航空器在争议海域上空的打击。

表 5-2　美国历年反对中国在南海的"过度海洋主张"项数

年　份	反对主张项	年　份	反对主张项
1994	1	2012	6
1996	1	2013	7
2000	1	2014	5
2001—2003	2	2015	5
2006	2	2016	5
2007	2	2017	6
2008	2	2018	7
2009	2	2019	8
2010	2	2020	7
2011	6	2021	5

第四，美国将"南海仲裁案"的非法裁决作为在南海开展"航行自由行动"的合法依据。自2017年起，美国在南海的"航行自由行动"增加了一项挑战，即挑战中国"对不享有权利的海洋地物（低潮高地）周围的领海和领空的主张"。仲裁庭的非法裁决将南海部分岛屿变岛为礁，并且将美济礁和仁济礁判定为低潮高地，认为无法产生相应的海洋权利，美国也因此改变了挑战的事项，将原来挑战的部分岛礁"外国军舰的'无害通过'需事先许可的主张"改变为"对不享有权利的海洋地物（低潮高地）周围的领海和领空的主张"。由于担心中国在美济礁等南沙岛礁上的建设行动会增强中国对南海的权利主张，美国将"航行自由行动"的主要矛头对准美济礁，行动次数较为频繁。

综上所述，在行动方式上，"军舰巡航＋军机抵近"成为美国"航行自由行动"挑战中国"过度海洋主张"的主要方式；在挑战范围上，美国"航行自由行动"重点领域为南沙群岛和西沙群岛，其中格外关注中菲争议岛礁；在挑战事项上，基于"南海仲裁案"的非法裁决，美国不再承认原来认可的部分岛礁的法律地位，进而改变南海"航行自由行动"的部分主张。

第三节　美国航行自由政策对中国的影响

美国多次打着"航行自由行动"的旗号无视中国在南海的合法权利，多次以派出军舰、潜航器、侦察机、巡逻机或轰炸机等具有威胁性的舰艇或航空器进入中国管辖海域及上覆空域的方式打击中国的海洋主张，甚至有时行动无关具体主张，只是为了宣示航行自由，引发中美两国在南海等重要海域地区的频繁摩擦。美国海军甚至于2016年重演"无瑕号"事件①的情景，致使中美之间发生了著名的"鲍迪奇事件"，即美国海军派出"鲍迪奇"号军事测量船在中国南海断续线附近的有关海域开展军事测量活动，名为宣示

---

① "无瑕"号海洋侦测船是用来侦听水下潜艇音响的专用船只，其实际用途为侦察水下潜艇。2009年3月，5艘中国船只跟踪并逼近美国海军观测船"无瑕"号；6月11日，美国海军宙斯盾舰"约翰·麦凯恩"号在菲律宾近海航行时拖曳声呐阵列与中国潜艇碰触，导致损毁，随后，美国五角大楼一名官员承认，该船确实是在中国南海进行情报搜集工作。

航行自由权,实则远远超出国际法与沿海国国内法所允许的范围。美国"航行自由行动"发展至今,其所包含的内容不断复杂化,对中国的打击也超出航行自由所需的范围而向政治、军事、外交等领域延伸。在这一变化趋势下,美国"航行自由行动"不仅对中国国家安全和主权安全产生消极影响,而且使多方国家对中国产生误解,给中国的政治、经济、海洋合作等带来多维度的负面效应。

一、对中国国家安全的影响

美国航行自由政策带来的最显而易见的影响便是对中国国家主权安全的干扰。通过上述分析可知,美国"航行自由行动"的实施范围大多在中国的南海海域,且自 2014 年起,美国开始特别关注中国在南海开展的岛礁建造活动,认为中国据此扩大了在南海的领海主张。美国始终将南海绝大部分海域视为"国际海域",不承认中国在此享有的历史性权利,不认可南海断续线内岛礁的自然属性和领土归属,并以此为由多次驶入南海开展"航行自由行动"。美军舰在中国管辖海域内的肆意进出无疑是对中国主权安全以及周边海域和平秩序的极大冲击。同时,美国"航行自由行动"还三番五次地质疑中国在管辖海域内的正当行动。中国在南海开展的岛礁建设等安全活动被美国称为"岛礁军事化",这无疑成为中国发展近海、深海力量的阻力,对中国的安全利益构成严重威胁。

除此之外,美国"航行自由行动"还对中国军事安全特别是海上军事安全和海防利益予以打击。南海既是中国重要的远海打击力量部署地、航空母舰训练场,也是中国发展航天力量的关键区域。美军舰艇时常在南海开展军事抵近侦察和军事调查等行动,对中国的军事战略进行情报收集。2020 年,美海军先后派出"麦克坎贝尔"号、"拉斐尔佩拉尔塔"号、"巴里"号等舰艇进入南海开展军事活动。2021 年,美国在国内新冠疫情的严峻形势带来的压力下,仍将矛头直指国外,"航行自由行动"的频次不降反升,甚至在一个月之内,多次进入中国领空及领海,先后派出轰炸机进入南海上空进行军事威慑,海军驱逐舰更无视国际法规则以及中国的国内法规定,未经允许非法闯入中国西沙领海。2021 年 10 月,隶属于美国海军的"玛丽西尔斯"号测量船进入中国南海进行测量活动。诸如此类威胁中国主权安全、国家安全、军事安全等高频次、多样化的"航行自由行动"使中国安全压力倍增。同时,美国还与南海周边国家共同在南海开展军事演习活动。随着美国"航行自由行动"愈加常态化,中美双方海空力量相遇的概率将大幅增加,这对中国的海防安全无疑会造成极大威胁。

二、对中国国内海洋法律制度的冲击

中国是最早在南海行使行政管辖权的国家,自东汉时期开始就对南海的岛屿命名,直至南京国民政府时期,中国仍在不断地加强对南海内岛屿的有效管理;在渔业捕捞方面,南海附近海域也是中国的传统渔场,中国渔民自古便在此开展捕捞、养殖等生产作业,以生产、生活目的使用海南岛、广东省与南海群岛之间的相连水域。无论从前述哪一方面来看,都无法抹去中国在南海诸岛存在的长期和平占有的行为,更无法否认中国在南海海域享有的历史性权利。在国际法先占的基础上,中国也一直按照 UNCLOS 规定的程序性义务[①]对基线的划定作出明确公示。1950 年至今,中国政府先后颁布了多项法律文件,以公开、清楚的立法内容向国际社会宣布南海部分岛礁的基点和基线划定,而美国却无视国际社会对中国先占行为的认可,不承认符合历史性权利构成要件的历史性水域,中国依据 UNCLOS 在南海诸岛划定的直线基线也遭到美国的强烈反对。不仅如此,美国还煽动同盟国家共同以军舰巡航的方式在南海附近海域开展"航行自由行动",扩大航行自由的实施主体范围,使得其他国家特别是与南海利益息息相关的国家对中国有关领海、直线基线的法律规定产生不满情绪,构成对中国历史性权利的干扰和对中国国内法律威信力的破坏。

三、对中国维护的国际法律秩序的干扰

一国法律秩序的构建不仅包括其国内法体系的完善,而且包含一国对国际法以及同其他国家签订的国际条约的理解与适用。UNCLOS 规定主

---

① 《联合国海洋法公约》第 16 条海图的地理坐标表:"1. 按照第 7、第 9 和第 10 条确定的测算领海宽度的基线,或根据基线划定的界限,和按照第 12 和第 15 条划定的分界线,应在足以确定这些线的位置的一种或几种比例尺的海图上标出,或者可以用列出各点的地理坐标并注明大地基准点的表来代替。2. 沿海国应将这种海图或地理坐标表妥为公布,并应将各该海图和坐标表的一份副本交存于联合国秘书长。"

权领土争端的和平解决方式应遵从有关国家之前的约定，包括条约、协议以及是否接受第三方仲裁的意愿等。中国在解决与他国的分歧时，往往采用UNCLOS、《联合国宪章》等国际法律规范所规定的和平方式。例如，2002年，中国同东盟国家共同签署了《南海各方行为宣言》，其中明确有关国家需通过"友好磋商和谈判，以和平方式解决领土和管辖权争议"。此外，中国也与菲律宾签署了协商谈判解决问题的文件，[①] 双方均作出了和平解决争议的国际承诺。但是"南海仲裁案"滥用国际规则，美国以军事"航行自由行动"推动菲律宾单方面放大南海问题，导致菲律宾违反作出的国际承诺，致使中国与菲律宾之间已经建立的合作信任受到十分严重的挑战与损害。如果其他与中国存在争议的国家纷纷效仿，那么，中国与南海各国签订的声明、订立的国际条约，乃至中国所维护的国际法律秩序和长期致力于南海和平稳定的努力都将面临严峻挑战。

四、对涉外经贸稳定发展的干扰

美国"航行自由计划"在南海的实施给中国带来的冲击和不利影响除了体现在国家安全和现有国家海洋法律制度上，还体现在经济贸易上。从进口的角度来看，关系中国经济稳定基础的石油和铁矿石等各类资源的进口通道同样集于南海。而且南海拥有重要运输能源通道和丰富能源开采区域的双重身份，美国"航行自由计划"的实施、侦察机和军舰擅闯的行为以及联合南海周边声索国开展的各类军事演习活动等都会干扰中国在南海的贸易运输、资源开采等活动，从而影响中国国家能源安全保障制度体系的构建和中国经济的稳定发展。从国家合作的角度来看，美国航行自由政策也进一步考验着中国与其他国家的互信。美国把指责中国将南海军事化的"中国控制论"外溢到经济领域。美国在南海开展"航行自由行动"的呼吁加深了中美之间的战略互疑，加剧了中国与南海周边国家局势的紧张，这不仅影响中国的外交，导致中日韩自贸区等中国参与的双边和多边自贸区谈判受到负面影响，而且造成中国与其他国家的对外经贸关系和国际战略空间受到封锁和挤压，从而制约了国际海洋合作的空间，造成零和博弈的效果。

---

① 例如 1995 年 8 月，中菲共同发表的《中华人民共和国和菲律宾共和国关于南海问题和其他领域合作的磋商联合声明》。

　　此外,美国航行自由政策对中国"一带一路"倡议的实施也产生了一定的消极影响。印度、马来西亚对中国提出的"一带一路"倡议产生误解和怀疑心理,印度还加入美国的队列,公然批评"一带一路"倡议,一定程度上增加了"一带一路"倡议在南海周边国家落地的难度。① 印度在受美国"航行自由行动"阐述的"中国威胁论"的引导下,对中国在南海开展经济合作的目的产生怀疑和恐慌,拟通过"湄公河-印度经济走廊"压制中国,放弃与中国共同合作推动"丝绸之路经济带"发展的选择。"湄公河-印度经济走廊"既是把印度洋同南海以及太平洋相连接的重要板块,也是印度洋南亚地区进入中国大陆的陆地边缘辖区,而印度怀疑、排斥的心理以及美国"航行自由行动"的舆论冲击必将影响湄公河地区国家同中国开展经济合作的态度,增加中国在南海等海域开展多维度区域合作的难度和成本。

五、对中国海洋战略空间的挤压

　　海洋权益、海洋开发和保护、海洋防务和海洋合作等事宜都是中国国家海洋战略的重要议题,南海则在其中发挥着重要战略作用。美国认为中国的海洋战略合作整合了亚太地区的国际关系,这对原有的以美国为中心的海洋地缘政治格局产生了挑战。于是从奥巴马政府开始,美军增加"航行自由行动"的频次,急切地寻求盟友,导致南海争议日益国际化。为了结合各国优势共同破解海洋治理的困局,中国正积极向全球提供海洋公共产品,包括海上安全保障、海洋卫星通信等与海洋开发密切相关的基础设施、服务项目等,②在南海岛礁建立了卫星通信基站,同美国、俄罗斯、巴基斯坦等国的海上执法机构建立合作。然而,美军以外部力量介入海洋合作与治理的博弈,在南海问题上以单边推行的航行自由政策推进"集团式对抗",致使日本、英国、澳大利亚、印度、加拿大等越来越多域外国家介入,南海渐渐成为新一轮全球海洋政治权力斗争的热点地区。与之相伴而来的是航道安全、渔业资源保护等区域海洋治理公共产品长期"供应不足"的问题,③中国被

---

① 杜继锋:《美国南海"自由航行"行动及对"一带一路"建设的消极影响》,《当代世界》2017 年第 11 期,第 61—64 页。
② 杨震、蔡亮:《"海洋命运共同体"视域下的海洋合作和海上公共产品》,《亚太安全与海洋研究》2020 年第 4 期,第 69—79 页。
③ 吴士存:《南海,可成海洋命运共同体"试验田"》,《环球时报》2021 年 9 月 14 日,第 14 版。

迫卷入其中，难以聚集精力致力于海洋公共产品的提供。

第四节　美国航行自由政策的中国应对

面对美国"航行自由行动"的挑战及其带来的消极影响，中国在国内应当完善国内法、提升自身的军事能力，坚决维护领土主权与海洋权益，统筹推进国内法治与涉外法治；中国应充分利用国际法，批驳美国相关行动的非法性，争取国际社会的更多支持，同时运用双边协定、多边条约等国际法律规范和国际习惯法增强中国与其他国家的合作，以海洋命运共同体增强南海国家的共识，以人类命运共同体维护国际海洋秩序和国际法治格局。

一、国内法视角下中国应对美国"航行自由行动"的对策

（一）在现有海洋法律制度的基础上构建完善的海洋法律体系

目前，中国海洋法律体系主要包括《领海及毗连区法》《专属经济区与大陆架法》《海警法》等法律规范和声明。除《海警法》外，其他的法律规范和文件出台的时间相对较早，难以完全应对复杂多变的海洋问题。因此，中国首先可以考虑就中美争议焦点问题完善国内海洋法律体系；其次，中国应尽快制定《海洋基本法》引领国内海洋法律制度的发展；最后，中国应统筹海洋综合管理制度规范，使法治与管理真正有机结合，对海洋基本立法形成有效补充，最终形成完善的海洋法律体系。

1. 适当时机完善"军舰无害通过领海须经事先批准（许可）"的规定

"一个国家对于外国军舰的无害通过采取什么立场，完全是由主权国家基于自身利益的考量来决定，而国家利益恰恰是一个变量，在不同历史时期有不同侧重。"[①]如前文所述，苏联曾坚持外国军舰通过领海的事先批准制，但随着苏联海上军事力量的崛起，其立场也发生明显转变。在 1988 年"黑海碰撞事件"后，苏联修改其边界条例，承认军舰享有在领海无害通过的权利，只有在"需要时"，苏联才允许建立海道和交通分隔计划，以保护自由畅

---

① 田士臣：《中国是否有必要改变外国军舰领海无害通过国内立法》，https://m.sohu.com/a/333845596_100124379?_trans_=010004_pcwzy，最后访问日期：2022 年 9 月 22 日。

通的通航。考虑到中美关系较美苏关系更具复杂性,中国可以同美国协商建立默契的危机管控机制,中和各方利益主张。① 同时,中国可以采取前瞻性态度,适当改变对军舰无害通过领海的态度。"在南海问题上,面对美国军舰挑衅性的侦察航行活动,中国仍可在 UNCLOS 框架下采取阻止、拦截或登临等措施予以回应,这也是 UNCLOS 等国际法律规范为保护沿海国的利益所允许的。"② 有必要建立军舰无害通过领海的许可制度,设立专门的许可机关、规范申请及审批程序、划定外国军舰通过的专用海道、明确外国军舰通过的义务、建立健全的监督管理机制等。对航行自由一定程度的开放有利于他国对中国军事船舶正当行为的认可,同时也有助于增强海上和平,促进中国与他国的海洋合作,例如共同打击国际犯罪等。中国可以采取细化国内立法的方式,列举属于可能危害中国主权和国家安全等利益的情形,取代原有的概括性规定。

2. 基于"总体国家安全观"丰富毗连区法律制度的内容

《领海与毗连区公约》第 24 条和 UNCLOS 第 33 条均明确各沿海国在毗连区内可行使管制权的范围,即制定包括"财政、卫生、海关与移民"在内的有关法律和规章,但这两部条约缔结至今,仍有部分国家以国内立法的方式在其毗连区内增设除上述 4 个管制事项外的其他管制事项,其中尤以"安全管制权"增设居多且影响较大。③ 中国亦在《领海及毗连区法》中明确表示:"中华人民共和国有权,为防止和惩处在其陆地领土、内水或领海内违反有关安全、海关、财政、卫生或入境出境管理的法律、法规的行为行使管制权。"由此,中国将安全管制增添至毗连区的管制范围内,从而使该管制事项成为美国历年"航行自由行动"打击中国的重点对象。毗连区是紧邻领海的特殊区域,对国家领土主权安全和海洋安全具有至关重要的作用,而《领海及毗连区法》则只有区区几条涉及毗连区的规定,因此,中国有必要完善毗连区法律制度以应对美国的"航行自由行动"。

---

① 齐皓:《美国南海"航行自由"考验中美关系》,http://news.takungpao.com/mainland/focus/2015-11/3240325.html,最后访问日期:2022 年 9 月 22 日。

② 田士臣:《中国是否有必要改变外国军舰领海无害通过国内立法》,https://m.sohu.com/a/333845596_100124379?_trans_=010004_pcwzy,最后访问日期:2022 年 9 月 22 日。

③ 张新军、陈曦笛:《毗连区立法的国际法问题——以"尼加拉瓜诉哥伦比亚案"2022 年判决为中心》,《中国海商法研究》2022 年第 2 期,第 45—53 页。

第一，总体战略层面：坚持"对等反制"，精确打击。美国始终认为沿海国对毗连区不应享有安全管制权，2013年，美国开始挑战中国关于毗连区的安全管制权。美国虽然一直将安全管制权视为"过度海洋主张"，但从美国的相关立法和具体的国家实践中却不难看出，其对本国毗连区内的安全管制事项始终持积极态度。而"对等反制"的精髓之处在于精准反击，面对美国愈演愈烈的挑衅行为，中国必须在同等事项或范畴内对美国予以同等打击，采取精准有效的反制手段，尽可能降低冲突等级，维持南海地区的和平稳定。面对近年来美国逐步加大对中国毗连区安全管制事项挑战的形势，中国应当增加海上执法力量，扩大安全管制范围，提前做好海上预警准备，以应对美军的"突然到访"，也可联合南海周边其他国家，聚集联动优势，共同应对美国的过度海洋主张。

第二，制度层面：完善毗连区法律制度，发挥政策引导优势。在安全管制权的行使主体上，应明确沿海国的行政管理和执法部门的职责和权限，以及审批主体和审批程序，以便与毗连区的设置目的相契合，达到保护国家领土安全的目的。在安全管制权的行使方式上，如果是民用船舶，在有明显证据证明该船舶违反中国相关法律法规时，中国有权采取必要措施，对涉事船舶进行扣押、登临检查等，且对于存在违法行为的船员，沿海国享有对其进行惩处的权力。如果是军舰、政府船舶等享有豁免权的船舶，应当在立法中明确执法机关可以采取的措施。在安全管制权的内容设置上，适当细化和扩展安全管制权的具体内容，而不仅限于框架性的国家安全，应包括环境、航行、测量等与国家安全有关的内容。

3. 在立法中明确南海断续线内水域及岛礁适用的海洋法律制度

群岛是中国海洋自然地貌的重要部分，是海洋权益维护中极为重要的一环，中国周边国家例如印度尼西亚、菲律宾已向联合国提交了群岛基点图宣示主权。中国历来对东沙群岛、西沙群岛、中沙群岛、南沙群岛享有主权，宣示中国远洋群岛的主权，明晰海域管辖的范围，是维护国家海洋权益的根本工作。中国目前已经采用直线基线完成了钓鱼岛列屿和西沙群岛的领海基点的选择及领海范围的划定，而南海其他群岛基线划定工作尚待完成。因此，为确保中国远洋群岛的主权不受侵犯，划定管辖海域范围的法理支撑应当在中国立法中予以体现，加快对领海、毗连区、专属经济区和大陆架等涉海法律的修订,或以配套法规、声明加以补充。

　　一方面,我国应将南海诸岛视为一个整体来确定其法律地位,以防止南海周边国家欲先将南海部分岛礁"碎片化",而后慢慢蚕食的意图。中国1958年通过的《中华人民共和国政府关于领海的声明》明确表明中国政府始终将东沙群岛、西沙群岛、中沙群岛和南沙群岛这四大群岛视为一个整体看待,而非将其割裂成单个海洋地物分别辨析其法律性质与地位。1992年《领海及毗连区法》也明文规定,中华人民共和国的陆地领土包括东沙群岛、西沙群岛、中沙群岛与南沙群岛在内。① 尽管上述规定将四大群岛视为整体看待,却缺乏较为微观系统的具体细则。从长远目标来看,在总体战略布局上,中国应在 UNCLOS 的框架下在国内法上明确南海诸岛的整体性、法律性质、法律地位以及涉及的岛礁主权归属和海洋划界问题等适用的海洋法律制度,从而为 UNCLOS 在中国的适用提供更为权威细致的官方解读与国家实践引领。

　　另一方面,基于中国南海诸岛具备大陆国家远洋群岛的相关地理、经济以及历史等要素,也因西沙群岛相对集中的天然地理位置,使得中国已在西沙群岛周边划定了若干直线基线,但直线基线制度应用于南沙群岛时需要谨慎。南沙群岛内各岛屿较为分散,海洋政治安全和经济利益也较为复杂,有学者指出,可以通过国家立法的方式对南沙群岛的岛礁进行区分,在群岛整体性的基础上以"区块式"和"零星式"相结合的方案,在基线制度上选取以直线基线和正常基线混合的方式。"区块式"是指在南沙群岛附近岛礁较为集中的海域采用直线基线制度,例如道明群礁、郑和群礁、九章群礁等;而"零星式"则计划在那些地理位置比较分散的岛礁上采用正常基线制度,例如曾母暗沙等部分暗礁。② 但不管采用何种基线制度,都必须将南海群岛视为一个整体以主张相应的海洋权益。

　　4. 明确测量活动与专属经济区航行自由权和管辖权的关系

　　不论是 UNCLOS 还是中国的海洋立法都没有关于军事测量活动的规定,UNCLOS 中所规定的专属经济区制度仅赋予了沿海国在专属经济区内

---

① 1992年《中华人民共和国领海与毗连区法》第2条。
② 张卫彬:《南海 U 形线的法律属性及在划界中地位问题》,《当代法学》2013年第2期,第130—138页。

对海洋科学研究活动、海洋资源的开发与利用活动以及海洋生态环境保护等管辖权，但对军事测量活动的规定却较为模糊。基于军事测量活动与沿海国的海洋安全息息相关，再加上美国在中国专属经济区军事测量活动的频次逐年增加，我国有必要尽快完善军事测量活动的国内管理规定，对军事测量活动的定义和法律性质予以明确，区分不同测量活动的性质，关联和适用的法律。

首先，对外国军事测量活动可以设立"事先许可制度"。未经中国事先许可，任何国家不得在中国专属经济区内开展军事测量活动，如果在中国管辖海域发现未经允许的军事测量活动，应当明确中国海上执法主体可以采取的措施。经中国许可在中国专属经济区内开展军事测量活动也应当符合中国法律规定，中国依法享有对其他国家在中国专属经济区内开展军事测量活动的管辖权。[①]

其次，对各类海洋活动的范围和内容予以明确的解释和界定，例如，可以修订《中华人民共和国测绘法》，明确适用范围是否包括水文测量、海洋测绘、军事测量活动等；修订《专属经济区和大陆架法》中关于海洋科学研究活动或海洋生态环境保护的笼统规定，解释有关各类测量活动（例如水文测量）的内涵与法律性质、各项海洋测量活动之间的区别以及与海洋科学研究之间的关系、管辖权行使的主体以及成果共享制度等。

最后，明确各种测量活动与 UNCLOS 规定的专属经济区航行自由权和管辖权的关系，即明确专属经济区航行自由权的边界与专属经济区内沿海国管辖权的界限，进一步确定其他国家在沿海国的权利和义务，明确专属经济区外国军事活动是否属于中国管辖权的范畴，以及各项海洋测量活动是否属于中国管辖权的范畴等。

通过国内法的形式明确外国各类测量活动的类型、合法性、范围、适用的法律制度等问题，可以在 UNCLOS 框架内确定其他国家在中国专属经济区内的权利和义务、中国在专属经济区的管辖权范围和界限，对UNCLOS 适用的模糊性加以明晰，有利于中国在国际争议中掌握主动权。

---

① 刘艺、袁雪：《运用中国专属经济区内军事测量活动管辖权的对策——以海洋安全为视角》，《知与行》2017 年第 3 期，第 94—99 页。

5. 夯实历史性权利在南海适用的历史证成

中国多次强调在南海断续线内享有历史性权利,历史性权利早已被国际社会所承认,也受到了 UNCLOS 的尊重,但是中国的历史性权利主张具有一定的模糊性,这也导致中国的主张受到部分国家的质疑。因此,我们有必要厘清历史性权利内涵,逐步消除中国历史性权利主张的模糊性。目前,中国在南海断续线内的历史性权利可以分为两个部分:一是对南海岛礁所享有的历史性领土主权;二是在南海享有的其他非主权性质的历史性权利。① 这两类权利共同组成中国在南海的历史性权利,并为实践所证实。

菲律宾曾提出,南海周边国家曾强烈反对中国 2009 年照会提出的对南海的海洋权利主张,并以菲律宾 2011 年照会、②越南 2009 年照会、③印度尼西亚 2010 年照会④以及马来西亚 2009 年照会⑤的内容进行佐证。然而,菲律宾直接援引越南照会的原文表述是:"中国对 2009 年两份照会附图标示的南海诸岛及其附近水域的主张缺乏法律、历史或事实基础,因此无效。"从照会文本上看,越南并未对中国 2009 年照会中"对相关水域及其海床和底土享有主权权利和管辖权"的法律立场做出回应。中越之间照会往来体现的争端核心仍然是在南海诸岛及其附近水域的主权争端。同样的问题也出现在菲律宾所援引的马来西亚照会上,菲律宾并未直接援引原文,只是概括地声称马来西亚也反对中国在 2009 年照会中的权利主张。从诉状证据卷中提供的照会文本上看,马来西亚只是强调在提交外大陆架联合划界案之前已经告知中国此事,而且该联合划界案符合 UNCLOS 的规定。由此可见,马来西亚在其照会中并未反对中国在南海的权利主张,而菲律宾歪曲了马来西亚照会的内容。菲律宾所声称的南海周边国家对中国南海海洋权利主张的一致反对显然不是客观事实。

① 贾兵兵:《国际法中的历史性权利:现状与问题》,《中国国际法年刊(2019)》,法律出版社 2020 年版,第 30—63 页。
② Note Verbale from the Permanent Mission of the Republic of the Philippines to the United Nations to the Secretary-General of the United Nations,No.000228,5 Apr.,2011,p.1.
③ Note Verbale from the Permanent Mission of the Socialist Republic of Vietnam to the United Nations to the Secretary-General of the United Nations,No.86/HC - 2009,8 May,2009.
④ Note Verbale from the Permanent Mission of the Republic of Indonesia to the United Nations to the Secretary-General of the United Nations,No.480/POL - 703/VII/10,8 July,2010,pp.1 - 2.
⑤ Note Verbale from the Permanent Mission of Malaysia to the United Nations to the Secretary-General of the United Nations,No.HA 24/09,20 May,2009,p.1.

因此，有必要强化中国对南海断续线内水域及岛礁的历史性权利的证成，明确中国历史性权利主张的起始时间，强化历史性权利的国内历史证据支撑。《更路簿》记载了中国渔民用海南方言为南海诸岛礁所取的独特地名，也被称为南海诸岛琼人俗名。《更路簿》中所记录的琼人俗名，绝大部分都被当时的官方所采用，编入到地方志以及官方地图中，成为官方认可的名称。除了命名行为，《更路簿》也记载了中国对南海海域的经营和开发行为，主要是南海航线的开发。由于南沙群岛海域辽阔，岛礁众多，一般渔船在生产季节里难以一次性航遍，《更路簿》记录渔民多以双峙为起点，逐渐开发了东线、中线、西线三条线路，每条线路各有几个点可以停船生产，东线、中线和西线的各地也有一些交叉航线，从而组成了一片航线网。《更路簿》作为一部航海指南，充分展现了中国南海渔民世代在南海耕海牧渔的历史，是中国在南海享有历史性权利的重要证明。

除了国内的史料搜集，我们还要注重搜集南海周边各国承认或默认中国历史性权利主张的证据。部分曾沦为殖民地的南海周边国家，其宗主国在这些地区留下了诸多历史资料，为研究南海周边国家近代疆土变化和势力范围保存了丰富的证据。以菲律宾为例，在美国殖民时期，菲律宾疆土界限逐渐形成。1898 年，美国与西班牙签订的巴黎和平条约，初步勾勒了菲律宾疆土的外形，即"菲律宾条约界限"；1900 年，《华盛顿条约》将锡布图岛和卡加延苏禄岛纳入美属菲律宾；1928 年，"帕尔马斯岛仲裁案"使美属菲律宾丧失该岛主权；1930 年，美国与英国签署《华盛顿条约》，将茫西群岛和海龟群岛纳入菲律宾群岛。经 1900 年、1928 年和 1930 年三次岛屿增减，1935 年，菲律宾自治政府在宪法中肯定了"菲律宾条约界限"划定的疆土范围。可以看出，菲律宾群岛的范围是由"菲律宾条约界限"所界定，但是在"菲律宾条约界限"的形成中并未将中菲有争议的部分南沙群岛（卡拉延群岛）和黄岩岛（斯卡伯格礁）等划归菲律宾领土。这些证据也从侧面表明了菲律宾侵占中国岛礁的非法性。

6. 构建完整的海洋法律体系为海洋权益的维护提供规范指引

随着中国涉海活动范围的不断扩大，特别是在海洋合作方面与其他国家的交往变多，中国海洋事务所面临的局面也愈加复杂。在此情形下，中国可以制定海洋基本法，明确诸如军事活动的类型、历史性权利等问题，充分发挥主动性,更好维护领土主权、海洋安全和海洋权益,并通过不断完善海洋法律制度来界分 UNCLOS 中的模糊之处,防止美国借"航行自由行动"进行有利于其自身的解释。[①] 除了海洋权益方面的立法外,中国还应注重海洋资源开发、海洋综合管理、海上执法、海警合作机制、海上交通等法律文件的出台与完善。在海洋资源开发、海洋综合管理方面,应优先制定海洋综合管理法规,包括外国船舶无害通过中国领海管理办法、外国军用舰艇进入中国领海内水管理办法、对违法船舶登临检查实施办法、专属经济区内人工构筑物建造管理条例等法律规范。在海上执法和海警合作机制方面,中国于 2021 年 2 月 1 日施行的《海警法》促进了中国海上安全保卫的发展,为海上执法的国际协作提供了法律指引。作为一部与国际法律规范接轨的国内法,《海警法》不仅要对内发挥作用,而且要对外切实可行。因此,在"管辖海域"的范围、"有关海警机构与其他国家、其他部门执法合作"的规定、"使用武器"的条件、"海警执法船舶"的属性等方面,仍需进一步解释阐明,这一做法也有利于争取舆论制高点,提升中国的话语权。同时,《海警法》有关国际合作的规定较为原则,缺少配套的实施办法和细则,在此方面仍需加以完善。

（二）以现有的海上军事力量为依托建立完善的海上行政执法体系

1. 完善海上执法武力措施使用的规则

中国海警的海上执法权源于海上管辖权,而海上管辖权则主要源于国内法,其主要包括《领海及毗连区法》《专属经济区和大陆架法》《人民警察法》《人民武装警察法》《人民警察使用警械和武器条例》《公安机关海上执法工作规定》《海警法》等。辅之以国际法,主要包括《联合国宪章》《公海公约》《联合国海洋法公约》《执法人员行为守则》等国际条约和国际法律文件。其中,中国的《海警法》明确提出了武力措施的使用,可以在此基础上进一步完善。

首先,采取武力措施应当符合下列三种情形之一。① 行使自卫权,只有当嫌疑船舶和船员对执法船舶和执法人员造成真实和即将发生的危险

[①] 徐栋:《英挪渔业案中的历史性权利研究及对中国实践的启示》,《中国海商法研究》2013 年第 1 期,第 71—77 页。

时,才能使用武力。② 行使执法权受阻,包括可疑船只拒不停船、加速摆脱拦截与紧追、不向指示的方向航行、多次联络毫无反应等情形。③ 打击海上犯罪,包括中国管辖海域的犯罪行为和公海以及其他国家管辖海域的国际犯罪行为。

其次,采取武力措施必须符合国际法上的程序要求。① 使用武力的警告。执法人员在执行有效射击之前,至少要发出 3 次信号,即停驶信号、警告性射击和实弹射击警告,对船体实施武力打击之前,必须用尽足够的警示等其他非武力性手段。② 进行警示性射击,包括鸣枪示警和鸣炮示警。鸣枪示警可以发空炮弹或者信号弹;鸣炮示警可以向其前方掠过船首方向炮击或者进行无损害性的对空鸣炮。③ 对船体进行武力打击。尽量瞄准船舶的非致命部位,避免故意击沉船舶。

再次,采取武力措施应当受到必要的限制。① 中国海警采取武力措施的目的在于执行中国国内法,这决定了中国海警采取武力措施的合法性。② 合理且必要,即依法授权、依法执法、程序合法、内容合法、形式合法、对象合法,绝对必要时才使用武力。③ 最小伤害,即不超出必要的限度,尽量减少人员伤亡和财产损失。

最后,区分致命性武力和非致命性武力的使用层级。具体使用致命性武力(武器)还是非致命性武力(警械),原则上应当按照中国《人民警察使用警械和武器条例》执行。但是中国海上执法存在特殊性,再加上海洋局的重组将原来各执法部门进行整合,因此,应当区分武力使用的渐进层级、在特殊情况下可以直接使用致命性武器的情形以及明确最终进行武力打击的授权部门。

此外,随着水下无人船的研发和使用,明确对水下无人船的武力使用也是亟须解决的问题。

2. 完善强制驱离、跟踪监视等执法措施

近年来,中国涉海案件和涉海冲突大幅度增加,为了应对层出不穷的海上外国非法活动,维护本国的正当海洋权益,配备强有力的海上执法力量,建立完善的海上行政执法体系也逐渐成为中国维权的关键。《海警法》规定了跟踪、监视、警告以及驱离等执法措施。在驱离措施的具体适用上应将执法对象重点锁定在未经批准进入中国领海的外国军舰、特殊类型的船舶以及在中国领海和专属经济区从事违反中国法律法规的海洋活动的外国船舶上。"驱离"一般指代"强制驱离",即海上执法主体使用强制性手段将外国船舶赶出沿海国管辖海域;在跟踪监视的具体适用上应当将执法对象锁定在游移于中国海域附近的可疑及非法船舶上。"跟踪",即紧跟在目标后面,使其位于执法主体的控制范围内,以便随时采取下一步措施。"监视",即对存在违法嫌疑的船舶,进行监督查看,收集违法证据,判明行为是否违法。中国海警的跟踪监视措施就是由中国海警船舶、飞机或其他海警标志性监视设备和工具对海上有违法嫌疑的外国船舶进行跟踪,监视其是否存在违法的行为,从而保卫国家安全和维护海上秩序。例如 2004 年,我国对进入中国管辖海域的美国海军"VICTORIOUS"号、"EFFECTIVE"号测量船、俄罗斯"MBICTYHRYC"号调查船和"CCB - 208"号海军侦察船以及日本海上自卫队的多艘驱逐舰进行了跟踪、监视。[①] 较长一段时间以来,美国在中国专属经济区的各类军事测量活动层出不穷,作业时间也逐步延长,故应当明确跟踪监视措施适用的海域范围,并对此类船舶开展长期的跟踪监视活动,在有确切证据证明非军用船舶和政府船舶进行军事测量活动时,也可直接对涉事船舶进行登临检查。

鉴于美国"航行自由行动"使用的均为军舰、军用飞机等享有豁免权的航行器和飞行器,中国海上执法主体只能适用有限的执法措施。因此,应当在立法上加强现有执法措施的适用性,确保多种维权方式共同发挥作用,规范引导维权活动,更好地维护中国领土主权及海洋权益。

3. 海空呼应共筑海上防御体系

面对其他国家在中国管辖海域的航行行动,对未经批准或事先未加以通知的军舰通过中国领海的行为,中国可以采取全程跟踪、警告、驱离等措施。一方面,这些措施可在不合理的航行飞越行动发生后减少误判的次数;另一方面,从质变角度打破这一局势的关键在于加快岛礁防御、防空识别区等防御地带的部署,打造占有绝对优势地位的海空防御系统,占据战略主动性。[②] 同时,面临美国航行自由政策对中国海上战略空间的不断压缩,在岛

---

① 参见中华人民共和国自然资源部《2004 年中国海洋行政执法公报》。
② 曲亚图:《中美航行自由争议解析——驳美国"航行自由论"》,《中国海商法研究》2019 年第 3 期,第 59—66 页。

礁建设工作的基础上，中国还需加强南海岛礁的执法力量，例如提高岛礁的情报监控和侦查预警能力等；在中国南海管辖空域内，可以设置防空识别区，提高中国的预警能力，同时也能够增加军事透明度，避免军事误判的发生；在空间上进一步规划海上安全地带的部署，实现防空识别区与岛礁防御和安全地带的呼应，共筑从预防到预警的全方位防御网。

4.军警民结合与执法部门共建联动执法机制

中国海警作为中国海上维权行政执法主体，是由原有的中国海监、公安部边防海警、农业部中国渔政、海关总署海上缉私警察4支队伍整合而来，作为在南海行使维权执法职能的特殊海上执法主体，具有多重法律性质，包括武装性、行政性与警察性。但海上执法事项繁多且种类不一，事件突发原因与执法适用对象也不同，单纯依靠海警这一执法力量无法应对日趋复杂的南海形势，故有赖于集军警民多方主体力量于一体。而打造军警民联合执法新平台既是适应中国海上执法发展形势的现实需要，也是维护中国海洋合法权益的重要手段，更是建设现代化海防力量体系的关键一步。[1]

第一，以海警为海上行政执法的首要主体，对外代表我国在南海巩固海防，构筑第一道近海安全防线。当涉及远海维权执法时，可由中国海军构筑第二道远海安全防线，保护远海巡航。基于国际上对武装力量的敏感度提升，应将海军的执法对象和情况限制在海警执法船舶执法不力或紧急避险情况下适用，且海军与海警为提高默契配合度，也可开展经常性的联合海上执法演习活动，形成联合演习制度。[2]

第二，鉴于南海形势变化莫测，美国"航行自由行动"并无确切对应时间点，往往是民用船舶或附近渔民先发现情况，故应当建立可分享的海上联合协调合作机制，由渔民或海上民间力量定期汇报情况，以协助海上执法主体监督中国管辖海域范围内有损中国海洋权益的行为，并增加对民间力量的设备补给和奖励。

第三，加强海军、海警、海事等执法部门的相互配合，依据各部门隶属关系和职能区分重点不同，分别构建海警内部联合执法机制和外部协作执法

---

[1] 唐军：《军警民海上联合维权行动实践与对策研究》，《武警学院学报》2018年第7期，第40—44页。

[2] 刘一健、吕贤臣：《试论海权的历史发展规律》，《中国海洋大学学报（社会科学版）》2007年第2期，第1—6页。

机制。一方面,各级别海警执法部门的统一协调机制构建已成为中国海上行政执法方式的革新之处。就目前来看,中国省级以下海警执法部门的执法效果有待加强,存在执法设备短缺与执法人员能力不足等问题,可通过"一对一"的协作机制,由省一级的海警局分别对接下设各地方级别的海警执法部门,就共同负责的海域分别利用各自不同的职能优势定期开展联合巡航、互补缺漏,以增强执法效果。另一方面,建立海警与其他执法部门主体之间的协助机制,包括信息共享、执法案件取证、移送以及各个执法程序之间的有效衔接。也可通过制定《海上执法部门合作细则》,明确各执法主体的责任划分与协作方式,更好地提高整体协作能力,以便指导海上执法部门的协同执法。

(三)依托和打造高端智库为国家海洋政策提供智力支撑

智库作为对疑难问题提供解决方案的团体,不仅有利于提高政府决策做出的及时性和高效性,而且有利于增强政府决策的科学性与民主性。智库对一国的外交政策有着极深的影响。美国"航行自由计划"的制定和历年来美国"航行自由行动"的实施几乎都有来自美国高端智库的智囊供给。2009—2016 年,美国 10 家智库发布有关南海问题的研究成果多达 231 项,足见智库对美国南海政策的影响。① 美国智库的成功发展经验表明,中国同样需推动"中国海洋＋外交综合高端智库"的建设。

首先,从总体运行机制上看,我国可仿照美国智库的管理运行机制,设立理事会作为管理智库的最高层次的部门,另设各个辅助部门,研究国际法律、国内法规、外交政策、国际关系、海洋历史、海洋文化等涉海、涉外、涉政等海洋法律与政策的论证。同时在智库内部制定明确具体、执行性高的规章制度体系,对各部门的权利和义务进行划分,汲取国外优秀智库的管理经验。

其次,将专业划分和结合作为高端智库建设的关键步骤,聚集研究美国"航行自由行动"、南海主权争端解决以及其他与南海和美国海洋主张有关的专业人才,并汇集政治、经济、海洋环境保护、海洋地理、海洋地缘政治等

---

① 庞卫东:《美国智库的南海研究:主要议题、观点分歧与影响力评估》,《智库理论与实践》2022 年第 4 期,第 124—135 页。

领域的优秀人才,为南海问题的解决提出更多、更全面的对策。

最后,不断提升中国现有智库影响力,借鉴美国高端智库的建设经验,加强与其他国家智库的交流沟通,汇编并向社会公众公开部分研究成果,提高中国高端智库的国际影响力和知名度。

二、国际法视角下中国应对美国"航行自由行动"的对策

人类命运共同体理念蕴含人类社会与各国发展的共同价值目标,体现以人为本的新世界观和新国际观,可以作为国际法未来发展的理论依据与方案设想。此理念以人类社会的发展规律为导向、以推动国际关系法治化为目标,不断加快中国国际法发展。中国提出构建人类命运共同体,表明中国的全球化世界观已经形成,①对国际法的认识已上升到新的高度。随着人类命运共同体写入中国宪法,其对中国践行国际法、发展国际法也提出了更高要求。人类命运同体既是中国践行国际法的新发展、新理念、新方式,也是中国走向世界的新途径。在人类命运共同体理念的指引下,中国以国际权力观、共同利益观、可持续发展观和全球治理观不断开拓外交新局面,构建国际新秩序,谋求全人类利益。在中国的努力下,越来越多的国家认同人类命运共同体这一价值观,弱化站队美国的利益链,与中国共同致力于维护国际海洋秩序的稳定与国际法的权威。因此,可以将中国应对美国"航行自由行动"的对策分为两部分:一是化解南海各国对中国的敌意,以海洋命运共同体理念呼吁南海周边国家共同应对美国的"航行自由行动";二是以南海域外国家为对象,以新型国际关系构建稳定的国际秩序,以人类命运共同体与域外国家达成共识,为南海稳定创造良好的外部环境。

（一）南海区域内的有效行动——以海洋命运共同体为指引

1. 以海洋命运共同体作为应对美国在南海"航行自由"的基本理念

2019 年,中国提出"海洋命运共同体"理念,表明中国参与全球海洋治理的基本立场和规划,同时也是中国为全球海洋治理贡献的具有中国特色

---

① 巴殿君、王胜男:《论中国全球化认识观与全球治理的"中国方案"——基于人类命运共同体视域下》,《东北亚论坛》2019 年第 4 期,第 10—27、127 页。

的方案,为海洋价值秩序的形成和发展提供了助力。[①] 中国提出的海洋命运共同体是人类命运共同体的重要组成部分,与人类命运共同体有着共同的思想基础,并一脉相承。海洋命运共同体作为人类命运共同体在全球海洋领域的细化和深化,同样包含人类命运共同体所涵盖的政治、经济、文化、安全、生态等内容。在政治方面,海洋命运共同体要求建立平等、和平的合作关系。构建海洋政治命运共同体,有助于建立全球海洋和平合作机制,增进各成员之间的平等与互信。在安全方面,海洋命运共同体主张各海洋治理主体建立安全和谐的海洋格局。构建海上安全命运共同体,可以加强中国海军与其他各国海军的合作,有利于各国共同应对全球海上非传统安全威胁,构建海上公共安全国际应对机制。在经济方面,海洋命运共同体要建立互利共赢的合作关系。构建海洋经济命运共同体,可以引导一国在谋求本国海洋利益的同时兼顾整体海洋利益,促进各国蓝色经济的共同发展,在共同发展中寻求各方海洋经济利益的可持续发展。在文化方面,海洋命运共同体要实现融合不同主体海洋文化的重要任务。构建海洋文化命运共同体,有助于消除海洋文化隔阂以推动不同海洋文化相互交融,增进共同体成员对其他主体海洋文化的认同感和对海洋命运共同体理念的归属感。在生态方面,海洋命运共同体主张应努力实现海洋与人类的和谐共处、保护全球海洋生态环境可持续发展。构建海洋生态命运共同体,将海洋生态观与海洋利益观结合,有助于推动共同体成员共同应对世界海洋生态环境污染的威胁,推动全球治理的深化。

为应对南海纷繁复杂的海洋问题,应在"海洋命运共同体"理念的基础上提出"南海命运共同体"理念,以南海的共同利益达成南海各国的共同体意识,规范和调整南海区域内的海洋秩序,以南海区域合作的成效引起其他国家的共鸣,减少美国"航行自由行动"引发的单边主义效应对南海区域合作的阻碍,进而为各国的海洋权益发展提供价值指引。

2. 以正确的义利观作为应对美国在南海"航行自由"的基本原则

党的十八大以来,以习近平总书记为核心的党中央在对外交往中始终坚持和发展"正确的义利观"。党的二十大报告提出:"中国坚持在和平共处

---

① 杨华:《海洋法权论》,《中国社会科学》2017 年第 9 期,第 163—183、208—209 页。

五项原则基础上同各国发展友好合作，推动构建新型国际关系，深化拓展平等、开放、合作的全球伙伴关系，致力于扩大同各国利益的汇合点。促进大国协调和良性互动，推动构建和平共处、总体稳定、均衡发展的大国关系格局。坚持亲诚惠容和与邻为善、以邻为伴周边外交方针，深化同周边国家友好互信和利益融合。秉持真实亲诚理念和正确义利观加强同发展中国家团结合作，维护发展中国家共同利益。"①

正确的义利观表明了中国将以什么样的价值理念参与海洋命运共同体的建设，中国将以什么样的姿态与各国共同参与到国际事务中，中国将以什么样的观念处理国际关系和海洋利益冲突。正确的义利观是中国对内对外坚持的基本原则，中国把自身和世界联系起来，把中国利益和世界各国利益联系起来，把中国利益和全人类利益联结起来，强调人类整体利益的重要性，彰显了中国负责任的大国形象。正确的义利观作为一种价值理念，是中国优秀外交传统的继承和发展，它的提出是国际海洋秩序新变化和中国外交新任务的客观需要，破解了外界对中国的质疑和责难，对海洋命运共同体的构建具有重要的指导意义，对人类海洋事业的发展产生了深远影响。②

在国家政治层面上，应充分体现政治行为互信，政治利益绝不退让。南海周边声索国在解决南海主权争端问题时所采取的解决对策与倾向不尽相同，其中越南、马来西亚与菲律宾始终将较多目光投注在美国等域外大国上，企图将具有国际影响力的超级大国牵扯其中，以便达到遏制中国崛起的目的，而印度尼西亚和文莱则与之恰恰相反，将希望寄托于东盟，倾向于通过地区协商谈判机制与中国和其他南海周边国家进行沟通与交流，故针对这两种不同倾向的南海政策，中国在南海问题上的方针和策略应当做出相应调整与改变。但最为重要的一点应始终明确"主权属我"的政治立场，杜绝其他国家觊觎中国主权的意图和行为。针对第一类企图将域外大国牵扯入南海争端的国家行为，中国可通过发表官方严正说明，反对任何非声索国介入南海争端，必要时也可采取外交手段予以警告，促使相关国

---

① 习近平：《高举中国特色社会主义伟大旗帜，为全面建设社会主义现代化国家而团结奋斗》，《人民日报》2022 年 10 月 26 日，第 1 版。
② 王帆、凌胜利：《人类命运共同体全球治理的中国方案》，湖南人民出版社 2017 年版，第 66 页。

家回归正确立场。① 针对第二类国家的立场,中国支持南海问题解决的双边化,构建双边磋商和争端解决机制,以积极主动的姿态将南海问题尽可能地控制在双边范围内,争取和平解决南海争端,开展多种方式的合作,增加政治互信,并始终坚持以"对话协商"作为解决南海争端的要旨,警惕、反对区域领土主权争端走向"司法裁决"。

在国家经济层面上,应充分体现经济行为合作、经济利益积极共享。正确的义利观既是对"互利观"的扬弃发展,也是对习近平总书记提出的"利,是要恪守互利共赢原则,不是要搞你输我赢,要实现双赢"这一论断的正确理解。② 基于此,中国应当在正确的义利观的指引下,同南海周边国家保持密切的经济合作,并通过在经济利益上的克制与宽容,向南海周边国家传达中国欲以互利共赢的和平方式化解南海矛盾的和谐声音。中国也应当全面布局"21世纪海上丝绸之路",对接美国提出的"新丝路",并逐渐改变美国"新丝路"走向,明确丝绸之路的对象实施国,紧紧抓住"一带一路"发展机遇,加快促进中亚、南亚、东亚经济一体化进程,助推中国与东盟国家经济利益共同体的早日形成。

在国家安全层面上,应走出一条以和平发展为主,尽可能消除斗争的国际化道路。国与国之间的和平状态是正确义利观得到全面诠释与落实的基础条件,中国应当通过和平方式捍卫国家安全利益,这一点不论是从理论内涵来看,还是在国家实践中均可以得到落实。坚持和平共处五项原则、加强与南海域内国家的政治互信、以对话协商方式尽量化解南海各国对"中国威胁论"的错误看法、与南海各国共同应对海上安全问题,能够在一定程度上削减南海部分国家与美国站队的意愿,向南海各国表明中国愿意并且有能力维护南海的和平与稳定。

此外,在海洋历史与人文交流层面上,中国可创新人文交流方式,发展特色海洋外交,传播中国海洋文化和正确义利观,开展民间文化交流和政府间的会议论坛,重视沟通质量,将走出去和引进来相结合,在文化层面做到

---

① 戴正、郑先武:《中国近年南海争端安全战略:"区别对待,双管齐下"》,《印度洋经济体研究》2019年第5期,第106—129页。

② 王俊生、田德荣:《正确义利观与中国周边外交:理念与实践》,《太平洋学报》2022年第7期,第53—62页。

共通。

3. 以海上丝路命运共同体的构建作为应对美国在南海"航行自由"的基本路径

"21世纪海上丝绸之路"是中国为进一步深化与东盟的合作提出的战略构想,标志着中国认识海洋、发展海洋、经略海洋上升到了一个新的高度。"21世纪海上丝绸之路"的提出,表现出中国对其他国家不同政治、经济和文化的包容,是中国构建新型国际关系的创新举措,为海洋命运共同体的构建提供了重要的物质基础。南海是一条和平、安全、合作、共荣之路,经济合作将沿线各国的海洋利益联结起来,各国在合作中友好协商、互相尊重、互利共赢。中国创造的多边海洋合作机制使得越来越多的发展中国家受益,合作领域逐渐从经济向政治、文化、安全等方向拓展,区域合作逐渐走向全球合作。

"21世纪海上丝绸之路"的南海航线能够将南海诸国相连接,在提升区域经济一体化的同时构建和平稳定的周边环境。对于因美国"航行自由行动"而使中国与周边国家经济合作受到的消极影响,中国应当充分发挥南海航道的优势,使其成为全球贸易的供应链,连接各个国家和各个区域的合作。在第13届中国—东盟商务与投资峰会中,来自东盟10国在内的29个"一带一路"沿线国家共2 600多家企业展现了中国—东盟自由贸易区的巨大活力。中国应当通过建立中国—东盟自由贸易区密切彼此间经济贸易的往来,与南海国家保持持续合作的关系,继续强化多边合作机制的作用,让越来越多的国家参与到"21世纪海上丝绸之路"的建设中。为促进更为紧密的合作,在已经签订的重大合作项目的领域之外,[①]中国还可以结合"21世纪海上丝绸之路"沿线国家的需求,开发医疗等新型合作领域。在互联互通建设方面,中国可以吸收中老泰泛亚铁路建设的宝贵经验,加快与其他国家的公路建设,真正实现道路联通和贸易畅通,从而实现中国—东盟命运共同体的构建。

4. 以低敏感领域的区域合作作为应对美国在南海"航行自由"的基本共识

在海洋命运共同体的构建中,中国应加深与南海低敏感领域国家的合

---

① 涉及先进装备制造、新一代信息技术、跨境物流、新材料、新能源、金融、生态旅游等领域。

作,主动参与并加强在南海治理合作领域的磋商,积极推动和开展地区对话,增强互信互动,打造南海地区新秩序。对于部分南海周边国家,中国可能在航行自由问题上与其存在分歧,然而更重要的是中国也与其具有共同的利益。支持美国"航行自由行动"的国家大多对南海等重点海域存在较大的利益诉求,而某些利益诉求在某种程度上其实与中国在航行自由问题上的利益诉求并无差别。因此,中国应加快推进与南海周边国家的合作共识,不让南海合作的区域性文件流于形式,通过构建"合作"机制,化解"跨区域"的现实矛盾,协调各方利益主体间的关系。同时,海洋命运共同体的构建也不能忽视持反对意见的美国,中国可以引导美国加入 UNCLOS,避免因美国继续游离于 UNCLOS 之外而利用"航行自由行动"继续奉行单边主义,破坏海洋命运共同体的理论构想和实践。[①] 如果美国加入 UNCLOS,中国与美国可以基于同一法律框架对航行自由进行解读,对于 UNCLOS 的模糊之处,双方可以在 UNCLOS 框架下运用统一的法律原则和立法目的进行协调和解释,促进美国对海洋命运共同体的认同。

美国的"航行自由行动"鼓吹"中国威胁论"和"国强必霸",导致一些国家特别是南海周边国家对中国的合作意图产生怀疑。面对美国"航行自由行动"蓄意给中国走和平发展道路制造的阻力和压力,中国应向国际社会摆明对自身的认知与定位,明确提出:作为世界上最大的发展中国家,中国将继续把坚持独立自主的和平外交方针作为核心内容,坚持走和平发展的道路。[②] 中国可以将美国"航行自由行动"的消极影响转变为契机,借美国"航行自由行动"对南海、东亚等地区的地缘政治格局的影响加深,与南海周边国家以及日本、韩国等加强低敏感领域的交流与合作,以实际行动表明中国不结盟的立场,以"21 世纪海上丝绸之路""中国—东盟自贸区""中日韩自贸区"等合作实例表明中国仍是维护南海和平稳定的坚实力量。

中国应助推与东盟等其他国家和地区的互信机制,在《海警法》出台的背景下,加强海警队伍建设、加紧与南海周边国家的海上维权执法合作,在

---

① 沈雅梅:《美国与〈联合国海洋法公约〉的较量》,《美国问题研究》2014 年第 1 期,第 56—77 页。
② 苏大城:《中央外事工作会议在京举行》,http://politics.people.com.cn/n/2014/1130/c1024 - 26118788.html,最后访问日期:2022 年 9 月 14 日。

国家制度环境的差异中积极寻求同重点海域国家海洋法的契合点,对接重点海域国家打击海上犯罪的类别需求,共同打击海上跨国犯罪。在我国《海上交通安全法》修订的背景下,中国应当加快落实海洋强国战略的实施步伐,借助《海上交通安全法》统筹国内相关立法,系统重塑海上交通安全管理秩序,为其他国家在中国管辖海域的航行自由提供航行安全保证,激发外国海运业在中国的生产经营活动,推进中国与外国的海上贸易发展及海洋安全合作。同时,《海上交通安全法》传达出的中国关于航行安全的重视是对中国所倡导的航行自由理念的重要阐述,中国应当借此契机向国外再次表明航行自由与航行安全不可分割的关系,让其他国家认同中国主张的UNCLOS框架下的航行自由理念,在航行自由领域达成"海洋命运共同体"的共识。

综上所述,中国应当加快与美国和周边国家的协商交流,坚持"主权在我,搁置争议、共同开发"的原则,通过多边合作、经济合作或海上共同执法等措施加速南海沿岸国合作机制的建立,以合作代替纠纷,实现正和博弈。

(二)南海区域外的有效行动——以人类命运共同体为指引

中美之间关于航行自由行动的争议,从表面上看是中美之间对航行自由规则理解的差异,从更深层次来看,实际上是国际秩序、国际格局和国家关系变化的结果。因此,我们应当跳出中美之间的博弈,站在更高的角度、用更宽的视野、用世界一体化的格局去重新审视中美关系,以共同体建设推动中美关系的发展。

1. 以国际权力观重塑国际新秩序

第一次世界大战之前,虽然有过和平解决国际争端的实践,但国家用战争或武力解决国际争端被认为具有合法性,所以和平解决国际争端的原则并未获得发展空间。随着《联合国宪章》和《国际法原则宣言》的诞生,所有国家都应当诚实守信地承担依照国际法公认原则和规则维护国际和平与安全的责任。世界政治经济领域的重大变化引起了世界问题的全球化,国际海洋秩序发生重大变革,中国国际地位发生深刻变化,世界格局开始转变。国际社会的发展局势深刻影响着新型国际秩序的构建,逐渐形成以平等互惠和合作共赢为精神实质的新型秩序观。① 基于此,人类命运共同体在国际局势动荡不安、经济全球化利益交织、国家利益冲突的背景下诞生。

国际权力观作为一类有别于国家主义或区域主义中所主张的世界整体论和人类中心论的政治觉醒意识、社会行为主张或行为方式,以弘扬全球主义和多边主义为价值指引。② 国际权力观是在全新时代下,对国家权力观的改革成果,是全球政治觉醒的代表性产物之一,主张国家间在互谅互信的基础上,坚持互相依存、互相扶持,打破旧式国家权力观下的制度模式偏见,化解意识形态隔膜,凝结各方利益共识,强调彼此携手合作。应将国家权力的适当让渡作为树立国际权力观的工作要点,努力打破制度模式偏见,坚决拒绝发达国家凭借强劲的综合国力对发展中国家进行政治、经济以及文化交流等方面的抹黑与污蔑,强烈反对部分利益至上的发达国家介入别国主权争端事项,并试图挑起海洋摩擦与冲突和贸易战的行为。树立国际权力观,呼吁更多和谐、平等与信任的声音参与到政治共同体的打造当中,才有可能进一步构建政治互信、经济共赢以及安全共享的新世界。

国际社会需要建立新的国际秩序,以规范的机制去实现人类共同发展,即人类社会的共同进步,将各国共存共生于一个价值体系,即正确的权力观、价值观、发展观和利益观。同时,应以全人类的安全为最高目标,以平等、互利、互信、协作的新安全观探寻国际新秩序的建立,寻求和平稳定下的共同利益。为进一步发挥正确的国际权力观以塑造国际新秩序,中国应当通过对外经贸合作、援助、外交等手段提高中国以及"一带一路"倡议等合作政策的影响力,发挥中国独有的文化魅力,不断加强中国的国际话语权,在国际经济新秩序、国际政治安全新秩序、国际海洋新秩序的塑造上充分发挥作用。

在国际经济新秩序的塑造上,中国作为最大的发展中国家,应逐步由国际社会秩序维护的接受者转变为组织者和引领者。始终坚持以互相尊重的政治观、共同发展的合作观、共享共赢的安全观和兼容并蓄的文明观倡导国

---

① 陈吉祥:《构建"善治"的新型海洋秩序》,《人民论坛》2019 年第 10 期,第 56—57 页。
② 徐艳玲、陈明琨:《人类命运共同体的多重建构》,《毛泽东邓小平理论研究》2016 年第 7 期,第 74—79 页。

际经济新秩序的建立;[1]在国际政治安全新秩序的塑造上,安全利益往往不容易分割,安全矛盾也更不容易消除。国际政治安全新秩序意味着摒弃战争,以理性机制维护和平,以国际法规则调整国家关系,而不是依靠占据权力优势的国家之间的牵制或共治。[2] 应根据安全共同体建立的要求,声明各国权利不能超越其他国家和全人类安全的边界,要求各国具有共同安全价值观消除潜在隐患,以维护人类共同利益为目标,奠定国际安全新秩序;在国际海洋新秩序的塑造上,海洋治理的全球化要求各国以海洋命运共同体理念重新塑造合理公正的国际海洋秩序,更加关注发展中国家的利益诉求,要求世界各国和各族人民的发展以和而不同为特征,以平等互利、合作共赢为基本原则来构建国际海洋新秩序,强调海洋的整体性、全球性和协调性。

中美关系将会一直影响中国的总体外部环境,同时也是中国全球伙伴关系的薄弱环节和最大难点,保持中美关系总体稳定对中国外交具有全局性意义。重塑国际秩序将会极大影响中美的对外政策,尽管中国和美国各走各的道路的现状不会改变,但是也要确保国际秩序的重塑不会将中美关系引向全面冲突对抗的局面。因此,实现国际秩序变革与构建新型大国关系的良性互动、实现中美在国际秩序和意识形态问题上的相互尊重和合作共赢是未来中国国际战略中的关键环节。[3]

2. 以共同利益观重构新型国际关系

构建相互尊重、公平正义、合作共赢的新型国际关系既是构建人类命运共同体的根本路径,也是新时代中国特色社会主义思想的重要内容,更是中国践行国际法、发展国际法的必然结果。当前全球化发展的矛盾日益突出,各国在实现自己国家利益的同时,也在影响其他国家利益,从而进一步改变世界格局。与旧的国际关系相比,构建新型国际关系并非破旧立新式的重建,而是在原有国际关系基础上改造、在继承和发展基础上变革创新,以实现国际关系的转型和质变。[4] 共同利益观作为人类命运共同体的重要内

① 杜尚泽、姜赟等:《习近平"四观"倡导国际新秩序》,http://world.people.com.cn/n/2015/0329/c1002-26766215.html,最后访问日期:2021年12月27日。
② 中国人民大学国际关系学院:《世界政治研究》,中国社会科学出版社2022年版。
③ 刘建飞:《引领推动构建人类命运共同体》,中共中央党校出版社2018年版,第197—209页。
④ 刘建飞:《引领推动构建人类命运共同体》,中共中央党校出版社2018年版,第80页。

容,形成全球范围内的共同利益观是构建海洋秩序和实现海洋自由的重要途径。共同利益观不仅是中国参与全球海洋治理的重要理念,而且是中国引导其他国家共同发展、维护海洋和平安宁的中国智慧和中国方案,能够直接影响美国对世界政治经济格局的主导作用。因此,中国应处理好与发达国家以及发展中国家之间的关系,以利益共同体建立新型国际关系,以义搭建伙伴关系化解对抗结盟,以利构建共同体化解合作矛盾,以合创建共同目标化解利益纠纷,以蓝色伙伴关系的示范者和引领者促进海洋命运共同体的国际认同,为国际法的发展注入新的活力。

伙伴关系是构建国际、区域、国家、地方多层级联动,政府、非政府主体积极互动的一体化海洋治理的关键途径,[①]既是全球治理的新模式,也是实现区域治理的重要手段。1992 年里约会议提出"伙伴关系",2012 年联合国可持续发展会议再一次提出缔结伙伴关系的倡议,2016 年启动的《2030 年可持续发展议程》再次重申伙伴关系的重要作用。同年,《中国落实 2030 年可持续发展议程国别方案》发布,提倡建立全方位伙伴关系。2017 年,中国在与葡萄牙签署合作框架协议中明确提出了"蓝色伙伴关系"的表述。中国提出的蓝色伙伴关系与联合国倡导的伙伴关系的内涵高度一致,是新型国际关系在海洋领域的延伸,是中国参与全球海洋治理的重要途径,是中国构建新型国际关系的有力举措,对构建海洋命运共同体具有举足轻重的意义,为"共商、共建、共享"的全球治理理念注入了全新的蓝色活力,在国家层面构建起全方位、多层次、交互式的综合合作机制。[②]

中国应将构建最广泛的蓝色伙伴关系作为深度参与南海区域治理的重要抓手,拓展与其他国家在海洋领域的合作,推动全球海洋治理向着公正、合理、均衡的方向发展,从而推动全球海洋治理伙伴关系的建立。[③] 一是在合作领域上,应当更加关注新兴领域的发展,例如全球病毒疫情的防控、卫生医疗事业的发展、海洋塑料污染、海洋新能源、海洋保护区建设等,不断拓展蓝色伙伴关系的深度和广度,从新的角度为海洋治理提供实质性的方案。

---

① 朱璇、贾宇:《全球海洋治理背景下对蓝色伙伴关系的思考》,《太平洋学报》2019 年第 1 期,第 50—59 页。

② 侯丽维、张丽娜:《全球海洋治理视阈下南海"蓝色伙伴关系"的构建》,《南洋问题研究》2019 年第 3 期,第 61—72 页。

③ 王琪、崔野:《深度参与全球海洋治理须把握的几个问题》,《中国海洋报》2018 年 5 月 30 日,第 2 版。

二是在合作主体上，应当依托现有的区域组织和平台，充分发挥政府间国际组织的主导作用和非政府间国际组织的补充作用，兼顾其他国家的利益，寻找利益冲突的平衡点，与各国形成紧密的伙伴关系。三是在合作方式上，中国应当主动和各国缔结伙伴关系，为各国提供更多的公共产品和治理经验，主动为其他发展中国家的发展提供帮助，积极推进人类命运共同体的实现，让各国利益共享、责任共担，为全球海洋治理注入中国智慧，让人类命运共同体获得更多的国际认同感。

同时，我们应高度关注俄罗斯、日本等域外大国在南海地区的利益，将和平共处五项基本原则与共同利益观相结合。中国可以学习美、日等国家，加快与其他国家签订双边协议或进行多边合作，支持有影响力的国家或组织，例如东盟在南海地区安全合作机制中的主导地位，为东盟国家提供资金、设备支持，以合作协商应对美国"航行自由行动"的过度干预；在《"中日韩+X"合作概念文件》[①]的背景下，中国还可以加强与日本和韩国政府、民间等多层次的交流与合作，体现东亚文化共有的价值认同，展示东北亚地区风雨同舟的责任担当，将公共卫生安全命运共同体理念延伸至其他领域，推动中日韩自贸区的联系。因此，积极构建新型国际观有助于消除因美国"航行自由行动"挑起的利益诉求纷争所导致的怀疑，为中国获得更多的国际支持。

3. 以全球治理观重构全球治理体系

当前，国际秩序的重塑和国际体系的转型增强了全球治理的紧迫性，人类正面临前所未有之大变局，各种非传统安全问题交错复杂在全球化浪潮中，战争仍未消除，使得全球治理体系面临巨大挑战和历史性变革。全球治理作为实现人类命运共同体的必经之路，建立以发展为中心的全球治理体系不仅是中国走向国际的现实需求，而且是国际社会发展的迫切需要。基于全球海洋治理与中国之间相互需求的关系，"中国需要参与全球海洋治理"和"全球海洋治理需要中国的参与"，[②]中国应倡导"公平、开放、全面、创

---

① 2019 年 8 月 21 日，第九次中日韩外长会在北京举行。国务委员兼外交部长王毅主持会议，韩国外长康京和、日本外相河野太郎出席。会议通过了"中日韩+X"合作概念文件。

② 全永波：《海洋环境跨区域治理的逻辑基础与制度供给》，《中国行政管理》2017 年第 1 期，第 19—23 页。

新"的"新发展观",这是对扩大共识、协同发展、互利共赢的高度凝练,有利于探索全球治理合作的新模式。[①] 在构建人类命运共同体的过程中坚持"共商、共建、共享"原则,实际上就是把和而不同、平等对话、合作共赢等重要理念贯穿于国际发展合作领域,尤其是在区域和跨区域合作层面。凝聚合作共识、夯实合作基础、抓牢合作主线、维系合作友谊、共享合作成果,这些主张既展示了互联互通、互利共赢的合作逻辑,更为世界各国贡献了探索人类和平合作、共同发展的中国智慧。

美国航行自由政策曾帮助美国构筑由单一国家主导的国际公共产品供给,在特朗普政府上任后,单边主义的盛行进一步降低了美国提供海上公共产品的意愿。随后,新冠疫情在全球范围内的蔓延,使海上公共产品的供给进一步缺位,全球海洋治理陷入困境。如前所述,海洋的发展应是正和博弈的结果,任何国家都不能独善其身,中国近几年与周边国家开展的海上经济、安全合作得到了积极回应,因此,中国作为发展中的大国应承担更多的国际责任,扮演更多的角色,应以"全球治理观"的示范者和引领者推动国际法治和全球治理,提升海洋公共产品的供给能力。

在全球经济治理层面,中美的竞争与对抗较多,2008 年全球金融危机对全球经济造成了致命性打击。在全球经济治理进程中,中国呼吁国际金融机构的改革,积极推动建立金融合作体系。面对美国在全球经济中的主导地位,中国应积极转变治理角色,更加关注合作地区的社会效益,优化制度环境,发挥多边外交的优势,稳定国际经济秩序,优化国际金融环境,改变全球经济治理的赤字,为世界经济的稳步发展降低风险、排除障碍,从而为中美关系的发展提供稳定的经济环境。

在全球安全治理层面,中国已是全球安全治理的重要推动者,美国在全球安全治理中的作用逐渐减弱,但仍居于主导地位。不仅全球经济发展不平衡,而且全球的安全发展也存在较大差距。海洋安全作为全球安全的重要内容,直接影响沿海国的领土主权安全。在海洋无法被任何人完全占有或控制的时代,航行自由主要体现为海洋强国与沿海国之间的利益博弈。毫无限制的航行权利争夺带来的必然是各国领土主权安全的受损。在没有

---

① 世界环境与发展委员会:《我们共同的未来》,国家环保局外事办公室译,世界知识出版社 1989 年版,第 38 页。

法律边界的竞争下,一国的获益总是伴随着内陆国或海洋科学技术落后国家主权的让步,参与海洋权益博弈的各方最后收益与损失的共和永远为"零",无法实现双赢,这就是航行权利的非合作博弈所带来的零和收益。因此,应当在海洋领域建立安全共同体,各国共同应对传统安全与非传统安全,减少对抗、消解困境,从而为中美航行自由争议的解决提供良好的安全环境。

在全球环境治理层面,海洋本就是自由、平等、合作和可持续的,各国的权利主张存在着战略空间的重叠是历史发展的必然,大多数国家在海上航行自由贸易的权利主张和通过国际法促进世界秩序的权利限制方面有着共同的国家利益——海洋环境可持续发展。近年来,世界格局的演变加剧了海洋环境治理的难度,中国提出的"绿色发展""生态文明"等理念为全球海洋治理注入了活力。中美在环境领域的合作已初具成效,并成为其他国家的典范。未来,中国将继续承担大国责任,深化与美国等大国之间的合作,主动为发展中国家提供支持,以人类命运共同体的整体观整合全球治理体系的碎片化,在更多的领域达成中美共识。

4. 以可持续发展观重塑国际法治新格局

最早提出可持续发展观的是 1980 年《世界自然资源保护大纲》;1987年,世界环境与发展委员会出版《我们共同的未来》报告阐述了可持续发展的思想,[1]将可持续发展定义为:"既能满足当代人的需要,又不对后代人满足其需要的能力构成危害的发展。"UNCLOS 第十二部分规定了可持续发展原则在海洋法中的适用范围,并明确了各国在海洋环境保护中的义务。1992 年的《里约环境与发展宣言》强调了可持续发展原则对环境发展的重要作用。2015 年为落实《21 世纪议程》第十七章中的具体行动计划,经过多次磋商,在《2030 年可持续发展议程》中确立了十七项可持续发展计划,其中第十四项就海洋生态环境的可持续发展提出了要求。[2] 可持续发展观作为科学发展观,包括经济、社会、资源和环境的可持续发展,最终落脚于人类的可持续发展,而可持续发展的实现正需要国际法治予以保障实现,从而推

---

① 奚洁人:《科学发展观百科辞典》,上海辞书出版社 2007 年版。

② United Nations. 2030 Agenda for Sustainable Development,https://www.cepal.org/en/topics/2030-agenda-sustainable-development,最后访问日期:2022 年 9 月 15 日。

动经济、社会、资源、环境发展的法治化。

2002 年,美国宣布布什总统将不参加可持续发展世界首脑会议,遭到世界舆论的广泛批评。在全球可持续发展进程中,美国被认为是"语言的巨人,行动的矮子,并没有对全球的可持续发展做出贡献。"①国际法治要求以法律规则为基础,以国际合作为依托,以国家遵守为保障。人类命运共同体也正是在国际法治要求下作为一种新的世界观被提出,体现了中国作为发展中国家的身份特质和前进轨迹,是一种历史必然和逻辑必然。②

中国作为国际法治的推动者、践行者、倡导者和维护者,一直致力于国际法的发展,维护国际法的权威,从不搞"双重标准",也不搞"霸权规则"。面对美国无视国际法治的肆意航行自由,中国可以从国际法治的层面制约美国的"航行自由行动",影响美国的航行自由政策。一方面,中国应大力倡导人类的共同利益,促进经济、政治、文化、社会、生态五位一体的发展和繁荣。在推动国内法治和国际法治的双重路径中,以国际法律规则的制定者和完善者、国际法的示范者和引领者、国际责任的承担者和践行者推动国际法治新格局的建立。中国应将责任共同体与利益共同体和发展共同体紧密相连,向国际社会持续输出正确的价值观、发展观和利益观,帮助各国建立国家责任感,促进全球安全共同体的构建,从而为国际法治营造良好的国际环境。另一方面,中国应基于良法善治的国际法治环境、公平正义的利益实现机制和共同发展的价值目标,实现与各国共同打造国际法治全球化新格局,这是对打造公平公正的国际法治环境的要求。③ 只有各国诚实守信地遵守规则,遵从各国共同利益需求,站在全局思考问题,共同践行、发展、维护、利用国际法塑造公平公正的国际秩序,才能促进国际法律规则对国家行为的引导,从而实现国际法对人类命运共同体的保障。

---

① 《布什不参加可持续发展世界首脑会议,遭到世界舆论的广泛批评》,https://www.ccchina.org.cn/Detail.aspx? newsId=19433,最后访问日期:2022 年 9 月 15 日。
② 祝婷婷:《简论作为一种新世界观的人类命运共同体》,《东北师范大学学报(哲学社会科学版)》2021 年第 2 期,第 84—96 页。
③ 宋乐静:《人类命运共同体制度化建设的国际法保障及其作用研究》,《理论月刊》2020 年第 10 期,第 116—122 页。

结　语

　　中国作为海洋大国正在向海洋强国迈进，作为世界上最大的发展中国家，我国正在努力实现中国特色社会主义现代化，并有力影响着国际新秩序的构建。作为国际秩序的积极维护者，中国一直致力于国际社会的和平与发展，并作为全球发展的重要贡献者正在主动并积极承担越来越多的国际责任。中国积极构建新型国际关系，坚持民主、平等、正义的国际法治，倡导共商、共建、共享的和平发展之路，这不仅是中国国内治理理念转变的结果，而且是中国对待全球治理的态度和角色的转变。中国已经用实际行动向世界提供更多的中国经验和中国智慧，向世界表达中国处理国际海洋事务的观点和原则以及造福全人类的愿景，向世界提供了"人类命运共同体""海洋命运共同体""一带一路"倡议等公共产品。

　　自中国进入新时代以来，习近平新时代中国特色社会主义思想的国际影响力不断提升，以科学的世界观和方法论揭示了世界发展的客观规律和国际法发展的必然趋势。中国正全面开展特色大国外交，与世界的关系正在发生历史性变化。在对外斗争、发展、合作的外交形势下，中国迫切需要提出外交新思想和新目标，人类命运共同体作为破局之策应运而生。作为马克思主义思想的中国实践，人类命运共同体凝结了中国优秀文化传统的精髓，并在此基础上不断创新发展，不仅内含"良法善治"为代表的规则之治，以及追求公平公正的合理之治，而且具有深层的发展内涵、深厚的历史根基和鲜明的时代特色，是一项聚焦国内和国际优秀的治理经验，是与时代发展潮流相同步的指导思想，体现了中国"胸怀天下"的包容情怀和忠诚担当。未来，中国应以"国际权力观、共同利益观、全球治理观和可持续发展观"为核心价值，以海洋命运共同体推动构建南海命运共同体,供给符合时代发展趋势的理念、制度、规则和标准,①为区域海洋治理注入新的活力,从而在国际和国内双重层面有效应对美国的"航行自由行动"。

---

① 崔野、王琪:《全球公共产品视角下的全球海洋治理困境：表现、成因与应对》,《太平洋学报》2019年第 1 期,第 60—71 页。

附 录

1988—2022 年美国航行自由计划的实施情况[①]

年份	挑战国家/地区数量	大 洲	挑战的具体国家/地区	挑战的"过度海洋主张"
1991	13	亚洲(2)	缅甸	A
			叙利亚	O
		非洲(5)	塞拉利昂	O
			安哥拉	O
			贝宁	O
			喀麦隆	O
			利比里亚	O
		美洲(5)	多米尼加	B
			厄瓜多尔	O
			尼加拉瓜	K,O
			秘鲁	O
			海地	B
		欧洲(1)	丹麦	B

[①] U.S. Department of Defense. Annual Freedom of Navigation (FON) Reports，http：//policy.defense. gov/OUSDP-Offices/FON/.此表统计包括中国台湾地区,为方便和美国《航行自由行动年度财政报告》对照,故在数量统计上将中国(大陆)和中国台湾地区分开统计,以免数据统计混乱。本表中国所指为中国大陆。

（续表）

年份	挑战国家/地区数量	大　洲	挑战的具体国家/地区	挑战的"过度海洋主张"
1992	22	亚洲（8）	缅甸	A
			柬埔寨	A
			中国	A
			印度	A
			伊朗	A
			马尔代夫	A
			阿曼	B
			巴基斯坦	A
		非洲（9）	阿尔及利亚	A
			佛得角	A
			刚果	O
			吉布提	B
			利比里亚	O
			尼日利亚	O
			塞拉利昂	O
			索马里	O
			苏丹	A
		美洲（5）	巴西	O
			多米尼加	B
			厄瓜多尔	O
			尼加拉瓜	K、O
			秘鲁	O

（续表）

年份	挑战国家/地区数量	大　洲	挑战的具体国家/地区	挑战的"过度海洋主张"
1993	17	亚洲（8）	中国	A
			缅甸	A
			柬埔寨	A、B
			印度	A、M
			伊朗	A
			马尔代夫	A
			阿曼	A、B
			菲律宾	B、M
		非洲（5）	吉布提	B
			埃及	A
			索马里	O
			苏丹	A
			毛里塔尼亚	B
		美洲（3）	厄瓜多尔	O
			秘鲁	O
			尼加拉瓜	K、O
		欧洲（1）	瑞典	A
1994	14	亚洲（6）	中国	A
			缅甸	A
			柬埔寨	A、B
			印度	A、M
			马尔代夫	A
			菲律宾	B、M

（续表）

年份	挑战国家/地区数量	大　洲	挑战的具体国家/地区	挑战的"过度海洋主张"
1994	14	非洲（5）	吉布提	B
			埃及	A
			索马里	O
			苏丹	A
			毛里塔尼亚	A、B
		美洲（2）	厄瓜多尔	O
			秘鲁	O
		欧洲（1）	瑞典	A
1995	12	亚洲（9）	孟加拉国	K、O
			柬埔寨	A、K、O
			伊朗	A
			马尔代夫	A、O
			阿曼	A、B
			菲律宾	B、M
			也门	A
			泰国	B
			阿联酋	A
		非洲（3）	吉布提	B
			索马里	A、O
			苏丹	A
1996	14	亚洲（12）	孟加拉国	B、K、O
			缅甸	B、K、O

（续表）

年份	挑战国家/地区数量	大　洲	挑战的具体国家/地区	挑战的"过度海洋主张"
1996	14	亚洲(12)	柬埔寨	B、K、O
			印度	A
			伊朗	A、B
			马尔代夫	A、B
			阿曼	A、B
			菲律宾	B、M
			越南	B、K
			也门	A
			中国	A
			巴基斯坦	A
		非洲(2)	埃及	A、B
			苏丹	A
1997	21	亚洲(12)	孟加拉国	B、K、O
			缅甸	B、K、O
			柬埔寨	B、K、O
			印度	A
			伊朗	A、B
			马尔代夫	A、B
			阿曼	A、B
			菲律宾	B、M
			斯里兰卡	A
			阿联酋	A

(续表)

年份	挑战国家/地区数量	大　洲	挑战的具体国家/地区	挑战的"过度海洋主张"
1997	21	亚洲(12)	越南	B、K
			也门	A
		非洲(6)	阿尔及利亚	A
			吉布提	B
			埃及	A、B
			利比亚	A、B
			索马里	A、O
			苏丹	A
		欧洲(2)	阿尔巴尼亚	A
			马耳他	A
		美洲(1)	古巴	O
1998	27	亚洲(13)	孟加拉国	B、K
			缅甸	B、K
			柬埔寨	B、K
			马来西亚	H
			马尔代夫	A
			菲律宾	B、M
			叙利亚	A、O
			越南	A、B、K
			伊朗	A、B
			巴基斯坦	H、K
			沙特阿拉伯	B、K

（续表）

年份	挑战国家/地区数量	大　洲	挑战的具体国家/地区	挑战的"过度海洋主张"
1998	27	亚洲(13)	也门	A、K
			阿联酋	A、K
		欧洲(3)	阿尔巴尼亚	A
			克罗地亚	A
			马耳他	A
		非洲(8)	苏丹	A、K
			阿尔及利亚	A
			利比亚	M
			肯尼亚	B、M
			索马里	A、O
			利比里亚	O
			塞舌尔	A
			塞拉利昂	O
		美洲(3)	萨尔瓦多	O
			尼加拉瓜	O
			古巴	O
1999	26	亚洲(12)	柬埔寨	A、B、K
			印度	A、H、M
			马来西亚	H
			菲律宾	B、M
			斯里兰卡	A、M
			越南	A、B、K、M

(续表)

年份	挑战国家/地区数量	大　洲	挑战的具体国家/地区	挑战的"过度海洋主张"
1999	26	亚洲(12)	伊朗	A、B
			日本	B
			巴基斯坦	B、K
			沙特阿拉伯	K
			韩国	B
			也门	A、K
		非洲(7)	苏丹	K
			阿尔及利亚	A
			埃及	A
			吉布提	A
			利比里亚	O
			赛舍尔	A
			塞拉利昂	O
		欧洲(3)	阿尔巴尼亚	A
			马耳他	A
			罗马尼亚	A
		美洲(4)	厄瓜多尔	O
			萨尔瓦多	O
			委内瑞拉	K
			尼加拉瓜	O
2000	15	亚洲(9)	中国台湾地区	B
			孟加拉国	B

（续表）

年份	挑战国家/地区数量	大 洲	挑战的具体国家/地区	挑战的"过度海洋主张"
2000	15	亚洲（9）	缅甸	B、K、O
			柬埔寨	B、K
			马来西亚	H
			菲律宾	B
			叙利亚	A、O
			越南	A、B
			伊朗	B
		欧洲（1）	罗马尼亚	A
		美洲（3）	厄瓜多尔	O
			萨尔瓦多	O
			委内瑞拉	K
		非洲（2）	埃及	A
			利比亚	M
2001—2003	22	亚洲（12）	孟加拉国	B
			缅甸	B、K、O
			柬埔寨	B、K
			印度	A、K
			印度尼西亚	A
			马来西亚	H
			马尔代夫	A
			菲律宾	B、M
			斯里兰卡	A、K

（续表）

年份	挑战国家/地区数量	大　洲	挑战的具体国家/地区	挑战的"过度海洋主张"
2001—2003	22	亚洲（12）	叙利亚	A、O
			中国台湾地区	B、K
		欧洲（3）	越南	A、B
			阿尔巴尼亚	A
			克罗地亚	A
		非洲（3）	马耳他	A
			阿尔及利亚	A
			埃及	A、I
		美洲（4）	利比亚	M
			厄瓜多尔	O
			萨尔瓦多	O
			巴拿马	O
			委内瑞拉	K
2004	7	亚洲（5）	缅甸	B、K
			柬埔寨	B、K
			菲律宾	B、M
			印度尼西亚	A
			伊朗	B
		美洲（2）	厄瓜多尔	O
			秘鲁	O
2005	6	亚洲（5）	柬埔寨	B、K
			菲律宾	B、M

(续表)

年份	挑战国家/地区数量	大　洲	挑战的具体国家/地区	挑战的"过度海洋主张"
2005	6	亚洲(5)	印度尼西亚	L
			伊朗	A
			阿曼	A
		美洲(1)	厄瓜多尔	O
2006	5	亚洲(5)	中国台湾地区	A
			印度尼西亚	L
			伊朗	A
			阿曼	A
			菲律宾	B,M
2007	8	亚洲(8)	中国	C,D
			印度	H
			印度尼西亚	L
			伊朗	A
			马来西亚	A,H
			马尔代夫	I
			阿曼	A
			菲律宾	M
2008	9	亚洲(9)	中国	C,D
			印度	H
			印度尼西亚	L
			伊朗	A,B
			马来西亚	A,H

（续表）

年份	挑战国家/地区数量	大　洲	挑战的具体国家/地区	挑战的"过度海洋主张"
2008	9	亚洲（9）	马尔代夫	I
			阿曼	A
			菲律宾	M
			缅甸	P
2009	11	亚洲（8）	中国	C、D
			印度	H
			印度尼西亚	L
			伊朗	A
			马来西亚	A、H
			马尔代夫	I
			阿曼	A
			菲律宾	M
		美洲（1）	阿根廷	A
		非洲（2）	利比里亚	O
			多哥	O
2010	12	亚洲（11）	中国	C、D
			印度	H
			印度尼西亚	L
			伊朗	A
			马来西亚	A、H
			马尔代夫	I
			阿曼	A

（续表）

年份	挑战国家/ 地区数量	大　洲	挑战的具体 国家/地区	挑战的 "过度海洋主张"
2010	12	亚洲（11）	菲律宾	M
			越南	A、B
			柬埔寨	A、B、E
			日本	B
		非洲（1）	利比里亚	O
2011	15	亚洲（12）	中国	A、B、C、D
			中国台湾地区	A、B
			印度	A、H
			印度尼西亚	A、L
			缅甸	A、B、D、E
			马来西亚	A、H
			马尔代夫	A、I
			阿曼	A
			越南	A、B、E
			柬埔寨	B、E
			泰国	B
			伊朗	A、H
		美洲（3）	阿根廷	A
			巴西	H
			厄瓜多尔	O
2012	12	亚洲（12）	中国	A、C、D
			中国台湾地区	A、B

（续表）

年份	挑战国家/地区数量	大　洲	挑战的具体国家/地区	挑战的"过度海洋主张"
2012	12	亚洲(12)	印度	H
			印度尼西亚	A、L
			伊朗	A、H
			日本	B
			马来西亚	A、H
			马尔代夫	A、I
			阿曼	A
			菲律宾	B、M
			越南	A、B、E
			柬埔寨	B、E
2013	12	亚洲(11)	中国	A、B、C、D、E
			中国台湾地区	A、B
			印度	H
			印度尼西亚	A、L
			伊朗	A、B、H
			马来西亚	A、H
			马尔代夫	A、I
			阿曼	A
			菲律宾	M
			越南	A、B
			柬埔寨	B、E
		非洲(1)	利比亚	M

（续表）

年份	挑战国家/地区数量	大　洲	挑战的具体国家/地区	挑战的"过度海洋主张"
2014	19	亚洲（12）	中国	B、C、D、F
			中国台湾地区	A、B
			印度	H
			印度尼西亚	A、L
			伊朗	A、B、H
			马来西亚	A、H
			马尔代夫	D、I
			阿曼	A
			菲律宾	M
			韩国	A、B
			斯里兰卡	E
			越南	B
		美洲（6）	阿根廷	A
			巴西	H
			厄瓜多尔	B
			尼加拉瓜	A、B、E、O
			秘鲁	O
			委内瑞拉	J
		非洲（1）	利比亚	M
2015	13	亚洲（10）	中国	A、B、C、D、F
			中国台湾地区	A
			印度尼西亚	A、L

（续表）

年份	挑战国家/地区数量	大　洲	挑战的具体国家/地区	挑战的"过度海洋主张"
2015	13	亚洲（10）	伊朗	A、H
			马来西亚	A、H
			马尔代夫	I
			阿曼	A
			印度	H
			越南	A、B
			菲律宾	M
		美洲（2）	阿根廷	A
			尼加拉瓜	A、B、E、O
		非洲（1）	利比亚	M
2016	22	亚洲（15）	中国	A、B、C、D、F
			中国台湾地区	A
			柬埔寨	B
			印度尼西亚	A、L
			伊朗	A、H
			日本	B
			马来西亚	A、H
			马尔代夫	I
			阿曼	A
			巴基斯坦	H
			印度	E、H
			韩国	A、B

（续表）

年份	挑战国家/地区数量	大　洲	挑战的具体国家/地区	挑战的"过度海洋主张"
2016	22	亚洲(15)	越南	A
			泰国	B、H
			菲律宾	M
		欧洲(4)	阿尔巴尼亚	A、B
			克罗地亚	A
			意大利	M
			马耳他	A
		美洲(2)	委内瑞拉	J
			巴西	H
		非洲(1)	突尼斯	B
2017	22	亚洲(14)	中国	A、B、C、D、F、G
			中国台湾地区	A
			柬埔寨	B
			印度尼西亚	L
			伊朗	A、H
			马来西亚	A、H
			马尔代夫	I
			阿曼	A、B
			印度	H
			黑山共和国	A
			也门	A
			越南	A、B

(续表)

年份	挑战国家/地区数量	大　洲	挑战的具体国家/地区	挑战的"过度海洋主张"
2017	22	亚洲(14)	斯里兰卡	A、E
			菲律宾	M
		欧洲(4)	阿尔巴尼亚	A
			斯洛文尼亚	A
			克罗地亚	A
			马耳他	A、B
		美洲(2)	委内瑞拉	J
			厄瓜多尔	D
		非洲(2)	阿尔及利亚	A
			突尼斯	B
2018	26	亚洲(18)	中国	A、B、C、D、E、F、G
			中国台湾地区	A
			缅甸	B
			柬埔寨	B
			印度尼西亚	L
			伊朗	A、H
			日本	B
			马来西亚	A、H
			马尔代夫	I
			阿曼	A
			巴基斯坦	H
			越南	A、B

(续表)

年份	挑战国家/地区数量	大 洲	挑战的具体国家/地区	挑战的"过度海洋主张"
2018	26	亚洲(18)	阿联酋	A
			泰国	B
			斯里兰卡	A、E
			沙特阿拉伯	N
			菲律宾	M
			也门	A
		欧洲(3)	阿尔巴尼亚	A、B
			克罗地亚	A
			斯洛文尼亚	A
		美洲(3)	多米尼亚	B
			海地	B
			委内瑞拉	J
		非洲(2)	埃及	A、B
			塞拉利昂	A
2019	22	亚洲(15)	孟加拉国	H
			缅甸	B
			柬埔寨	B
			伊朗	A、B、H
			中国	A、B、C、D、E、F、G
			中国台湾地区	A、B
			巴基斯坦	H
			越南	A

（续表）

年份	挑战国家/地区数量	大　洲	挑战的具体国家/地区	挑战的"过度海洋主张"
2019	22	亚洲(15)	斯里兰卡	A
			也门	A
			泰国	B、H
			沙特阿拉伯	N
			阿曼	A
			马尔代夫	A、I
			印度	H
		非洲(1)	突尼斯	B
		欧洲(2)	俄罗斯	B
			罗马尼亚	A
		美洲(4)	厄瓜多尔	B、H
			委内瑞拉	J
			多米尼亚	B
			巴西	H
2020	19	亚洲(10)	中国	A、B、C、E、F、G
			中国台湾地区	A
			伊朗	A、H
			日本	B
			马来西亚	A、H
			马尔代夫	I
			韩国	B
			巴基斯坦	H

（续表）

年份	挑战国家/地区数量	大　洲	挑战的具体国家/地区	挑战的"过度海洋主张"
2020	19	亚洲（10）	越南	A
			也门	A
		非洲（1）	阿尔及利亚	A
		美洲（7）	委内瑞拉	J、K
			巴西	H
			厄瓜多尔	H
			尼加拉瓜	B
			海地	B
			阿根廷	A
			乌拉圭	H
		大洋洲（1）	萨摩那	A
2021	26	亚洲（16）	中国	A、B、C、F、G
			中国台湾地区	A
			柬埔寨	B
			印度	H、I
			印度尼西亚	L
			伊朗	A、H
			日本	B
			马来西亚	A
			马尔代夫	A、I
			阿曼	A
			韩国	A、B

(续表)

年份	挑战国家/地区数量	大　洲	挑战的具体国家/地区	挑战的"过度海洋主张"
2021	26	亚洲(16)	巴基斯坦	H
			斯里兰卡	A
			阿联酋	A
			越南	A、B
			也门	A
		非洲(1)	塞拉利昂	A
		欧洲(2)	意大利	B
			俄罗斯	B、M
		美洲(7)	圣文森特和格林纳丁斯	A
			海地	B
			厄瓜多尔	H
			多米尼亚	B
			安提瓜和巴布达	A
			巴巴多斯	A
			哥斯达黎加	B

注：A：外国军舰(非商业性政府船只)在领海(群岛水域)的无害通过须获事先批准(至少15天)事先申请，但发生不可抗力的情况除外，外国军舰在进入麦哲伦海峡之前，必须进行事先通知(限制)UNCLOS缔约国通过霍尔木兹海峡的过境通行权(核动力船舶)进入领海前，须经事先授权才可通过，载有放射性废物或其他固有危险、有害或危险废物或对有害环境的物质的船舶通过领海的，需要事先授权。船舶进入领海或港口，要求提供文件，包括货物、船员和乘客名单的说明，禁止船龄超过20年的船只进入领海。

B：过度的(不符合国际法的)直线基线。

C：国内法对管辖海域内的外国实体未经许可的测量调查活动确立刑事责任(不区分海洋科学研究或军事调查活动)，国内法对发生在本国海域管辖范围内的所有测绘活动，均享有管辖权。

D：对专属经济区上空宣告管辖权，外国飞机飞越专属经济区、群岛水域需要进行事先许可(许可)。

E：毗连区内的安全事项管辖。

F：对无意进入领空的飞越防空识别区的外国航空器设限。

G：行动或声明表明在无法产生领海的地物周围宣告拥有领海。

H：在专属经济区或大陆架上进行任何类型的军事演习或演习均需事先得到明确同意或授权，禁止在外国军队在专属经济区进行军事活动。

I：所有外国船只进入专属经济区都需要经过事先授权（携带货物"包括危险品、化学品、石油、有毒液体、有害物质以及放射性物质"的船舶在进入专属经济区之前，必须提前 24 小时发出通知）。

J：在专属经济区和飞行识别区（FIR）进行军事行动需要事先许可。

K：试图在法律规定的领海界限以外设置（主张）安全区，设置 24 海里的安全区域。

L：针对用于国际航行的群岛海道通行正常航线的限制，限制在与领海相邻的海域进行停止、抛锚或无故巡航的行为。

M：关于各国声称的历史性水域（内水事项）。

N：否认无害通过制度适用于其领海，其通往公海或专属经济区的航线在航行和水文特征方面"同样适用"。

O：200 海里宽度的领海、过度的领海和领空主张、对国际领空的飞越权利进行限制、要求外国飞机遵守本国飞行区域内的空中交通管制要求。

P：对专属经济区的广泛限制。

参考文献

一、中文文献

（一）译著

［1］［斐济］萨切雅·南丹：《1982 年〈联合国海洋法公约〉评注》，吕文正、毛斌译，海洋出版社 2009 年版。

［2］［美］杰克·戈德史密斯、埃里克·波斯纳：《国际法的局限性》，龚宇译，法律出版社 2010 年版。

［3］［英］劳特派特修订：《奥本海国际法（上卷第二册）》，石蒂、陈健译，商务印书馆 1972 年版。

［4］［美］富兰克林·德·罗斯福：《罗斯福选集》，关在汉译，商务印书馆 1982 年版。

［5］［美］罗伯特·基欧汉、约瑟夫·奈：《权利与相互依赖》，门洪华译，北京大学出版社 2012 年版。

［6］［美］尼古拉斯·斯皮克曼：《世界政治中的美国战略：美国与权力平衡》，王珊、郭鑫雨译，上海人民出版社 2018 年版。

［7］世界环境与发展委员会：《我们共同的未来》，国家环保局外事办公室译，世界知识出版社 1989 年版。

［8］［英］詹宁斯、瓦茨修订：《奥本海国际法》（第一卷第二分册），王铁崖译，大百科全书出版社 1998 年版。

［9］［荷］格劳秀斯：《海洋自由论》，马呈元译，中国政法大学出版社 2018 年版。

（二）专著

［1］白先军：《海洋霸权：美国的全球海洋战略》，江苏人民出版社 2014 年版。

［2］高建军：《〈公约〉争端解决机制研究》，中国政法大学出版社 2010 年版。

［3］高建军：《中国与国际海洋法》，海洋出版社 2001 年版。

［4］金永明：《海洋问题专论》(第一卷)，海洋出版社 2011 年版。

［5］李金明：《南海争端与国际海洋法》，海洋出版社 2003 年版。

［6］李双建、于保华等：《美国海洋战略研究》，时事出版社 2016 年版。

［7］廉德瑰、金永明：《日本海洋战略研究》，时事出版社 2016 年版。

［8］刘建飞：《引领推动构建人类命运共同体》，中共中央党校出版社 2018 年版。

［9］刘楠来、王可菊等：《国际海洋法》，海洋出版社 1986 年版。

［10］曲波、屈广清：《海洋法》，中国人民大学出版社 2020 年版。

［11］宋德星：《印度海洋战略研究》，时事出版社 2016 年版。

［12］王帆、凌胜利：《人类命运共同体全球治理的中国方案》，湖南人民出版社 2017
年版。

［13］吴士存：《国际海洋法最新案例精选》，中国民主法制出版社 2016 年版。

［14］吴士存：《纵论南沙争端》，海南出版社 2005 年版。

［15］奚洁人：《科学发展观百科辞典》，上海辞书出版社 2007 年版。

［16］肖辉忠、韩冬涛等：《俄罗斯海洋战略研究》，时事出版社 2016 年版。

［17］薛桂芳：《澳大利亚海洋战略研究》，时事出版社 2016 年版。

［18］张海文、李红云：《世界海洋法译丛(海上边界国家实践发展现状Ⅰ)》，青岛出版社
2017 年版。

［19］张海文、李红云：《世界海洋法译丛(亚洲卷)》，青岛出版社 2017 年版。

［20］张海文、李红云等：《世界海洋法译丛(大洋洲卷)》，青岛出版社 2017 年版。

［21］张海文：《联合国海洋法公约释义集》，海洋出版社 2006 年版。

［22］中国国际法学会：《南海仲裁案裁决之批判》，外文出版社 2018 年版。

［23］中国人民大学国际关系学院：《世界政治研究》，中国社会科学出版社 2022 年版。

［24］周鲠生：《国际法》，武汉大学出版社 2009 年版。

(三) 期刊

［1］［美］普拉森·帕拉梅瓦朗：《解析美国亚太战略合作伙伴关系：起源、发展及前
景》，《南洋资料译丛》2016 年第 1 期。

［2］安寿志、申钟秀：《美国在南海"航行自由行动"的变化情势与相关国际法问题》，
《国际法研究》2022 年第 3 期。

［3］巴殿君、王胜男：《论中国全球化认识观与全球治理的"中国方案"——基于人类命
运共同体视域下》，《东北亚论坛》2019 年第 4 期。

［4］白佳玉、冯蔚蔚：《大陆国家远洋群岛制度的国际习惯法分析与我国适用》，《广西
大学学报(哲学社会科学版)》2018 年第 2 期。

［5］白佳玉：《论海洋自由理论的来源与挑战》，《东岳论丛》2017 年第 9 期。

［6］包毅楠：《论大陆国家的洋中群岛制度》，《上海大学学报（社会科学版）》2020 年第
　　　1 期。

［7］包毅楠：《美国"过度海洋主张"理论及实践的批判性分析》，《国际问题研究》2017
　　　年第 5 期。

［8］包毅楠：《美国军舰擅闯我国南海岛礁邻近海域的国际法实证分析》，《太平洋学
　　　报》2019 年第 6 期。

［9］卜凌嘉、黄靖文：《大陆国家在其远洋群岛适用直线基线问题》，《中山大学法律评
　　　论》2013 年第 2 期。

［10］曹文振、李文斌：《航行自由：中美两国的分歧及对策》，《国际论坛》2016 年第
　　　1 期。

［11］车流畅：《专属经济区剩余权利的价值核心化与属性复合化》，《社会科学辑刊》
　　　2016 年第 3 期。

［12］陈丙先：《马来西亚官方对南海争端的立场分析》，《南洋问题研究》2013 年第 3 期。

［13］陈吉祥：《构建"善治"的新型海洋秩序》，《人民论坛》2019 年第 10 期。

［14］陈敬根：《岩礁国际法律地位的路径重构》，《政治与法律》2018 年第 9 期。

［15］崔野、王琪：《全球公共产品视角下的全球海洋治理困境：表现、成因与应对》，《太
　　　平洋学报》2019 年第 1 期。

［16］戴正、郑先武：《中国近年南海争端安全战略："区别对待，双管齐下"》，《印度洋经
　　　济体研究》2019 年第 5 期。

［17］邓华：《国际法院认定国际习惯法之实证考察——对"两要素"说的坚持抑或背
　　　离》，《武大国际法评论》2020 年第 1 期。

［18］杜继锋：《美国南海"自由航行"行动及对"一带一路"建设的消极影响》，《当代世
　　　界》2017 年第 11 期。

［19］凤荣：《习近平的新安全观论述及其实践研究》，《理论视野》2021 年第 4 期。

［20］高飞、王志彬：《俄美北极东北航道航行自由争端分析及中国因应》，《西伯利亚研
　　　究》2021 年第 5 期。

［21］高健军：《"一贯反对者"规则在中美有关军舰领海通过分歧中的作用初探》，《边界
　　　与海洋研究》2019 年第 5 期。

［22］高志宏：《"历史性权利"的文本解读及实践考察》，《学术界》2018 年第 12 期。

［23］葛汉文：《美国特朗普政府的南海政策：路径、极限与对策思考》，《太平洋学报》
　　　2019 年第 5 期。

［24］关孔文、闫瑾：《全球海洋安全治理困境及其应对策略》，《国际展望》2022 年第

3 期。

[25] 管建强：《美国无权擅自在中国专属经济区从事"军事测量"——评"中美南海摩擦事件"》，《法学》2009 年第 4 期。

[26] 管彤彤：《论持续反对原则与国际习惯的关系》，《东南大学学报（哲学社会科学版）》2019 年第 21 期。

[27] 郭静、刘丹：《论群岛制度与大陆国家远洋群岛的实践》，《南海学刊》2016 年第 2 期。

[28] 郭真、陈万平：《北极争议与中国权益》，《唯实》2014 年第 3 期。

[29] 郭中元、邹立刚：《论离岸群岛适用直线基线的国际法理》，《甘肃政法学院学报》2020 年第 4 期。

[30] 郭中元、邹立刚：《美国南海航行自由行动的国际法和国际政治视角剖析》，《海南大学学报（人文社会科学版）》2019 年第 6 期。

[31] 郭中元、邹立刚：《中国南海岛礁建设的合法合理合情性》，《南海法学》2017 年第 2 期。

[32] 韩献栋、王二峰：《认知偏差、威胁建构与美国对中国海洋战略的政策反应》，《太平洋学报》2020 年第 12 期。

[33] 何志鹏、王艺曌：《对历史性权利与海洋航行自由的国际法反思》，《边界与海洋研究》2018 年第 5 期。

[34] 何志鹏：《海洋法自由理论的发展、困境与路径选择》，《社会科学辑刊》2018 年第 5 期。

[35] 贺先青：《拜登政府的南海叙事逻辑、政策意涵与行为选择》，《南洋问题研究》2022 年第 2 期。

[36] 贺赞：《专属经济区内的有限军事活动自由》，《政法论坛》2015 年第 4 期。

[37] 侯丽维、张丽娜：《全球海洋治理视阈下南海"蓝色伙伴关系"的构建》，《南洋问题研究》2019 年第 3 期。

[38] 胡杰：《英国对南海"航行自由"问题的立场：认知、影响与中国的应对》，《太平洋学报》2022 年第 2 期。

[39] 计秋枫：《格劳秀斯〈海洋自由论〉与 17 世纪初关于海洋法律地位的争论》，《史学月刊》2013 年第 10 期。

[40] 贾宇：《历史性权利的意涵与南海断续线——对美国国务院关于南海断续线报告的批驳》，《法学评论》2016 年第 3 期。

[41] 江河、洪宽：《专属经济区安全与航行自由的衡平——以美国"航行自由行动"为例》，《太平洋学报》2018 年第 2 期。

［42］姜丽、张洁：《浅析群岛制度的适用及南海划界》，《中国海洋法学评论》2010 年第 1 期。

［43］蒋嘉烁：《公海保护区制度的困境与出路》，《山西省政法管理干部学院学报》2020 年第 3 期。

［44］金永明、崔婷：《美国南海政策的演变特征与成效评估（2009—2022）》，《南洋问题研究》2022 年第 2 期。

［45］金永明：《论领海无害通过制度》，《国际法研究》2016 年第 2 期。

［46］金永明：《中国南海断续线的性质及线内水域的法律地位》，《中国法学》2012 年第 6 期。

［47］金永明：《专属经济区内军事活动问题与国家实践》，《法学》2008 年第 3 期。

［48］李国强：《关于南海问题的若干理论思考》，《外交评论》2012 年第 4 期。

［49］李国选、严双伍：《区域公共产品供给视阈下的东北亚海上安全合作困境》，《教学与研究》2018 年第 7 期。

［50］李扬：《国际法上的"historic title"》，《北大国际法与比较法评论》2013 年第 13 期。

［51］刘晨虹：《驳"历史性权利属一般海洋法规则之例外"说》，《江苏大学学报（社会科学版）》2018 年第 1 期。

［52］刘晨虹：《中国南海断续线在国际习惯法中的定位探索》，《中国海洋大学学报（社会科学版）》2021 年第 2 期。

［53］刘惠荣、刘秀：《北极群岛水域法律地位的历史性分析》，《中国海洋大学学报（社会科学版）》2010 年第 2 期。

［54］刘江萍、郭培清：《加拿大对西北航道主权控制的法律依据分析》，《青岛行政学院学报》2010 年第 2 期。

［55］刘美：《海上军事活动的界定与美国南海"灰色地带行动"》，《国际安全研究》2021 年第 3 期。

［56］刘一健、吕贤臣：《试论海权的历史发展规律》，《中国海洋大学学报（社会科学版）》2007 年第 2 期。

［57］刘艺、袁雪：《运用中国专属经济区内军事测量活动管辖权的对策——以海洋安全为视角》，《知与行》2017 年第 3 期。

［58］吕方园：《过度"航行自由"国家责任的逻辑证成——中国应对美国"航行自由"主张的策略选择》，《社会科学》2021 年第 6 期。

［59］马得懿：《俄罗斯应对美国"航行自由行动"对策的得失及其国际法解析》，《国际论坛》2018 年第 5 期。

［60］马得懿：《海洋航行自由的体系化解析》，《世界经济与政治》2015 年第 7 期。

［61］马得懿：《美国"航行自由行动"的逻辑实质与应对策略》，《人民论坛・学术前沿》2019 年第 1 期。

［62］马明飞、邢政：《论岛礁建设在岛屿主权争端中的证明作用》，《中国海商法研究》2019 年第 2 期。

［63］庞卫东：《美国智库的南海研究：主要议题、观点分歧与影响力评估》，《智库理论与实践》2022 年第 4 期。

［64］祁昊天：《规则执行与冲突管控——美国航行自由行动解析》，《亚太安全与海洋研究》2016 年第 1 期。

［65］曲波：《海洋法中历史性权利构成要件探究》，《当代法学》2012 年第 4 期。

［66］曲升：《从海洋自由到海洋霸权：威尔逊海洋政策构想的转变》，《世界历史》2017 年第 3 期。

［67］曲升：《富兰克林・罗斯福政府对美国海洋自由观的重塑及其历史影响》，《世界历史》2022 年第 1 期。

［68］曲升：《论威尔逊政府的海洋自由构想》，《烟台大学学报(哲学社会科学版)》2015 年第 5 期。

［69］曲升：《美国"航行自由计划"初探》，《美国研究》2013 年第 1 期。

［70］曲升：《美国的海洋自由观及其对 1856 年〈巴黎宣言〉的反应》，《世界历史》2019 年第 4 期。

［71］曲升：《美国海军"策士"对"航行自由计划"正当性的论证及其影响》，《中国海洋大学学报(社会科学版)》2021 年第 2 期。

［72］曲升：《美国海洋自由政策的利益逻辑、历史传统和发展趋势》，《渤海大学学报》2016 年第 4 期。

［73］曲升：《战后"蓝色圈地运动"的滥觞："杜鲁门公告"的单方面宣布及其影响》，《中国社会科学院研究生院学报》2020 年第 4 期。

［74］曲亚图：《中美航行自由争议解析——驳美国"航行自由论"》，《中国海商法研究》2019 年第 3 期。

［75］全永波：《海洋环境跨区域治理的逻辑基础与制度供给》，《中国行政管理》2017 年第 1 期。

［76］任远喆：《"印太"视角下澳大利亚南海政策的调整》，《太平洋学报》2020 年第 6 期。

［77］阮洪滔、杨桥光：《〈越南海洋法〉：新形势下落实海洋战略的重要工具》，《南洋问题研究》2012 年第 1 期。

［78］沈固朝：《关于北部湾的"历史性水域"》，《中国边疆史地研究》2000 年第 4 期。

［79］沈雅梅：《美国与〈联合国海洋法公约〉的较量》，《美国问题研究》2014 年第 1 期。

[80] 石秋峰、王传剑：《美国强化南海航行自由的逻辑及其批判性分析》，《亚太安全与海洋研究》2018 年第 4 期。

[81] 宋乐静：《人类命运共同体制度化建设的国际法保障及其作用研究》，《理论月刊》2020 年第 10 期。

[82] 宿涛：《试论〈联合国海洋法公约〉的和平规定对专属经济区军事活动的限制和影响——美国军事测量船在中国专属经济区内活动引发的法律思考》，《厦门大学法律评论》2003 年第 2 期。

[83] 孙文明：《群岛原则与群岛水域的法律制度（上）》，《法学评论》1989 年第 5 期。

[84] 孙晓光、张赫名：《试论冷战结束以来美国的南海政策》，《史学月刊》2019 年第 6 期。

[85] 唐军：《军警民海上联合维权行动实践与对策研究》，《武警学院学报》2018 年第 7 期。

[86] 田士臣：《外国军舰在领海的法律地位》，LI Cun'an 译，《中国海洋法学评论（英文版）》2007 年第 2 期。

[87] 万彬华：《论专属经济区"海洋科学研究"和"军事测量"的法律问题》，《西安政治学院学报》2007 年第 5 期。

[88] 王传剑、李军：《中美南海航行自由争议的焦点问题及其应对》，《东南亚研究》2018 年第 5 期。

[89] 王徽：《论"尼加拉瓜诉美国案"对南海仲裁案的启示》，《太平洋学报》2016 年第 6 期。

[90] 王建廷：《历史性权利的法理基础与实证考查》，《太平洋学报》2011 年第 3 期。

[91] 王俊生、田德荣：《正确义利观与中国周边外交：理念与实践》，《太平洋学报》2022 年第 7 期。

[92] 王凯、许昭霞等：《美国海军海洋测量船发展及使用研究》，《舰船科学技术》2020 年第 10 期。

[93] 王巧荣：《奥巴马执政时期美国的南海政策》，《史学月刊》2019 年第 10 期。

[94] 韦宗友：《解读奥巴马政府的南海政策》，《太平洋学报》2016 年第 2 期。

[95] 吴少杰、董大亮：《1945 年美国〈杜鲁门公告〉探析》，《太平洋学报》2015 年第 9 期。

[96] 肖锋：《对中美航行自由之争的思考》，《边界与海洋研究》2020 年第 5 期。

[97] 邢广梅、汪晋楠：《美国南海"航行自由行动"与军舰无害通过问题研究》，《亚太安全与海洋研究》2020 年第 1 期。

[98] 邢瑞利、刘艳峰：《中国南海岛礁建设与域外大国反应》，《国际关系研究》2015 年第 5 期。

[99] 徐栋：《英挪渔业案中的历史性权利研究及对中国实践的启示》，《中国海商法研究》2013 年第 1 期。

［100］徐家驹：《日本"冲之鸟"法律属性解读》，《国际关系学院学报》2009 年第 4 期。

［101］徐艳玲、陈明琨：《人类命运共同体的多重建构》，《毛泽东邓小平理论研究》2016 年第 7 期。

［102］杨翠柏：《"发现"与中国对南沙群岛的主权》，《社会科学研究》2003 年第 2 期。

［103］杨华：《海洋法权论》，《中国社会科学》2017 年第 9 期。

［104］杨力：《对航行自由问题的法律和政策思考》，《边界与海洋研究》2020 年第 4 期。

［105］杨显滨：《专属经济区航行自由论》，《法商研究》2017 年第 3 期。

［106］杨瑛：《专属经济区制度与军事活动的法律剖析》，《社会科学辑刊》2017 年第 5 期。

［107］杨泽伟：《航行自由的法律边界与制度张力》，《边界与海洋研究》2019 年第 2 期。

［108］杨震、蔡亮：《"海洋命运共同体"视域下的海洋合作和海上公共产品》，《亚太安全与海洋研究》2020 年第 4 期。

［109］姚莹：《岛礁法律地位的解释问题研究——以"南海仲裁案"的实体裁决为中心》，《法商研究》2017 年第 3 期。

［110］叶强：《南海航行自由：中美在较量什么》，《世界知识》2015 年第 16 期。

［111］叶泉：《岛礁之辩的分歧及其消解路径》，《北京理工大学学报（社会科学版）》2018 年第 5 期。

［112］余敏友、周昱圻：《专属经济区海洋科学研究与测量活动的国际法分析》，《时代法学》2021 年第 3 期。

［113］袁发强：《国家安全视角下的航行自由》，《法学研究》2015 年第 3 期。

［114］袁发强：《航行自由制度与中国的政策选择》，《国际问题研究》2016 年第 2 期。

［115］张华：《中国洋中群岛适用直线基线的合法性：国际习惯法的视角》，《外交评论（外交学院学报）》2014 年第 2 期。

［116］张磊：《论国家主权对航行自由的合理限制——以"海洋自由论"的历史演进为视角》，《法商研究》2015 年第 5 期。

［117］张蕾蕾：《美国特朗普政府南海政策分析》，《国际论坛》2019 年第 1 期。

［118］张明亮：《从〈东南亚集体防务条约〉看美国的南中国海政策》，《东南亚研究》2004 年第 6 期。

［119］张明亮：《日本侵占中国西、南沙群岛及后果》，《历史教学》2006 年第 3 期。

［120］张乃根：《中国对南海诸岛屿领土主权的一般国际法依据》，《甘肃社会科学》2017 年第 6 期。

［121］张卫彬：《南海 U 形线的法律属性及在划界中地位问题》，《当代法学》2013 年第 2 期。

［122］张湘兰、张芷凡：《论海洋自由与航行自由权利的边界》，《法学评论》2013 年第

2 期。

[123] 张小奕：《试论航行自由的历史演进》，《国际法研究》2014 年第 4 期。

[124] 张新军、陈曦笛：《毗连区立法的国际法问题——以"尼加拉瓜诉哥伦比亚案"2022 年判决为中心》，《中国海商法研究》2022 年第 2 期。

[125] 张烨：《特朗普上台后美国在南海"航行自由"行动的变化与应对》，《太平洋学报》2018 年第 9 期。

[126] 张政：《〈联合国海洋法公约〉与中国南海岛礁建设问题》，《学术探索》2016 年第 5 期。

[127] 张志洲：《南海问题上的话语博弈与中国国际话语权》，《探索与争鸣》2020 年第 7 期。

[128] 赵焕庭：《南沙群岛开发区划初步研究》，《热带地理》1998 年第 3 期。

[129] 赵理海：《关于南海诸岛的若干法律问题》，《法制与社会发展》1995 年第 4 期。

[130] 赵少群：《论领海基线和基点的划定》，《当代法学论坛》2007 年第 4 辑。

[131] 赵心：《从国际法角度解读中国南沙岛礁建设的法律性质问题》，《理论与改革》2015 年第 6 期。

[132] 钟振明、徐成：《"航行自由"概念与南海问题上的中美分歧》，《同济大学学报（社会科学版）》2017 年第 6 期。

[133] 周健、王超：《由"拉森"号事件谈美舰南海挑衅的违法性》，《大连海事大学学报（社会科学版）》2019 年第 2 期。

[134] 周江、陈一萍：《论〈联合国海洋法公约〉框架下专属经济区内和大陆架上海洋科学研究争端解决机制》，《中国海商法研究》2018 年第 2 期。

[135] 周江：《论洋中群岛的领海基线划定》，《法商研究》2015 年第 4 期。

[136] 周江：《也谈南海断续线的法律性质》，《法律科学（西北政法大学学报）》2013 年第 5 期。

[137] 周琪：《从反恐战争到"太平洋总统"——近十年美国亚太战略调整的内在驱动力》，《人民论坛·学术前沿》2012 年第 17 期。

[138] 周忠海、张小奕：《论专属经济区中的军事研究和测量活动》，《法学杂志》2012 年第 10 期。

[139] 周忠海：《海洋应只用于和平目的》，《太平洋学报》2011 年第 9 期。

[140] 周忠海：《论海洋法中的剩余权利》，《政法论坛》2004 年第 5 期。

[141] 朱剑：《"自由海洋"vs."封闭海洋"：分歧与妥协》，《学术探索》2019 年第 6 期。

[142] 朱剑：《航行自由问题与中美南海矛盾——从海洋的自然属性出发》，《外交评论》2018 年第 4 期。

［143］朱璇、贾宇:《全球海洋治理背景下对蓝色伙伴关系的思考》,《太平洋学报》2019
　　　年第 1 期。

［144］祝婷婷:《简论作为一种新世界观的人类命运共同体》,《东北师范大学学报(哲学
　　　社会科学版)》2021 年第 2 期。

［145］邹克渊、刘昕畅:《南海仲裁案与中国在南海的历史性权利》,《东南亚研究》2017
　　　年第 4 期。

［146］邹立刚:《〈专属经济区航行与飞越指南〉述评》,《福建警察学院学报》2013 年第
　　　3 期。

［147］邹立刚:《论国家对专属经济区内外国平时军事活动的规制权》,《中国法学》2012
　　　年第 6 期。

二、外文文献

(一) 著作

［1］ Alex G. Oude Elferink. *Artificial Islands, Installations and Structures*. Oxford
　　University Press, 2013.

［2］ Alexander Proelss. *United Nations Convention on the Law of the Sea: A
　　Commentary*. Cambridge University, 2017; Malcolm D. Evans & Reece Lewis.
　　The Regime of Islands. Edward Elgar press, 2020.

［3］ Alfred H. A. Soon. *Marine Scientific Research and the Law of the Sea*. Kluwer
　　Law and Taxation Publishers press, 1982.

［4］ Bob Catley & Keliat Makmur, Spratlys. *The Dispute in the South China Sea*.
　　Ashgate Publishing Company press, 1997.

［5］ Charles Seymour. *Intimate Papers of Colonel House: Behind the Political
　　Curtain 1912–1915*. Boston and New York: Houghton Mifflin Company press,
　　1926.

［6］ Churchill R. Rolf & Lowe A. Vaughan. *The Law of the Sea*. Manchester
　　University Press, 1999.

［7］ Colombos C. John. *The International Law of the Sea*, Longmans. Green press,
　　1962.

［8］ Court of Arbitration constituted under an Agreement. *Delimitation of the
　　Continental Shelf (United Kingdom of Great Britain and Northern Ireland and
　　the French Republic)*. Cambridge University Press, 1977.

［9］ Daniel P. O'Connell. *The International Law of the Sea*. Oxford press, 1984.

［10］ Euan Graham. *Japan's Sea Lane Security 1940 — 2004: A matter of Life and Death*. Routledge press，2006.

［11］ Frank Ninkovich. *The Wilsonian Century: US Foreign Policy since 1900*. University of Chicago Press，1991.

［12］ GR Ballester. *The Right of Innocent Passage of Warships: A Debated Issue*. Revista de Derecho Puertorriqueno，2014.

［13］ J. M. Kenworthy & George Young. *The Freedom of the Seas*. Leopold Classic Library press，1982.

［14］ J. Ashley Roach. *Excessive Maritime Claims*（Fourth Edition）. Brill Nijhoff，2021.

［15］ Kate Purcell. *Geographical Change and the Law of the Sea*. Oxford University Press，2019.

［16］ Lawrence Juda. *International Law and Ocean Use Management: The Evolution of Ocean Governance*. Routledge press，1996.

［17］ Liselotte Odgaard. *Maritime Security between China and Southeast Asia*. Ashgate Publishing press，2002.

［18］ Maurice Bourquin. *Les Baies Historique*. Melanges Georges Sauser-Hall，1952.

［19］ Mohamed Munavvar. *Ocean States: Archipelagic Regimes in the Law of the Sea*. J. S. D，Dalhousie University，1993.

［20］ R. P. Anand. *Concepts of Freedom of the Seas: A Historical Perspective*. Island press，1993.

［21］ United Nations. *Laws and Regulations on the Regime of the High Seas*（Volume I）. Codification Division of the Office of Legal Affairs of the Secretariat of the United Nations press，1996.

［22］ William E. Butler. *The Soviet Union and the Law of the Sea*. The Johns Hopkins Press，1971.

（二）期刊

［1］ Bernard H. Oxman. The Third United Nations Conference on the Law of the Sea：the 1976 New York Sessions. *American Journal of International Law*，Vol.72，1978.

［2］ Boleslaw A. Boczek. Peaceful Purposes Provisions of the United Nations Convention on the Law of the Sea. *Ocean Development and International Law*，

Vol.20，No.4，2009.

［3］ Bruce A. Harlow JAGC. Legal Aspects of Claims to Jurisdiction in Coastal Waters. *JAG Journal*，2020.

［4］ Carlyle A. Thayer. ASEAN'S Code of Conduct in the South China Sea：A Litmus Test for Community—Building? *The Asia-Pacific Journal*，Vol.10，Issue 34，No. 4，Aug.19，2012.

［5］ Christine Bianco & Zenel Garcia. China as a Maritime Power and the Interpretation of Innocent Passage. *European Journal of International Law*，2022.

［6］ Dale Stephens. The Legal Efficacy of Freedom of Navigation Assertions. *International Law Studies*，Vol.80，2006.

［7］ Danielle Kroon. The End of Freedom of the Seas? Grotius，Law of the Sea and Island Building. *International Lawyer*，Vol.52，No.299，2020.

［8］ Fitzmaurice. The Law and Procedure of the International Court of Justice，1951－1954：General Principles and Sources of Law. *BYIL*，Vol.30，1953.

［9］ Gayl S. Westerman. Straight Baselines in International Law：A Call for Reconsideration. *American Society of International Law*，Vol.82，1988.

［10］ Gupta S. Historic Fishing Rights in Foreign Exclusive Maritime Zones：Preserved or Proscribed by UNCLOS? *The Korean Journal of International and Comparative Law*，Vol.7，No.2，2019.

［11］ J. Ashley Roach. Offshore Archipelagos Enclosed by Straight Baselines：An Excessive Claim? *Ocean Development & International Law*，Vol.14，2018.

［12］ J. Evensen. Certain Legal Aspects concerning the Delimitation of the Territorial Waters of Archipelagos. *Official Records of UNCLOS*，Vol.1，No.290，1958.

［13］ James W. Houck & Nicole M. Anderson. U. S. Marine Scientific Research Activities Offshore Mexico：An evaluation of Mexio's Recent Regulatory Legal Framework. *Washington University Global Studies Law Review*，Vol.13，2014.

［14］ Noboru Yamagguchi. A Japanese Perspective on U. S. Rebalancing toward the Asia-Pacific Region. *Asia Policy*，Vol.15，2013.

［15］ Office of the Legal Adviser：Government Printing Office. *Economic and Political Matters*，Vol.1，1954.

［16］ Proshanto K. Mukherjee. The Consent Regime of Oceanic Research in the New Law of the Sea. *Marine Policy*，Vol.5，No.2，1981.

[17] Raul Pedrozo. A Response to Cartner's and Gold's Commentary on "Is It Time for the United Stated to Join the Law of the Sea Convention? *Journal of Maritime Law and Commerce*, Vol.42, No.4, 2011.

[18] Raul Pedrozo. Preserving Navigational Rights and Freedoms: The Right to Conduct Military Activities in China's Exclusive Economic Zone. *Chinese Journal of International Law*, Vol.9, No.1, 2010.

[19] ROACH A. J. Today's Customary International Law of the Sea. *Ocean Development & International Law*, 2014.

[20] Ronald O'Rourke. Maritime Territorial and Exclusive Economic Zone (EEZ) Disputes Involving China: Issues for Congress. *Congressional Research Service*, 2018.

[21] Sam Bateman. A Response to Pedrozo: The Wider Utility of Hydrographic Surveys. *Chinese Journal of International Law*, Vol.1, 2010.

[22] Sam Bateman. Hydrographic Surveying in the EEZ: Differences and Overlaps with Marine Scientific Research. *Marine Policy*, Vol.29, No.2, 2005.

[23] Todd E. Hutchins. The legally of Nearshore Cyber-related Operations: Breaching the Peace, Innocent Passage, or something else. *University of Hawaii Law Review*, Vol.43, No.4, 2020.

[24] Wilbert M. Chapman. Government Printing Office. *The United Nations*, Vol.2, 1977.

[25] William K. Agyebeng. Theory in Search of Practice: The Right of Innocent Passage in the Territorial Sea. *Cornell International Law Journal*, 2006.

索 引

后 记

本书是笔者在国家社科基金基础上的深入研究，是近 5 年来研习国际法框架下航行自由制度的成果。最初研究航行自由制度完全是兴趣使然，但在研究过程中发现，《联合国海洋法公约》设定的海洋法律制度有太多规避和含糊不清的问题。同时由于国家立场的不同，基于本国海洋权益的考量，自然会对航行自由制度作出不同的解读，因此，有必要在国际法框架下对航行自由制度进行法理阐释和实践探析，以此厘清航行自由制度的国际争议。本书同时汇总了美国历年航行自由报告的情况，在前人研究的基础上，查阅了大量的文献和网络资料，笔者从全书内容设计、制订写作大纲、撰写计划到完成写作、修改、统稿并定稿，付出了诸多心血。

本书的付梓得益于大连海洋大学的鼎力支持，受益于上海交通大学凯原法学院沈伟教授的提点，在此深表衷心的谢意！上海交通大学出版社编辑汪娜老师不辞劳苦地逐字逐句予以核校勘正，在此也表达我深深的谢忱！同时感谢吉林大学国家安全学博士研究生徐璇、大连市沙河区人民法院的李珍妍，以及大连海洋大学研究生徐艾嘉、迟佳俊、白冰、张梓璇、张健、刘静、郭宇洁、鲁秋然、芦佳文、曲怡璇、孙冬冬等人对本书编写、校对、搜集资料所做的贡献。

本书在写作过程中参考了一些经典著作和专业研究成果，笔者向这些著作和文章的作者表示由衷的感谢。研究至此，本书可能仍难免舛误，恳请读者给予批评指正。

曲亚囡